교회의 공공성,
어떻게 설교할 것인가?

교회의 공공성, 어떻게 설교할 것인가?

초판 1쇄 인쇄 2023년 1월 16일
초판 1쇄 발행 2023년 1월 25일

지은이 한국동남성경연구원
펴낸이 유동휘
펴낸곳 SFC출판부
등록 제104-95-65000
주소 (06593) 서울특별시 서초구 고무래로 10-5 2층 SFC출판부
Tel (02)596-8493
Fax 0505-300-5437
홈페이지 www.sfcbooks.com
이메일 sfcbooks@sfcbooks.com
기획·편집 편집부
디자인편집 최건호
ISBN 979-11-87942-77-1 (03230)
값 12,000원

교회의 공공성,

어떻게 설교할 것인가?

신득일 교수 은퇴기념 논문집

문장환 강화구 김성진 최윤갑
권기현 김명일 송재영 송영목

SFC

목차

헌정사

이 책은 고신대학교 부총장을 역임하셨고 오랫동안 한국동남성경연구원코세비을 위해 수고하신 신득일 교수님의 정년 은퇴 기념 논문집이다. 원래 이 책은 코세비의 2023년 겨울 세미나에서 발표되는 논문집으로 『본문과 설교』 Vol. 15에 해당한다. 주제는 "교회의 공공성 어떻게 설교할 것인가?"인데, 연구자들은 본 연구원 소속의 성경학자들이다. 현재 기독교계의 가장 화두가 되는 '공공성' 문제를 다룬 연구들이 신 교수님에게 헌정되는 것은 아주 의미가 깊은데, 평소 신 교수님은 신학과 교회의 공공성 문제에 다양한 관심을 가져왔기 때문이다.

신득일 교수님은 구약학으로 박사학위를 받기 전부터 모교인 고신대학교 신학과에서 오랫동안 가르치는 사역을 해왔다. 교수 사역을 하는 중에 학위 연구와 학위 후 연구를 진행하였는데, 네덜란드, 남아공, 미국, 영국 등 다양한 나라에서 진행함으로 다양성과 균형성을 가지는 학자로 자리매김할 수 있었다. 특히 매년 겨울 방학에는 영국 틴델하우스에 칩거하면서 세계적인 학자들과 교류하면서 연구 저술을 해왔다.

신 교수님은 구약 역사서들의 구속사적 해석에 주안점을 두면서도 그 관심을 고대 근동의 언어와 지리와 문화와 사상 등으로 넓혀나갔다. 그리고 구약의 정경론, 사본학, 구약의 번역, 역사서의 중요 토픽 연구, 성경신학적 주요 주제 연구에 많은 공헌을 하였다. 더불어서 해석비평, 난해 구절이나 의문점 해설, 현재의 이슈들에 대한 구약과 역사서의 답변 등에도 공헌하였다. 또한 고신대학교에서 다양한 보직으로 일하였고, 대학교 밖에서도 여러 일들을 해왔는데, 그중에 교사 선교와 학원 선교에 깊은 관심을 가지고 활동하였다. 다양한 분야에 깊은 관심과 조예를 가진 다재다능한 분이다.

신 교수님이 한국동남성경연구원에 이바지한 것은 이루 말할 수 없다. 2007년 10월 코세비 출범에 함께하였고, 2008년 2월 제1차 월례 발표회에서 첫 발표를 맡았고, 그 이후에 끊임없이 연구 발표와 교수 사역에 참여하였다. 오랜 기간에 걸쳐 부원장으로 본 연구원을 섬겼고, 매년 겨울 세미나에서 구약 역사서 부분을 맡아 주제별 연구 발표를 담당하였다. 특히 건강이 좋지 않은 상황에서도 연구 발표를 멈추지 않았다. 코세비가 출범하고 여기까지 온 과정에는 많은 기여를 한 분들이 있는데, 신 교수님은 틀림없이 그중에 한 분이다. 세월이 흘러 어느덧 고신대학교에서 정년퇴임을 한 신득일 교수님께 본 책을 헌정하는 것은 너무나 당연하면서도 자랑스러운 일이다.

문장환
Th. D. 한국동남성경연구원장
및 진주삼일교회 담임목사

신득일 박사 프로필

고신대학교 신학과 및 신학대학원 졸업한 후, 네덜란드 깜뻔신학대학원에서 구약학으로 신학석사Th. Drs.를 받고, 남아공 노스웨스트대학교에서 역시 구약학으로 신학박사Ph. D.를 받았다. 미국 리폼드신학대학원과 영국 캠브리지대학에서 연구교수로 지냈다. 고신대학교 신학과 구약 교수로 거의 30년을 재직하는 동안에 신학과장, 신학대학장, 여자신학원장, 기독교사상연구소장, 교목실장, 교학부총장, 문헌정보관장을 역임하였다. 그리고 총회성경연구소 총편집장, Tyndale Bulletin의 Advisory Editor, 한국동남성경연구원 부원장, 한국교육자선교회 부산지방회장으로 섬겼다. 현재는 고신대학 은퇴 교수로 여전히 한국동남성경연구원으로 활동하며, 여러 저술에 힘쓰고 있다.

주요 저서로는 『성경히브리어 문법』(고려신학대학원, 1993), 『성경길라잡이』(공저, 생명의 양식, 2008), 『구약히브리어』(CLC, 2007), 『구약정경론』(생명의 양식, 2011), *The Ark of Yahweh in Redemption*(Wipf & Stock, 2012), 『광야의 반란』(CLC, 2014), 『101가지 구약 Q&A 1』(CLC, 2015), 『구속사와 구약주석』(CLC, 2017), 『101가지 구약 Q&A 2』(CLC, 2018), 『성경으로 본 사도신경』(CLC, 2021), 『구약과 현실문제』(CLC, 2021), 『구약 역사서, 어떻게 설교할 것인가?』(SFC, 2022) 외에 번역과 논문 다수가 있다.

가족으로는 박정숙 사모와 2남이 있다.

감사의 글

한국동남성경연구원kosebi에서 현실교회가 당면한 주제를 다룬 소중한 논문집을 저의 정년퇴임을 기념하는 논문집으로 출간해주신 것을 무한한 영광으로 생각하며 감사의 인사를 드립니다.

본 연구원은 2007년에 황창기 교수님을 중심으로 구약학과 신약학 학자들이 한국교회의 설교자들을 돕기 위한 모임으로서 일반성도와 여성사역자 그리고 목회자에게 성경을 가르치는 중요한 역할을 담당해왔습니다. 이것은 기존 신학교육이 감당하지 못한 일종의 '틈새 사역'입니다. 이 연구원이 지난 15년 동안 두 분의 원장님2대: 김하연 박사; 3대: 문장환 박사이 이임하면서 젊고 유능한 학자들을 영입하여 그들의 연구를 통해서 한국교회의 설교에 많은 기여를 해 온 것에 감사를 표합니다.

저로서는 동남성경연구원과 함께 한 지난날이 참으로 즐거웠고, 저의 학문적 성장에도 큰 도움이 되는 유익한 기간이었습니다. 이번 학기에 출판된 『구약역사서, 어떻게 설교할 것인가?』SFC, 2022라는 책도 동남성경연구원에서 나온 열매입니다. 성경학자는 성경을 연구하는 것만으로도 가슴이 뛰는 일이지만 그 결과를 함께 나누는 것은 더 큰 즐거움이 될 것입니다. 또 그 나눔으로 인하여 교회의 강단에서 풍성한 복음이 선포되어 성도의 영적 성장과 변화의 역사가 나타난다면 이보다 더 큰 보람은 없을 것입니다.

특별히 코로나19 팬데믹이라는 힘든 기간을 지나면서 한국교회가 많이 위축된 가운데서도 말씀의 사역에 충실한 교회가 이런 '악재'에도 별로 영향을 받지 않고 건재한 것을 볼 때, 말씀으로 교회를 견고히 세우도록 돕는 우리의 활동이 얼마나 적실하고 귀한 사역인가를 새삼 느끼게 됩니다. 팬데믹이 전개된 가운데서도 상황에 굴하지 않고 이 사역의 목적에 부합하기 위해서 진행된 코세비 겨울세미나와 여름세미나를 위해서 많은 연구원들의 수고와 헌신이 있었음을 기억합니다.

본 연구원이 더 많은 교회의 참여와 기대 속에서 성장하기를 바라고, 더욱 활발한 사역으로 풍성한 열매가 있기를 기원하며, 부족한 사람의 정년퇴임 기념호를 출판해주신 것에 대해서 다시 한 번 감사를 드립니다.

신득일

고신대학교 신학과 교수

1장

기조강연:
교회의 공공성을 연구해야 할 이유들

문장환

1. 공공성, 교회의 공공성公共性이란?

21세기에 들어와서 우리 사회에서 가장 많이 사용되는 언어 중 하나가 '공공성'이란 단어다. 교육의 공공성, 의료의 공공성, 방송의 공공성, 음악의 공공성, 토지의 공공성, 건축의 공공성 등 얼마나 많이 사용하고 있는지, 갖다 붙이기만 하면 되는 단어처럼 느껴진다. 그만큼 모든 분야에서 논의되는 개념이다. 그런데 이 공공성이라는 단어가 갖는 개념이 너무 다양하고 크다는 데 이해의 어려움이 있다. 우선 공공성公共性, publicity의 사전적 의미는 "한 개인이나 단체가 아닌 일반 사회 구성원 전체에 두루 관련되는 성질"로 나온다. 여기에 앞에 나오는 공公은 공식적인official 것이나 공적인public 것을 말하며, 뒤에 나오는 공共은 공유하는common 것을 말한다. 그래서 공공성이란 한 개인이나 특정 단체를 뛰어넘어 일반 사회의 대표적 기구가 공적 혹은 공식적으로 가지고 있는 성격, 그래서 일반 사회 구성원 전체가 공유하는 성격으로 이해할 수 있다.

이 단어를 교회에 붙여 사용한 것이 '교회의 공공성'인데, 이 역시 신학이나 신앙의 기풍에 따라 그 해석이 달라진다는 데 이해의 어려움이 있지만, 그래도 교회의 공공성은 다음과 같이 정의해 볼 수 있다. 교회기독교의 공공성은 교회기독교 종교의 제한을 넘어서서 그것이 위치한 사회나 국가나 그 시민들과 공유하는 것, 그리고 더불어 그들과 맺고 있는 관계와 역할의 성격이다. 이런 정의는 단순하게 보일지 몰라도 그 해석의 여지가 많고 다양한 이해들을 동반한다.

공공성, 혹은 교회의 공공성이란 말과 유사한 용어들이 많이 쓰이고 있다. 우선 '공동선共同善, the common good'이란 용어는 '모든 사람의 유익이나 이익'이라는 단순한 의미이지만, 광범위한 함의와 다양한 맥락을 가진 말이다. 남산은 혼자서 오를 수 있지만 에베레스트 산은 함께 올라야 가능한 것처럼, 이 개념은 특정인이나 단체를 배제하지 않고 모두에게 바람직해야 한다는 것으로, 사적인 선과 공적인 선의 조화를 모색하는 용어라고 볼 수 있다. 이 용어주제는 고대 그리스 로마 철학까지 거슬러 올라가는 오래된 것이었지만, 한동안 자본주의와 개인주의 사조에 묻혔다가 요즈음 새롭게 제기되어 활발한 논의가 이루어지고 있다. '교회의 공동선'을 말하자면, 하나님의 일반은총처럼 교회가 교회의 담장을 넘어서서 일반인들의 유익과 이익을 추구하는 것과 또한 교회가 일반 사회나 국가의 선함the good을 위하여 활동하는 것을 의미한다고 할 수 있다.

교회의 공공성과 가장 밀접한 관계를 가진 용어는 '공공신학Public Theology, 공적신학'일 것이다. 이 용어는 기독교의 진리를 공적 언어로 표현하고, 공적 영역으로부터 신학적 통찰을 얻고, 또한 공적 영역에 참여하는 신학적 담론을 일컫는 말이다. 공공신학의 영역은 크게 두 가지의 과업을 가지는데, 하나는 기독교의 진리를 세속화된 사회 속에서 그들의 언어로 풀어내는 것이고, 다른 하나는 기독교인의 입장에서 공공의 영역에 참여해 기독교적 입장을 표명하고 실행하는 것이다. 그래서 공공신학은 교회만을 위한 신학이 아니라, 교회 바깥의 사람들에게 기독교의 신앙을 설명하고 설득하여 사회적 변혁에 영향력을 행사하는 신학이다. 교회의 공공성과 유관한 개념으로 '하나님의 선교Missio Dei'라는 용어가 있는데, 이것은 선교가 하나님의 성품에서 나오는, 세상을 향한 운동이라는 말이다. 교회는 선교를 위한 하나의 도구이고, 선교가 있기에 교회가 존재하는 것이다. 선교에 참여하는 것은 인간을 향하여 샘처럼 솟는 하나님의 사랑 운동에 참여하는 것이다. 그러므로 교회의 선교는 하나님의 선교며, 교회는 그 본질과 소명이 선교다. 소속한 기독교인들이 하나님의 선교에 선교사로 동참하여 삶으로써 교회당 바깥에서 복음을 증언하도록 격려하는 교회를 '선교적 교회 Missional Church'라고 한다. 그 외에도 '교회의 사회적 책임'이라는 용어도 보수주의적 교회가 가지고 있는 공공성의 일면을 오래전부터 대변해 온 것이다. 그리고 참여신학흑인신학, 해방신학, 여성신학 등이라는 용어들은 급진적인 교회가 가지고 있는 공공성의 일면을 대변해왔다고도 할 수 있다.

교회의 공공성을 논의하려면 앞서 언급한 용어들이 함축하는 의미들을 다 포함해서 해야 한다. 그만큼 이 용어는 포괄적 개념이다. 제일 먼저 교회가 시민사회의 일원으로서 교인만이 아니라 모든 사람의 삶을 더 나은 삶으로, 사회와 국가와 세상을 더 나은 곳으로 만들기 위한 책임을 감당하는 것이다. 사회의 모든 조직체에 그 책임이 있지만, 특별히 교회는 더욱 그런 책임이 요구된다. 그것은 예수님께서 타자를 위해서 존재하셨듯이 교회도 타자를 위해서 존재해야 하기 때문이며, 또한 현대 사회가 유기적으로 연결되었기에 사회 조직체의 하나인 교회도 사회적 연대와 책임을 감당해야 하기 때문이다. 특히 교회는 일반적 기준보다 더 높은 윤리와 책임을 감당해야 하고, 그래서 공적인 영역에서 약자를 보호하고 정의를 실천하고 함께 살아갈 공존과 평화의 가치를 형성하는 데 기여해야 한다. 교회의 공공성의 일차적인 의미는 신앙과 교회 활동이 개인과 교회에만 머무르는 것이 아니라, 모두가 잘 살 수 있는 세상을 위한 가치와 실천이다.

그러나 교회의 공공성은 여기에 그치지 않는다. 교회는 기독교의 진리를 세속화된 사회 속에서 그들의 언어로 풀어내는 것을 포함한다. 예수님의 메시지는 특정 지역의 특정 사람들에게만 주어진 것이 아니라, 그분께서 다스리는 모든 민족과 열방을 위해 주어졌다. 그래서 교회와 기독교는, 혹은 신학과 전문기관은 모든 사람이 이해할 수 있고 분석할 수 있는 수단을 통해서 대화하는 법을 배워야 한다. 더 나아가서 기독교의 신앙과 전통과 가치와 자산이 공적 생활과 사회의 공동선에 이론적으로 그리고 실천적으로 영향을 줄 수 있게 해야 한다. 또한 그것과 유관한 일반 사람들이나 단체들과의 대화와 협업도 필요하다. 다른 학문 분과의 성과물과 내용에 대한 지식을 가지고 그들과 대화하는 것도 필요하다. 그래서 기독교의 진리를 그들의 언어로 풀어내는 것은 기독교에 대한 신뢰성을 증가시킨다.

교회의 공공성은 한 걸음 더 나아갈 수 있다. 곧 교회가 세상의 말을 듣는 것이고, 세상의 문제에 참여하는 것이고, 세상의 요청에 응답하는 것이다. 그런데 이것은 자칫 잘못하면 사상적 혼합과 변질이라는 위험으로 빠질 수 있다. 소위 교회 안으로 세상이 함부로 들어오는 위험이다. 그래서 필요한 것이 교회와 신학이 세상의 말을 기독교의 말로 다시 풀어내는 것이다. 그런 작업을 통해서 교회는 세상의 언어에 적응하고 분별하고 거기에 답변해야 한다.

그것을 위해서는 교회의 공동체성부터 정비할 필요가 있다. 교회와 기독교인은 사도신경을 통해서 공公교회를 고백해왔다. "거룩한 공교회와 성도의 교제"를 믿는다고 고백한다. 여기에 나오는 '공Catholic'이라는 말은 로마 가톨릭을 말하는 것이 아니라 보편적universal, 일치된unity, 전체의whole 교회를 의미한다. 교회는 다양한 시공간에서 각자의 모습으로 존재하는 동시에 예수 그리스도를 머리로 따르며 한 성령 안에서 한 몸, 한 공동체라는 사실을 고백한다. 따라서 공교회성은 교회의 다양함과 조화로움을 추구하고, 개교회주의나 교파주의를 넘어서서 하나 된 교회를 고백하는 것이다. 공동체성을 진정으로 고백한 공교회가 이제는 포용성을 발휘해서 모든 인종, 민족, 국가, 이념, 성별, 계급 등 모든 상대적 차이를 넘어서서 어머니의 마음처럼 모두를 품고 받아들이는 교회의 공공성으로 나아갈 수 있고 또 나아가야 한다.

2. 공공성, 교회의 공공성 연구의 역사

인간은 이기심과 이타심이 공존하고, 사익을 갈망하면서도 공익을 의식하는 신비한 존재다. 하지만 인류의 역사를 보면, 공동체의 연대성에서 개인의 개별성으로 이동하고, 유대성이 허물어지고 고립이 심해지는 경향을 보인다. 개인의 존엄성을 찾는다고 하면서 공동체 내에서의 개인의 의미가 사라지고 결국 빈곤한 고립에 처하게 되었고, 공공 생활에서 중요하게 여기는 영속적 가치들은 희미하거나 모호해졌다. 또한 계몽주의에서 발생한 상대주의, 이기주의, 개인주의, 소비주의로 인해 세상은 끝없이 분열되고 파괴되고 있다. 구체적인 현상으로 빈부의 격차, 차별과 불공정, 화석에너지 고갈, 생태계 파괴, 기후변화, 가정을 비롯한 전통 공동체의 붕괴, 종교와 문화의 충돌, 기술로 인한 인간 소외, 그리고 예상치 못하는 전쟁과 질병 등이 나타난다. 그래서 이제는 지속가능한 발전은 고사하고 인류의 생존 가능성에도 심각한 의문을 가지게 한다.

이런 상황에서 여러 분야의 전문가들이 인류가 평화롭게 공존할 수 있느냐의 질문에 답하려고, 개인과 사회, 사익과 공익의 조화를 이루려고 연구해왔다. 사실 이런 노력은 인간 역사에서도 아주 일찍부터 진행되었는데, 그리스 로마 철학까지 거슬러 올라간다. 플라톤은 도시공동체의 선을 개인의 선보다 우선시하였고, 아리스토텔레스는 개인의 목적을 달성하는 데 공동체의 도움이 필요하다는 점을 강조하였다. 마키아벨리는 시민들이 공동선을 우선하는 행동을 할 때 자유가 보장된다고 하였고, 홉스는 공동선을 개인의 행복 추구의 필요조건으로 보았고, 밴담은 최대 다수의 최대 행복을 통해서 보편적 공동선에 접근하는 것을 바람직하게 생각하였다. 고대에서 근대까지 세상의 철학은 사익과 공익의 조화를 강조하면서, 그 사이를 왔다 갔다 하는 형태를 취한다.

기독교의 전통에서 공공성 내지 공동선은 최고의 선이신 하나님께 기반을 두는데, 하나님의 창조와 다스림의 본래 목적이자 질서가 그것이다. 구약성경은 하나님께서 약육강식의 고대 근동 사회에서 이스라엘 공동체 구성원의 안전, 보존, 번영을 위하여 영적, 사회적, 법적, 물질적 차원에서 역사役事하시는 것을 보여준다. 또한 그것들이 세상의 모든 나라와 사람에게도 확장되는 미래를 조망하고 있다. 신약성경은 예수 그리스도의 오심은 이 모든 것들이 온 세상의 문화와 역사로 확장되는 출발점이 된다고 말하며, 실제로 어떻게 확장되는지를 보여주고 있다. 성경은 공공성을 위한 책이라고 말할 수 있다. 크리소스톰은 기독교의 가장 완벽한 규칙, 가장 정확한 정의, 최고점은 바로 공동선의 추구라고 하였다. 이 논의의 정점을 찍은 학자는 아퀴나스다. 그는 개인의 선함도 중요하지만, 도시를 위한 선함의 획득과 보존은 더욱 위대하고 완전하다고 생각하였고, 국가는 교회로부터 자율적으로 사회의 공동선을 위해 존재한다고 보았다. 특히 이 주제에 관하여 로욜라의 이냐시오가 설립한 예수회를 주목할 만한데, 그들은 공동선을 실천해 나가는 것에 집중하였다.

누구보다도 교회의 공공성에 관심을 가진 사람은 다름 아닌 칼뱅인데, 그는 이것을 신학적으로 그리고 실천적으로 연구하고 실행하였다. 그에게 있어서 종교개혁의 목표는 사람들이 하나님과 올바른 관계를 맺어 '개인적 영적 공동선'을 누리는 것과 더불어서 사람들이 서로 올바른 관계를 맺어 '사회적 공동선'으로 확대되는 것이었다. 그래서 하나님 나라의 공공성을 회복하는 것이었다. 교회는 이런 공동선을 구현하기 위해 예수 그리스도를 통해 세우신 하나님의 선물이다. 칼뱅은 구별이 되지만 분리될 수 없는 교회의 공동선과 인류의 공동선이라는 신학 패러다임을 창출하였고, 그 관계성을 규정하였고, 또한 그것들을 제네바라는 도시에서 실행하였다. 이러한 교회의 공동선의 개념은 프로테스탄트 교회의 공공성을 형성하였다.

교회의 공공성에 대하여 최근에 일어난 연구는 공공신학의 이름으로 이루어졌는데, 1974년 미국의 신학자 마틴 마티가 이 단어를 처음 사용하였다. 그는 '시민 종교Civil Religion'와 구별하기 위해서 이 단어를 사용하였다. 마티는 국가적 도덕 가치 체계를 수립하려는 시민 종교와 달리 공적 주제들을 교회의 관점에서 비판하고 제안하려는 의미에서 공공신학을 제안하였다. 곧 공공신학은 교회로부터 출발하여 사회와 국가에 기독교적으로 공헌하기 위한 것이었다. 이후에 시카고학파의 데이비드 트레이시와 프린스턴의 맥스 스택하우스가 정교하면서도 광범위하게 이 신학을 발전시켰다. 트레이시는 복음을 공공의 언어로 설명하려는 데 초점을 맞추었다. 그는 인간의 깨어진 현실과 하나님의 고통을 드러내는 것이 십자가라는 기독교의 핵심적 진리가 기독교인에게만 통용되는 것이 아니라 공공성을 획득할 수 있는 것으로 생각하였다. 스택하우스는 기독교적 에토스를 기반으로 공적 분야에 다양한 목소리를 내었다. 그러기 위해 비기독교적인 전통이나 일반 학문들과 대화해야 한다고 하였다. 교회는 이 세상 삶의 변화와 개혁, 그리고 사회제도의 혁신에 참여해야 하는 사회적 책임을 수행해야 한다고 믿었다. 이러한 흐름은 '선교적 교회'에 대한 연구로, 남아공이나 한국 등에서 공적 신학 연구로, 혹은 교회의 공공성 연구로 이어지고 있다.

3. 공공성, 교회 공공성 연구의 필요성

지금은 공공성, 교회의 공공성 연구가 필요한 토양이 형성되었고, 긴박한 요청이 되고 있다. 이 연구에 대한 시대적, 사상-세계관적, 사회적, 역사적, 교회적, 신학적 요청이 대두되고, 이런 요청들은 교회의 공공성에 대한 성경신학적 연구의 필요성을 제기한다.

(1) 시대적 요구

지금은 자기 이익을 극대화하는 시대이고, 상대주의, 개인주의, 이기주의, 소비주의가 이 시대의 풍조다. 기술, 특히 정보통신 기술의 발달로 온 세상이 마치 하나가 된 것 같다. 인적자원과 지식과 물건과 심지어 사건들까지도 교환하고 공유하는 것 같다. 하지만 그 안을 들여다보면 점점 더 소원해지고 있다. 사람들이 거리낌 없이 자기 욕망을 좇아 전쟁의 신 마르스, 돈의 신 맘몬, 성애의 신 아프로디테를 탐닉한다. 그러는 중에 사람과 사회와 세상은 갈등, 충돌, 붕괴, 왜곡, 고갈, 파괴, 분리, 차별, 소외 들을 경험하면서, 공영의 미래는 고사하고 과연 인류가 생존할 수 있느냐 하는 근본적인 의문에 빠졌다. 결국 이것은 어떻게 하면 개인과 공동체, 나아가서 사회와 세상이 평화롭게 공존할 수 있느냐 하는 질문으로 이어지고, 공공성이라는 주제를 소환한다. 그리스 로마 사상까지 거슬러 올라가는 오래된 주제인 공공성의 주제는 계몽주의, 자본주의, 개인주의 사조에서 소홀하게 다뤄지다가, 지금은 사회의 모든 영역에서 화두가 되었다. 그래서 공공성이라는 말을 광범위한 분야든 작은 분야든 어떤 분야에 갖다 붙여도 이상하지 않은 시대가 되었다. 의료의 공공성, 교육의 공공성, 건축의 공공성, 심지어 도서관의 공공성 등과 같이 광범위한 분야든 작은 분야든 공공성은 환영받는다.

공공성이 대두됨으로 각각의 영역에서 그동안 갈등 관계로 대치하였던 이념들이 상당한 타협점을 얻게 되었다. 또한 다분히 한계를 지녔던 이념이나 사상, 주장 등이 스스로 보완하는 계기가 되었다. 사익을 공익으로, 개별성을 공동체성과 연대성으로 그 흐름을 변경하는 공공성이지만, 그렇다고 사익이나 개별성을 포기하는 것은 아니다. 사익과 공익의 조화, 개별성과 공동체성 내지 연대성과의 조화를 염두에 두고 있다. 예를 들면 정치영역에서 보수와 진보를 대결적인 이념으로 보았던 시각을 넘어서서, 각 이념 안에 있는 최선의 것을 끄집어내어서 개인의 책임과 사회의 정의를 함께 추구하는 것을 요청하고 있다. 그럴 때 각 이념 안에 있는 탐욕적 혹은 극단적 편향성이 자제되고, 개인의 행복과 사회적 복리를 함께 추구하게 된다. 경제영역에서도 마찬가지로 자본주의의 자유와 사회주의의 평등이라는 최고의 가치를 버리지 않고, 그것들을 질서와 조화 가운데서 함께 세울 것을 요청하고 있다. 물론 이런 요청들은 모든 영역에 적용되어 교육, 문화, 예술, 스포츠, 종교, 기술 등에도 공공성을 위한 연대의 현상이 일어나고 있다. 당연히 교회에도 보수적 교회의 개인적 신앙과 진보적 교회의 사회적 역할이라는 가치를 모두 간직하려는 노력을 교회의 공공성이라는 이름으로 요청하고 있다.

(2) 사상-세계관적 요청

지금의 시대는 포스트모더니즘 시대이고, 이 시대의 가장 큰 특징은 세속화와 다원주의다. 곧 사회나 문화가 종교의 제도나 상징체계의 지배에서 벗어나는 것이고, 그 결과 다양한 세계관과 상징체계가 경쟁하면서 공존한다. 당연하게 서로 상치되는 설득력의 구조를 가진 세계관들이 상대화되고, 그 어떤 세계관도 절대적인 것으로 받아들이지 않는다. 동시에 사람과 사회에 대한 종교의 영향력도 현저하게 약화되었다. 그 결과로 종교는 공공영역에서 퇴출되고 개인의 사적인 영역으로 물러가는 사사화私事化, privatization 현상이 일어났다. 이제는 교회들도 신앙을 사회에 연결 짓는 것보다는 사람들을 행복하고 건강하게 만드는 치료요법적으로 접근하는 경향을 보인다. 사적으로 물러난 교회는 개인주의화되었으며, 개인이나 핵가족의 선택 대상이 되었다. 교회는 전통적인 과업, 곧 모든 사람에게 구속력을 행사하여 모든 사회생활에 궁극적 의미를 부여하고 그럼으로써 공통된 세계를 구성해야 한다는 과업을 더 이상 수행할 수 없게 되었다. 공공의 영역에서 교회는 보이지 않는 존재가 되어 버렸다. 게다가 포스트모더니즘 시대의 세속화나 상대주의 세계관, 국가 중심주의는 교회가 공공성을 수행하는 것을 달가워하지 않고, 그래서 공공의 영역에서 교회를 밀어내고 있다.

그러나 교회는 공공의 이익을 명료화하고 이것의 실행을 지향하는 공익적 존재다. 교회가 존재하는 목적에서 그리고 지금까지 이어진 전통에서 공공성은 제외되지 않았다. 하나님께서 교회를 세우시지만 사회 안에서 세우셨고, 그래서 교회의 영성은 개인에게만 머무는 것이 아니라 공동체의 수준에까지 나아간다. 더군다나 개인과 대중 사이를 중재하고 연계하는 제도 없이는 민주주의 같은 국가와 사회의 시스템이 제대로 작동할 수 없는데, 교회는 그 역할을 가장 효율적으로 감당할 수 있는 조직이다. 그래서 교회는 사회의 큰 자본이 된다. 이런 상황에서 세속화와 다원주의에서 권위를 회복하기를 원하고 있는 교회는 다시 한 번 자신의 공공적인 정체성을 확인하여 공공의 참여에 대한 의식을 형성하는 것이 필요하다.

(3) 교회적 필요

1990년 이후 한국교회의 양적 성장과 사회적 신뢰도가 계속 내림세를 보이고 있는데, 그 주된 이유는 교회 공공성의 약화 때문이라고 종교사회학자와 공공신학자가 진단한다. 교회가 사회적 책임을 얼마큼 감당하는가 하는 것에 따라 교회에 대한 사회 전체의 호불호好不好의 흐름이 달라진다. 교회의 공공성 수행 정도가 교회의 사회적 신뢰도와 평판에 결정적인 영향을 미친다. 교회의 신뢰도나 평판은 개인 혹은 개교회가 얼마나 열심히 그리고 활발하게 전도하려고 애쓰는지와 상관없이 기독교 전체의 증가나 감소를 결정한다. 곧 그것은 하나의 사회 현상이고, 사회 트렌드다. 교회 공공성 수행 과정과 사회적 신뢰도의 결과는 시간적 차이가 있기 때문에, 공공성 수행을 제대로 하고 있는지 잘 파악하지 못하는 경우가 많다. 시간이 지나고서야 그 열매를 맛보게 된다.

다행스럽게 기독교 전래 초기부터 한국교회는 공공성을 가장 많이 실천한 종교였다. 교회와 기독교인이 중심이 되어 계급주의, 사대주의, 샤머니즘 등을 타파하고, 나라의 독립, 민족의 자유, 신분 철폐, 성평등, 약자를 향한 박애 등을 실천함으로써 교회는 사회적 신뢰를 얻었다. 그 결과 기독교는 상당한 기간에 걸쳐 꾸준한 성장세를 유지하였고, 때로는 폭발적 부흥을 이루기도 하였다. 그러나 아쉽게도 반세기 전부터 한국교회는 공공성 수행에 실패하였다. 비록 외적으로 볼 때 교회와 기독교가 절정의 성장과 부흥을 경험할 때였지만, 공공성에서만큼은 크게 후퇴하였다. 교회에 만연한 성속成俗의 이분법적 사고방식, 내세주의, 기복주의, 성장주의, 신앙의 사사화私事化, 개교회주의, 교파주의, 교권주의, 교회 세습, 교회 분쟁, 교회 양극화, 세상의 불의에 대한 침묵, 사회적 책임 수행의 부재, 사회적 연대의 부재, 사회와 소통의 부재 등으로 공공성 수행에서 낙제하였다. 거기에서 나온 이기적이고 폐쇄적인 이미지가 한국교회에 덧씌워졌고, 그 뒤에 교회는 사회적 신뢰를 상실한 채 쇠락의 길을 걷는 사회적 현상이 일어났다. 그리고 그것은 지금까지 진행 중에 있다. 초기의 교회가 이룬 공공성이 기독교의 사회적 신뢰도와 이어진 성장을 가져왔다면, 지난 반세기 동안 교회가 실패한 공공성이 기독교의 사회적 불신과 이어진 쇠퇴를 가져왔다고 하겠다. 앞서 밝힌 대로 공공성의 수행과 신뢰도 형성에는 시간 차이가 있는데, 마치 나무를 심고 후에 열매를 먹는 것과 같다. 교회 공공성은 기독교의 인프라와 같은데,

한번 이루고 나면 그 후 오랜 기간 성장과 발전을 가져오고, 한번 실패하고 나면 상당한 기간 감소와 쇠퇴를 가져온다. 그러기에 교회 공공성을 세워야만 우리 다음 세대에게 다시 한 번 성장과 부흥의 기회를 줄 수 있다.

(4) 신학적 필요성

교회의 공공성을 잃어버린 지난 반세기 동안 그래도 거기에 대한 꾸준한 관심과 추구를 해온 교회와 사람 중에 눈에 띄는 건 보수적 신학을 가졌으면서도 진보적 정치관을 가진 문화적 칼뱅주의자였다. 그들은 사회참여를 실천하는 교회를 촉구하면서 성공주의, 성장주의, 실용주의 등에만 빠져 있는 한국교회를 끊임없이 비판하였다. 안타깝게도 한국 정치의 우파와 좌파 혹은 보수주의와 진보주의의 이념 투쟁과 겹쳐 한국교회의 주류와는 적대적 관계를 형성하였다. 덕분에 그들은 따돌림의 프레임에 갇혔고, 한국교회 주류는 상당한 기간 동안 교회의 공공성을 연구하고 실행할 기회마저 놓치고 말았다. 그러나 한국의 주류 교회가 칼뱅주의신학에 기반을 두고 있다는 것은 언제든지 그리고 얼마든지 신칼뱅주의자의 관심과 주장을 공유할 수 있다는 것을 내포하고 있다. 그리고 마침내 한국교회는 신학을 공공의 관점에서 파악하기 시작하였고, 또한 신학 연구에 교회의 공공성을 포함하기 시작했다. 하나님의 말씀에 최고의 권위를 두는 한국 개혁주의나 복음주의가 종교개혁과 칼뱅주의가 오직 성경이라는 구호와 더불어서 주장하는 오직 하나님 주권 사상을 그냥 지나칠 수는 없었다.

칼뱅주의의 중심 원칙은 우주론적 특성을 가지는데, 전 포괄적인 삶의 원리로서 하나님의 전적인 주권을 인정하고 교회와 세상, 특히 공적 영역에 드러내는 것이다. 이 원칙을 신학적으로 계승하고 공공적으로 적용하는 이가 아브라함 카이퍼다. "모든 삶의 영역들에 대한 삼위일체 하나님의 주권"이라는 그의 신학은 자연스럽게 모든 영역을 아우르는 삶의 체계로서의 세계관으로 확장된다.

그래서 하나님의 주권은 모든 시간, 장소, 존재, 영역, 관계에 적용된다. 이 세계관을 좁게는 한국의 개혁주의가 넓게는 복음주의가 공유하고 있다. 우리는 삶에 대한 기독교적 관점과 가치를 추구하는 기독교 신학이 당연히 세상에 가장 좋은 결과를 가져오리라고 확신한다. 그래서 우리에게 주어진 신학적 과제는 모든 영역에, 특히 공공의 영역에 기독교적 이해와 대안을 제시하는 것이다. 더 나아가서 세상의 요구와 필요들을 신학으로 해석하고, 신학적 용어로 번역하고, 교회에 소통하여 교회로 세상에 적절하게 반응하게 하는 것이다.

(5) 성경적 요구

오직 성경이라는 구호를 외친 칼뱅주의가 교회 공공성의 신학을 가졌다면, 이 주제는 성경적 근거가 충분하다. 그리고 이 주제가 성경 중심적인 한국교회의 에토스가 되려면 성경적 연구가 충실하게 진행되고, 거기에 근거하여 성경신학적으로 논의되어야 한다. 성경의 공공신학, 곧 성경에 나타난 공공성은 창조에서부터 '우리'라고 부르시는 하나님의 모습에서, 그리고 아담과 하와라는 복수의 인간 모습에서 기원한다. 그리고 이 주제는 구약의 신정국가인 이스라엘에서 본격적으로 출발한다. 12지파로 구성된 이스라엘은 율법을 언약공동체를 위해서 준수해야 했다. 율법은 공동체가 개인의 삶에 개입할 수 있음을 보여주었고, 각종 절기와 제사 제도도 사적인 영역을 넘어서서 공적 영역에 속하여 공동체의 거룩한 정체성을 유지하게 하였다. 선지자들의 외침은 공공을 위한 공적 외침이었고, 실제로 공동선을 이루고 공의로운 사회 형성에 공헌하였다.

신약에 들어와서 뚜렷하게 드러나는 '하나님 나라'라는 성경의 중심 주제는 본질적으로 공적인 스토리이고 담론이다. 예수님께서 전하신 하나님 나라는 교회와 세상을 포함하며, 또한 그 나라를 전하는 것은 당연히 사회적 책임을 수행하는 것을 포함한다. 세상을 하나님 나라로 변혁시키려는 목적을 가진 교회는 당연히 공공성을 가진다. 복음서와 사도행전은 하나님 나라를 이 땅에 가지고 오신 예수님과 그것을 세우고 확장하는 교회를 소개하고, 서신서는 구체적으로 교회가 그 공공성을 어떻게 행사하여야 하는가를 제시하고, 계시록은 그것의 완성을 보여준다. 중요한 것은 교회가 변혁과 새 창조의 주체로서 자세와 전략을 갖추는 것이다. 이것이 교회의 공공성인데, 성경적 연구와 설교가 절실하게 필요한 영역이다.

또한 성경 신학자들 사이에서도 이 주제는 절실하게 요청되고 있다. 상아탑 안에 갇힌 신학자들이 되지 않기를 애쓴 지난 20세기였다면, 21세기에서는 교회 담장 안에 갇히지 않으려고 애를 쓰고 있다. 지난 세기 신학자들은 교회의 필요에는 상관없이 독자적인 관심에 따라 연구를 진행해서 교회의 기대와 요구에 부응하지 못하였다. 학문이라는 특성상 상아탑 안에만 머무는 것이 가능한 일일지 몰라도, 신학의 주인이 되고 고객이 되는 교회와 기독교인을 소외시켰다. 이것을 자각한 신학자들은 지난 세기말부터는 부단하게 상아탑에서 나와 교회 마당으로 들어가려는 노력을 기울였다. 그런데 이제는 또 다른 상황이 되었다. 기독교가 급격한 쇠락의 길을 걷는 상황이 된 것이다. 따라서 이제는 신학자들도 교회 담장을 넘어 일반 세상과 소통할 필요가 있다. 불신자가 기독교로 개종하고 난 뒤에 대화하려는 자기중심적인 교만을 버리고 그들에게도 복음의 빛을 그들의 언어로 제시해야 한다. 또한 사회적 이슈를 복음의 관점으로 파악하고 마련한 대안을 공적으로 설득해야 한다. 그것을 위해서 지역교회와 소통하고 사회와 소통하면서 연구해야 한다.

4. "2023 코세비 윈터 세미나"에서 하는 발표들

지금까지 살펴본 대로 교회의 공공성 연구에 대한 필요들과 과제들 앞에서 "신구약에서 교회의 공공성을 어떻게 설교할 것인가?"라는 주제의 성경신학적 연구는 아주 중요하고도 긴급하다. 이 긴요한 연구를 "2023 코세비 윈터 세미나"에서 발표하는 학자들의 연구에는 물질로 환산될 수 없는 노고의 헌신이 들어있다.

먼저 오경에 나타난 교회의 공공성을 담당한 강화구 박사는 하나님의 창조에서부터 논의를 시작한다. 하나님께서 창조하신 세상과 그 절정으로서 인간의 창조를 살피고, 특히 하나님의 형상대로 지음을 받은 인간의 의미와 목적과 기능을 살피면서, 그것들이 성경적 공공성 논의에 던져주는 함의를 제시한다. 하나님께서 온 세상을 창조하심으로 시작하고 새 하늘과 새 땅의 소개로 마치는 성경은 결코 세상과 그것을 다스리도록 위임받은 인간을 포기한 적이 없는데, 바로 여기기에서 공공신학이 출발한다고 제시한다. 인간이 세상의 경작자로 그리고 모든 동물의 작명자로서 기능적 하나님의 형상이고形象을 가지고, 다른 인간과 하나님, 세상과 관계하는 관계적 하나님의 형상이고, 동산지기로 땅의 경작자로 사명을 행하는 선교적 하나님의 형상인 점이 기독교와 교회의 공공성과 공공신학의 당위성을 가져온다.

시가서에 나타난 교회의 공공성을 발표하는 김성진 교수는 창조신학적 지혜를 담고 있는 잠언을 중심으로 성도의 부르심의 목적과 세상 속에서의 공적인 역할을 연구한다. 잠언은 하나님의 백성이 공공의 영역인 창조 세계에서 어떻게 살아가며 궁극적으로 회복해야 할 창조의 질서가 무엇인지 가르쳐주는데, 그 질서는 인간이 창조주이신 하나님을 경외하고 하나님의 뜻과 방식대로 세상을 다스리는 것이다. 잠언은 창조질서의 원리를 가르쳐주는 지혜의 보고인데, 창조주, 인간, 세상이라는 세 가지 영역에서 구현된다. 지혜는 종교적이고 윤리적인 측면뿐 아니라 사회적이고 공적인 측면들을 포함한다. 잠언의 서언부와 결언부는 창조질서를 위한 지혜의 당위성에 집중하고, 본론부는 규범 금언과 기술 금언이 삶의 다양한 경우들에 적용한다. 마지막으로 저자는 인간과의 관계와 세상과의 관계의 영역에서 지혜를 살펴봄으로 오늘날 교회가 공적 영역에서 창조질서를 회복하고 하나님 나라를 회복하는 방편들을 제시한다.

선지서에 나타난 교회의 공공성을 탐구한 최윤갑 교수는 먼저 구약에 나타난 공공신학의 담론과 그 중심 요소들을 살핀다. 구약은 하나님 나라 백성을 향한 현저한 공공성을 보여주는데, 인간 삶의 주요 영역을 구성하는 요소들에 관한 신학적 관점을 제공하여서 현대 공공신학의 원리와 자료를 제공한다. 모세오경의 세 법전(계약법전, 신명기법전, 성결법전)에 기초한 토라의 공공성은 땅의 신학을 중심으로 세워졌고, 선지자들은 무너진 토라의 공공성 회복을 외쳤다. 이사야서는 사회경제적 폐단을 지적하면서 부자들의 약자에 대한 부당한 처우, 고관들의 사회·경제적 횡포, 재판관들의 부당한 판결, 영적 지도자들의 타락과 나태, 그리고 정치인들의 불신앙적 정치와 외교를 질책한다. 오늘날 교회는 사회의 다양한 영역을 섬겨야 한다는 의식의 전환, 공적 담론의 중요성을 인식하고 적용하는 신학적 성찰, 그리고 공적 담론을 다루고 적용하는 설교를 통해서 이사야서에 기록된 공적 담론을 적용하고 실천할 수 있다.

공관복음에 나타난 교회의 공공성을 연구한 권기현 목사는 마태복음에 집중하면서 그 자체의 공공성의 증거를 연구하는 데 주안점을 둔다. 복음서에 나오는 예수님과 제자들의 사역은 시간상으로는 옛 언약과 새 언약이 중첩하는 시기며, 장소로는 주된 무대인 이스라엘과 가끔 방문하는 이방 세계며, 대상으로는 주된 대상인 언약 백성과 가끔 만나는 이방인들이다. 그러나 전체적으로는 전자들에서 후자들로 흘러가고 있었다. 이어서 저자는 마태복음 본문을 연구하여 교회의 공공성을 도출한다. 유대인 중심의 옛 언약공동체 속에서 사역한 예수님과 사도들은 그들을 호출하여 새 언약공동체로 들어오게 하려고 사역하였는데, 이 새 언약공동체는 유대 땅을 벗어나고 유대인을 벗어나서 모든 나라와 족속을 포함한다. 옛 언약공동체는 제사장 나라라는 정체성에서 실패하였는데, 교회의 공공성publicity이 교회의 공교회성Catholicity과 이어지는 것임을 확인할 수 있다.

누가복음과 사도행전에 나타난 교회의 공공성을 발표하는 김명일 교수는 가난한 자에게 복음이 전해지고, 포로 된 자에게 자유를 전파하는 예수님의 사역을 살펴보면서 교회의 공공성이라는 주제가 어떤 방식으로 등장하는지 살펴본다. 먼저 예수 그리스도의 이름 안에서 성령께서 모든 나라, 모든 족속에게 선포하시는 복음과 그것의 다스림과 심판이 공공성을 가진다. 또한 사회에서 가장 소외를 당하는 사람들이 예수님의 환대를 받고, 이방인들도 교회에서 환대받는 것이 공공성을 나타낸다. 복음이 보편적으로 전파될 때 외부인들이 하나님 나라의 잔치에 참여하고, 그렇게 건설된 교회 안에서는 영적이고 물질적인 코이노니아가 이루어져서 내적인 공공성이 이루어진다. 교회 안에서 사회계층을 초월하는 나눔을 하는 새로운 공동체는 기존 사회에 변혁에 큰 영향을 주었을 것이다. 또한 예수님과 교회의 복음은 다양한 권력자들, 헤롯대왕, 그의 아들들, 가이사, 총독, 산헤드린 등에게 전해지면서 다양한 관계를 형성하였는데, 이것 역시 교회 공공성의 기초로 이해될 수 있다.

송재영 교수는 바울서신이 말하는 교회의 공공성에 대하여 발표하는데, 교회를 본질적으로 예수님께서 왕이신 나라를 섬기는 정치적 집단으로, 목회자는 공공신학자로, 기독교 신학을 공공신학으로 전제하면 논의를 시작한다. 그의 연구는 다분히 연역적으로 진행된다. 그리스도와 교회의 공공성의 주제들을 제시한 후에 그것들을 지지하는 바울서신의 구절들을 분석하고 실제적인 문제들에 적용한다. 그가 다루는 구체적인 주제로는 만물을 성취하시는 그리스도, 만물을 성취하는 교회, 국가와 민족의 장벽을 극복하는 교회, 경제적 불평등을 치료하는 교회 등이다. 바울서신에서 신자는 성도聖徒, 거룩한 자들라는 복수 형태로 존재하고, 그들의 성화는 공동체적인 의미를 지닌다. 우리는 교회의 소금이 아니라 세상의 소금으로 "공적 짬"이어야 한다.

일반서신을 중심으로 교회의 공공성을 연구한 송영목 교수는 히브리서, 야고보서, 베드로후서, 유다서를 간본문적이며 종합적으로 연구하여서 교회가 세상에서 어떻게 존재하며 사역해야 하는가를 밝히려고 한다. 먼저 일반서신이 기록될 당시의 1차 독자들이 마주했던 세상에 비추어서 이 서신들에 나타난 교회론 연구를 진행한다. 이어서 그것이 제시하는 세상 속에 있는 교회의 역할을 살펴보는데, 그것은 하나님의 가족으로 결속하여 대안사회로 정체성을 나타내는 것이다. 또한 성도는 위로부터 내려오는 지혜를 받아서 성령의 열매를 맺음으로 공공성을 실천해야 한다. 마지막으로 교회의 공공성을 설교하는 지침을 제시한다.

2장
오경에 나타난 교회의 공공성:
하나님의 창조와 공공성

강화구

1. 들어가면서

"태초에 하나님이 천지를 창조하시니라"창1:1

성경은 인류 역사와 역사를 통해 만들어지는 모든 가치의 출발점을 하나님의 창조에 둔다.[1] 그러므로 성경적 공공성에 대한 논의도 하나님의 창조에 대한 고찰에서 시작하는 것이 마땅하다. 특별히 성경적인 인간론을 다룸에 있어서 가장 중요한 개념은 인간이 하나님의 형상을 따라 창조되었다는 사실에 있다. 인간이 하나님의 형상이라는 사실을 부인하는 사람은 거의 없겠지만, 도대체 하나님의 형상이 무엇이고 그 본질이 어떠한지를 정의하는 일에서 일치된 의견을 찾는 것은 여전히 어렵다. 이 글에서 우리는 먼저 하나님께서 창조하신 세상과

---

1. 다른 종교의 경전은 일반적으로 창조에서 이야기를 시작하지 않는다. 다음을 보라. 브루스 애쉬포드, 히스 토머스, 『왕의 복음』, 정옥배 역 (서울: IVP, 2021), 35. 고대 근동과 창세기 1장의 창조 이야기를 비교하기 위해서는 존 D. 커리드, 『고대 근동 신들과의 논쟁』, 이옥용 역 (서울: 새물결플러스, 2017)과 John N. Oswalt, *The Bible among the Myths* (Grand Rapids: Zondervan, 2009)를 참조하라.

그 창조의 절정으로서 인간의 창조에 대해 살피고, 또한 하나님의 형상대로 지음 받은 인간의 의미와 목적, 기능에 대해 살핌으로써 성경적 공공성 논의에 던져주는 함의가 무엇인지 제시할 것이다.

2. 세상의 창조

(1) 칠일간의 창조

성경에서 가장 먼저 선언하는 것은 하나님께서 하늘과 땅의 창조주시라는 사실이다. 즉 사람이 아니라 하나님에 대해 말하고 있다. 하나님께서 온 세상을 창조하셨으며, 창조된 이 세상은 하나님의 형상대로 창조된 사람의 삶의 무대요, 하나님의 위대한 구원역사가 펼쳐지는 무대다.

하나님의 창조를 언급하는 창세기 1장은 아름다운 문학적 장치로 가득하다. 하나님께서 무엇을 어떻게 만드셨는지를 알려주는 데 관심을 기울이기보다 세상을 얼마나 아름답고 조화롭게 만드셨는지를 강조한다.[2] 창세기 1장의 문학적 구조 안에 나타나는 반복의 요소들을 다음과 같이 요약할 수 있다.[3]

	첫째 날 창1:3~5	둘째 날 창1:6~8	셋째 날 창1:9~13	넷째 날 창1:14~19	다섯째 날 창1:20~23	여섯째 날 창1:24~31	일곱째 날 창2:1-3
"그리고 하나님이 말씀하셨다"	1	1	2	1	1	4	0

---

2. 창세기 1장에서 우주의 기원론 혹은 생성론의 증거를 찾으려고 하는 것은 큰 소득을 얻지 못할 것이다. 그것은 창세기의 원래 의도도 아니다.

3. 이 도표는 윌렘 A. 밴게메렌, 『구원계시의 발전사』, 안병호·김의원 역 (서울: 기독대학인회 출판부, 2006), 47 에서 가져왔다.

"~이 있으라"	1	2	2	1	2	2	0
"그리고 그렇게 되었다"	1	1	2	1	0	2	0
하나님께서 하신 일에 대한 설명	1	1	2	1	0	2	0
이름 지음 혹은 축복	1	1	1	0	1	1	1
"좋았더라"	1	0		1	1	1	0
날에 대한 언급	1	1	1	1	1	1	0

위 표에서 볼 수 있는 바와 같이, 하나님께서 칠일동안 반복적으로 창조행위를 하심으로써 그분께서 지으신 세상의 어떠함을 잘 드러내셨다. 가장 먼저 두드러지는 것은 하나님께서 말씀으로 세상을 창조하셨다는 사실이다. "하나님이 이르시되"라는 표현은 일곱 번의 창조 가운데 총 열 번 등장한다. 셋째 날과 여섯째 날에 각각 두 번과 네 번씩 이 표현이 두드러지게 사용된다. 이와 마찬가지로 "있으라"라는 하나님의 명령도 여덟 번 등장한다. 창조주 하나님의 말씀과 창조 능력은 동일하다. 그래서 하나님의 말씀에 상응하여 총 일곱 번에 걸쳐서 "그대로 되니라"라는 말이 반복된다. 하나님께서 창조하셨다는 표현도 일곱 차례, 하나님께서 보시기에 좋았다는 표현도 일곱 차례 등장한다. 그렇게 보면 창세기 1장 1절~2장 3절에 등장하는 칠일간의 창조 이야기는 아주 정교하게 의도된 완전수 7의 반복이 두드러진다는 사실을 쉽게 알 수 있다.[4]

4. 고든 웬함, 『성경 전체를 여는 문 창세기 1-11장 다시 읽기』, 차준희 역 (서울: IVP, 2020), 25~27. 심지어 웬함은 창세기 1장 1절이 히브리어로 7단어이고, 2절이 14단어(7×2)인 반면, 첫 단락을 마무리하는 2장 3절은 총 35단어(7×5)인 점도 우연이 아니라고 주장한다. 그러면서 이렇게 결론짓는다. "창세기를 시작하는 장의 구조에 대

둘째, 하나님께서 지으신 세상은 그분께서 보시기에 좋았다. 즉 하나님께서는 육일간의 창조를 마치신 이후, 지으신 모든 것을 보시고는 심히 좋으셨다. 선하신 하나님이시기에 세상도 선하게 지으셨다. 보시기에 좋았다고 하신 창조 세계의 선함은 타락 이전에만 국한되는 것이 아니다. 물론 타락 이후에는 사람과 땅의 올바른 관계가 상당히 왜곡되었다. 땅은 더 이상 쉽게 소산을 사람에게 주지 않게 되었다. 오직 사람의 이마에 땀이 흘러야만 소산을 내어 놓고, 그나마 가시와 엉겅퀴를 함께 내어 놓을 것이다창3:18. 형제를 의도적으로 죽음에 이르게 한 가인의 때에는 그 심각성이 더 깊어진다. 가인은 땅에서 저주를 받아, 밭을 갈아도 땅은 더 이상 그에게 농산물을 내지 않을 것이고, 그는 땅에서 방황하는 방랑자가 될 것이다창4:11~12. 그럼에도 불구하고 땅은 여전히 하나님께서 원래 지으신 목적대로 이 땅에 존재함으로 하나님께 복종하며, 하나님의 영광을 나타낸다.[5] 하늘과 땅의 모든 권세는 오직 우리 주 예수 그리스도께 있으며마28:18, 타락으로 말미암아 신음하는 땅도 썩어짐의 종노릇 한 데서 해방되어 하나님의 자녀들의 영광과 자유에 이르기를 기다린다롬8:18~25. 그리고 마침내는 마지막 날에 땅도 새롭게 될 것이다벧후3:8~14.

(2) 창조의 절정으로 인간의 창조

앞의 도표에서 다시 볼 수 있는 것은 하나님의 창조가 두 가지 강조점을 가지고 있다는 사실이다. 첫째는 창조의 완성으로서 일곱째 날이다. 앞의 도표에서 일곱째 날은 창조의 육일동안 전개되었던 패턴의 반복이 완전히 무너진다. 대신 육일간의 창조는 다음과 같은 패턴으로 다시 정리될 수 있다.

한 이런 관찰들은 그것이 주의깊게 구성된 작품이지 무심코 기록된 창조 이야기가 아니라는 것을 보여준다."
5. 크리스토퍼 라이트, 『하나님의 선교』, 정옥배·한화룡 역 (서울: IVP, 2010), 505.

서론창1:1~2				
준비조형			충만	
첫째 날 창1:3~5	빛 나눔	낮 밤	넷째 날 창1:14~19	더 큰 빛 더 작은 빛
둘째 날 창1:6~8	궁창 나눔	궁창 위의 물 궁창 아래 물	다섯째 날 창1:20~23	물고기 새
셋째 날 창1:9~13	바다 나눔	땅 식물	여섯째 날 창1:24~31	동물 사람
일곱째 날: 안식창2:1~3				

먼저 일곱째 날의 특수성에 대해 위 도표가 알려주는 바를 보자. 첫 번째 톨레도트 구문이 2장 4절에서 나오기 때문에, 창세기 2장 1~3절은 창세기 1장 1절에서 시작하는 서론의 마지막 부분이어야 한다. 여기서 확인할 수 있는 것은 1~3일 동안은 세상에 존재하는 모든 것을 위해 준비하는 단계로서 빛, 하늘, 물과 땅 등이 조성된다. 준비 단계의 마무리를 위해 셋째 날에 하나님의 행하심이라는 패턴들이 중복해서 나타난다. 창조의 4~6일은 조성된 땅을 지배하는 자들을 충만하게 채우는 과정이다. 마찬가지로 두 번째 창조를 마감하기 위해 하나님의 행하심을 나타내는 패턴들이 비약적으로 증가한다. 첫째 날은 셋째 날에 상응하고, 둘째 날은 다섯째 날, 그리고 셋째 날은 여섯째 날에 상응한다.

게다가 여섯째 날에 이르러서 사람을 창조하실 때, 하나님의 말씀하심은 전혀 다른 패턴으로 나타난다. 창조의 육일동안 하나님의 명령은 3인칭 간접 명령형으로 표현되었다"빛이 있으라". 하지만 사람을 만드실 때는 1인칭 간접 명령형으로 표현된다.

"하나님이 이르시되 우리의 형상을 따라 우리의 모양대로 우리가 사람을 만들고 그들로 바다의 물고기와 하늘의 새와 가축과 온 땅과 땅에 기는 모든 것을 다스리게 하자 하시고"창1:26

하나님의 창조행위를 좀 더 뚜렷하게 나타내는 동사 '바라אָרָבּ'도 인간의 창조에서 두드러지게 사용된다. 이 단어는 서론과 마지막 결론에 해당하는 일곱째 날에 각각 한 번씩 사용되고, 21절에서 바다괴물을 창조하실 때를 제외하면 인간의 창조에서 3번 반복된다.[6] 이로 볼 때 명백하게 하나님의 창조에서 중심을 이루는 사건은 하나님께서 그분의 형상대로 사람을 창조하셨다는 사실에 있다. 하나님께서 사람을 창조하시고, 그로 하여금 지으신 모든 세상을 대리해서 통치하도록 하신다. 하나님께서 세상을 창조하시고, 온 땅을 향해 가지고 계신 그분의 뜻과 계획은 사람이 땅을 통치함을 통해 이뤄진다. 그러므로 다음 논의는 하나님께서 사람을 어떤 특별한 존재로 지으셨는지를 살펴보는 일이 되겠다.

---

6. 성경에는 다양한 형태의 단어들이 '창조하다'라는 의미로 사용된다. 하지만 이들 중에서 '바라(בָּרָא)'는 특별하다. 왜냐하면 이 단어는 오직 하나님만을 주어로 사용하고 있기 때문이다. 이 단어 자체는 다른 어떤 존재와도 비교할 수 없는 하나님 자신의 창조적 행위를 묘사하기 위해 사용되었다고 말할 수 있다. 그러므로 성경의 첫 번째 구절의 첫 번째 동사로 이 단어가 사용된 것은 매우 중요한 의미를 우리에게 전달한다. 그것은 무로부터의 창조다. 그러나 중요한 것은 무로부터의 창조(creatio ex nihilo)라는 개념이 중요하게 암시되고 전제되어 있다고 할지라도, 적어도 그 개념이 창세기 1장 1절에서 강조되거나 명시적으로 언급되고 있지 않다는 것도 사실이다. 즉 1장 1절은 분명 무로부터의 하나님의 창조를 말하고 있지만, 그렇다고 해서 '바라'라는 단어 자체가 오직 무로부터의 창조만을 지칭하는 것이라고 말하기는 어렵다. '바라'는 구약에서 총 50여회 등장한다. 언급한 대로 항상 하나님이 주어로 등장하거나 적어도 암시된 주어로 등장한다. 여기에는 이견이 없다. 그러나 그 단어가 취하는 목적어의 경우에는 상황이 전혀 달라진다. 목적어를 살펴보면, 우주 혹은 세상이 10회, 일반적인 의미에서의 백성들이 10회, 백성 중의 특정한 그룹이 6회, 개인이 5회, 피조물이 2회, 어둠과 같은 어떤 현상이 10회, 우주의 구성 요소가 3회, 그리고 순전한 마음이 1회다. 이 용례들을 통해 볼 때, '바라'가 하나님의 특별한 창조의 능력을 말씀하는 단어이기는 하지만, 모든 단어가 소위 무로부터의 창조를 말하는 것은 아님을 알 수 있다.

3. 인간의 창조

(1) 하나님의 형상으로 지음 받은 인간

하나님의 형상ﬡﬡﬡﬡ ﬡﬡﬡﬡ이라는 단어는 구약성경에서 단 세 번만 등장한다창
1:26~28; 5:1~3; 그리고 9:6. 이 중에 창세기 1장 26~28절에 나오는 하나님의 형상에 대
해 조금 더 주목할 필요가 있다. 왜냐하면 창세기 1장은 인류가 죄로 인해 오염
되기 이전의 원래 상태를 반영하고 있기 때문이다.

> "26하나님이 이르시되 우리의 형상을 따라 우리의 모양대로 우리가 사람을 만
> 들고ﬡﬡﬡﬡ ﬡﬡﬡﬡ ﬡﬡﬡﬡ ﬡﬡﬡﬡ 그들로 바다의 물고기와 하늘의 새와 가축과 온
> 땅과 땅에 기는 모든 것을 다스리게 하자 하시고 27하나님이 자기 형상 곧 하나
> 님의 형상대로 사람을 창조하시되 남자와 여자를 창조하시고 28하나님이 그
> 들에게 복을 주시며 하나님이 그들에게 이르시되 생육하고 번성하여 땅에 충
> 만하라, 땅을 정복하라, 바다의 물고기와 하늘의 새와 땅에 움직이는 모든 생
> 물을 다스리라 하시니라"창1:26-28

이 본문은 하나님께서 창조하신 사람이 어떤 존재인지에 대해 매우 중요한
진술을 담고 있다. 인간은 하나님의 형상으로 창조되었다. 이 말을 부인할 사
람은 거의 없지만, 실제로 이 말의 의미가 무엇인지에 대해서는 단순하게 답하
기 어렵다.[7]

본문은 형상ﬡﬡﬡﬡ과 모양ﬡﬡﬡﬡﬡﬡ이라는 두 개의 주요 단어를 소개하는데, 이 둘은
각각 다른 전치사와 함께 사용된다. 고대 근동의 문맥에서 형상ﬡﬡﬡﬡ은 일반적으

---

7. Phyllis A. Bird, "'Male and Female He Created Them': Gen 1:27b in the Context of the Priestly Account
of Creation," *Harvard Theological Review* 74.2 (1981): 130.

로 어떤 '모양, 상, 이미지'를 뜻한다. 특히 이는 왕이나 신의 동상 등을 지칭하는 단어이기도 하다. 고대 근동에서 왕은 신의 대리인으로 간주되었기 때문에 형상이라는 용어는 신을 실물로 대리하는 것이라 할 수 있다.[8] 그러므로 인간이 하나님의 형상으로 창조되었다는 사실은 인간이 이 땅 위에서 하나님을 대표하는 존재라는 사실을 말해 준다. 물론 하나님께서는 영이시기 때문에 대표할 만한 육신을 가지고 계시지 않다.[9]

두 번째 주요 단어인 모양מדות은 형태에 있어서 유사성을 일컫는다. 구약성경에서만 모두 25회 등장하는데, 보통은 모양likeness으로 번역한다. 열왕기하 16장 10절에서 '모양'은 원래 있는 제단의 양식을 그려서 옮긴 것으로 묘사한다. 그러므로 모양은 원래의 형상을 닮은 것이라 할 수 있는데, 결과적으로는 이 단어 역시 원래 양식을 대표하는 것이다.[10]

그렇다면 '형상'과 '모양'은 어떤 관계가 있을까? 역사적으로 두 단어의 의미상에 차이가 있다고 주장하는 흐름이 있어 왔지만, 두 단어가 실제로 어떻게 다른지를 정의하는 것은 쉬운 일이 아니다.[11] 두 단어가 함께 나타나는 예는 창세기 1장 26절과 5장 3절에서 볼 수 있다. 물론 그 표현에서 약간의 차이도 있다.

---

8. *TDOT* XI, 389.
9. D. J. A. 클라인스는 "The Image of God in Man," *Tyndale Bulletin* (1967), 71에서 다음과 같이 말한다. "여호와께서는 인간의 용어로 묘사되신다. 그것은 하나님께서 인간과 같이 육신을 가지고 계시기 때문이 아니라, 하나님께서 위격을 가지고 계시며, 그것은 자연스럽게 인간의 인성이라는 용어로 간주할 수 있기 때문이다." 이와 함께 Gerhard von Rad, *Genesis*, The Old Testament Library, 2nd ed. (Philadelphia: The Westminster Press, 1973), 58도 보라.
10. *NIDOTTE* I, 969.
11. 이에 대한 간단한 요약은 다음을 보라. David Wilkinson, *The Message of Creation: Encountering the Lord of the Universe*, BST Series, ed. Derek Tidball (Leicester: InterVarsity Press, 2002), 34~38. 또한 안토니 후크마, 『개혁주의 인간론』, 이용중 역 (서울: 부흥과 개혁사, 2012)의 제4장을 참조하라.

창세기 1장 26절	창세기 5장 3절
בְּצַלְמֵנוּ כִּדְמוּתֵנוּ	בִּדְמוּתוֹ כְּצַלְמוֹ

모양과 형상은 각각 전치사 베ㅋ와 케ㅋ를 가지고 있는데, 창세기 1장 26절과 5장 3절은 두 개의 전치사가 교차적으로 위치한다. 그러므로 모양과 형상은 서로 교차적으로 사용될 수 있는 것으로, 이 표현은 문법적으로 중언법에 해당한다고 볼 수 있다.[12] 전치사 베ㅋ와 케ㅋ가 항상 유사한 의미와 용례를 가지는 것은 아니지만, 이 문맥에서는 두 전치사 역시 교차적으로 사용할 수 있다. 여기서는 모두 '~처럼as' 혹은 '~로서in the capacity of' 등으로 번역할 수 있다.[13] 다시 말해, 하나님께서 어떤 실제적인 형상도 가지고 계시지 않기 때문에, 인간이 하나님의 형상으로서 하나님을 대표하게 되는 것이다.[14] 그러므로 사람은 하나님의 형상을 소유하는 것이 아니라, 지상에서 하나님을 대표하는 하나님의 형상이다.

(2) 타락과 하나님의 형상

타락 이후 하나님의 형상은 어떻게 되었는가? 죄의 영향력은 얼마나 미쳤는가? 죄로 인해 타락함으로 인간은 하나님의 형상을 잃어버렸는가? 죄가 세상에

---

12. 중언법(Hendiadys)은 두 단어가 표현하는 뜻이 하나의 의미를 전달하는 경우를 일컫는다. 명사의 중언법은 번역할 때 두 단어 중 두 번째 단어를 수식하는 형용사로 번역하는 것이 자연스럽다. 접속사 '그리고'로 서로 연결되는 경우도 많은데, 이런 경우도 중언법으로 간주할 수 있다(창1:2). 정동사가 접속사 '그리고'로 연결되어도 동사적 중언법으로 볼 수 있는데, 이런 경우 하나의 동사는 종종 부사처럼 해석된다. 예를 들어 예레미야 1장 12절에서 '네가 잘 보았다'라고 번역했는데, 부사 '잘'로 번역한 이 단어도 히브리어 정동사다. 중언법의 정의에 대해서는 Richard N. Soulen and R. Kendall Soulen, *Handbook of Biblical Criticism*, 3rd ed. (Louisville: Westminster John Knox Press, 2001), 72를 보고, 구문론적 안내는 다음 책을 보라. 로날드 윌리엄스, 『윌리엄스 히브리어 구문론』, 3rd ed. (서울: 그리심, 2012), §72, §224~226. 그리고 주옹-무라오카, 『성서 히브리어 구문론』, 김정우 역, 개정본 (서울: 기혼, 2022), §72 a, §117 b~d도 보라.
13. *GKC* §119 h~i.
14. Clines, "The Image of God in Man," 101.

들어옴으로 말미암아 하나님의 형상의 기능은 손상을 입었지만, 하나님의 형상 자체가 훼손되었다는 언급이 성경에 명시적으로 나오지는 않는다. 이 문제를 논의하기 위해 창세기 5장 1~3절과 9장 6절을 살펴볼 필요가 있다. 여기서 타락한 이후 하나님의 형상에 대해 언급하고 있기 때문이다.

창세기 5장 1~3절의 문맥은 축복의 계속성에 있다. 창세기 5장은 창세기의 구조적 특징을 알려주는 톨레도트 구문으로 시작한다. 새로운 단락의 시작을 알리는 장치다.[15] 그럼에도 불구하고 5장은 또한 4장 25~26절에 나오는 아담으로부터 셋과 에노스에 이르는 간단 족보와도 연결되어 있다. 다음과 같은 언어적 유사성도 발견된다.

창세기 4장 25절	창세기 5장 3절
"아담이 다시 자기 아내와 동침하매 그가 아들을 낳아 그의 이름을 셋이라 하였으니 이는 하나님이 내게 가인이 죽인 아벨 대신에 다른 씨를 주셨다 함이며"	"아담은 백삼십 세에 자기의 모양 곧 자기의 형상과 같은 아들을 낳아 이름을 셋이라 하였고"

이 때문에 케네스 매튜스는 4장 25절과 5장 3절을 의도적으로 교차대칭구조로 연결시키고, 그 결과 5장 2~3절의 내용이 하나님의 축복의 연속성에 대한 아담과 하와의 긍정적 소망을 내포하고 있다고 주장한다.[16] 게다가 창세기 5장 1~3절에서 우리가 주목할 것은 명백하게 창세기 1장 26~28절의 표현을 반복한다는 점이다.

---

15. 톨레도트에 대한 개관은 다음 글을 보라. 강화구, "모세오경에 나타난 톨레도트 양식 연구," 『구약논단』 4(2019), 48~81. 아담의 톨레도트(창5:1-6:8)는 '아담의 족보를 기록한 책'이라는 독특한 표현으로 시작한다. 이는 아담의 족보를 기록해둔 책이 이미 존재했으며, 모세가 어떤 경로든 그 책을 참고해 아담의 톨레도트를 작성해 갔을 가능성을 열어 두게 한다.

16. Kenneth A. Mathews, *Genesis 1-11:26*, The New American Commentary (Nashville: Broadman and Holman Publishers, 1996), 309.

창세기 1장 26~28절	창세기 5장 1~3절
"²⁶하나님이 이르시되 <u>우리의 형상을 따라 우리의 모양대로</u> 우리가 <u>사람을 만들고</u> 그들로 바다의 물고기와 하늘의 새와 가축과 온 땅과 땅에 기는 모든 것을 다스리게 하자 하시고 ²⁷하나님이 <u>자기 형상</u> 곧 하나님의 형상대로 사람을 창조하시되 <u>남자와 여자를 창조하시고</u> ²⁸하나님이 <u>그들에게 복을 주시며</u> 하나님이 그들에게 이르시되 생육하고 번성하여 땅에 충만하라, 땅을 정복하라, 바다의 물고기와 하늘의 새와 땅에 움직이는 모든 생물을 다스리라 하시니라"	"¹이것은 아담의 계보를 적은 책이니라 하나님이 <u>사람을 창조하실 때에 하나님의 모양대로</u> 지으시되 ²<u>남자와 여자를 창조하셨고</u> 그들이 창조되던 날에 하나님이 <u>그들에게 복을 주시고</u> 그들의 이름을 사람이라 일컬으셨더라 ³아담은 백삼십 세에 <u>자기의 모양 곧 자기의 형상</u>과 같은 아들을 낳아 이름을 셋이라 하였고"

위 도표에서 확인할 수 있는 것처럼, 두 본문은 중심 되는 단어들을 모두 공유하고 있다. 형상과 모양이라는 독특한 단어가 함께 등장하기도 하고, 사람의 창조, 하나님의 복 주심, 남자와 여자로 지으심 등이 공통적으로 등장한다.[17] 그러므로 창세기 5장 1~3절은 일차적으로는 4장 25~26절과 연결되어 있지만, 보다 먼 문맥에서 창세기 1장 26~28절에 나타나는 인간의 창조기사와 명백하게 연결된다고 결론지을 수 있다.

창세기 5장 1~3절의 이러한 긍정적인 문맥 안에서 하나님의 형상과 모양이라는 표현이 등장한다. 심지어 인류의 타락 이후에도 인간은 여전히 하나님의 형상과 모양으로 인정된다. 그러므로 창세기 5장 1~3절에서 하나님의 형상과 모양 자체에 대한 부정적인 시선을 관찰할 수 없다는 점에 기초하여 인간은 치명적인 죄에도 불구하고 여전히 하나님의 형상이라고 할 수 있다. 물론 이러한 결론은 인간이 하나님의 형상과 모양이라는 특정한 어떤 것을 소유하고 있다는 뜻이 아니라, 전인으로서 인간 자체의 신분과 관련된다.

---

17. Mathews, *Genesis 1-11:26*, 307.

하나님의 형상에 대해 언급하는 마지막 본문인 창세기 9장 6절에서 이 부분은 좀 더 명확해진다. 창세기 5장 1~3절에서와 마찬가지로, 9장 6절 역시 유사한 단어를 반복적으로 사용함으로써 창세기 1장 26~28절을 강력하게 반영한다. 유사한 단어들로는 '하나님의 형상', '지으셨음', '사람' 등이 있다. 첫 사람 아담이 하나님의 형상대로 창조된 것처럼, 홍수 이후의 새로운 세상에 남은 인류도 그가 하나님의 형상대로 지음 받았음을 다시 한 번 확정한다.[18] 홍수 이후에도 인간은 여전히 하나님의 형상으로 불린다.

신약성경의 여러 본문에서도 이와 동일한 결론을 내리도록 돕는다. 고린도전서 11장 7절은 남자는 하나님의 형상과 영광이라고 선언한다. 또한 야고보서 3장 9절도 사람을 묘사할 때, "하나님의 형상대로 지음을 받은 사람"이라고 정의한다. 그러므로 신약성경의 이런 본문들 역시 인간은 타락한 이후에도 여전히 하나님의 형상이라고 말할 수 있게 한다. 요약하면, 인간은 하나님의 형상대로as 창조되었다. 그리고 죄의 광범위한 영향력과 심각성에도 불구하고, 인간은 하나님의 형상을 잃어버리지 않았다.[19]

(3) 그리스도 안에 있는 하나님의 형상

참 하나님의 형상은 오직 예수 그리스도 한분뿐이시다. 이것은 신약성경에서 반복적으로 가르치는 내용이다요12:25; 14:9; 고후4:4; 골1:15. 예수 그리스도께서는 둘째 아담이시다롬5:14-21. 첫 사람 아담이 인류의 대표자로서 죄에 빠진 것과 같이, 둘째 아담이자 새로운 인류의 대표이신 예수 그리스도께서는 하나님께서 명하신 모든 일에 온전히 순종하셨다. 그러므로 여기서 창세기 1장 26~28절은 다시 예수 그리스도께로 적용된다. 하지만 다른 측면도 있다. 신약성경에서 그리스

---

18. Mathews, *Genesis 1-11:26*, 405.
19. Clines, "The Image of God in Man," 101.

도의 형상을 하나님의 형상으로 언급할 때, 아담에게서 볼 수 있는 인간으로서의 하나님의 형상과는 다른 측면이 있다. 그런 이유로 예수님께서는 빌립에게 "나를 본 자는 아버지를 보았다"라고 말씀하실 수 있었다.

다른 한편으로 신약성경은 그리스도의 형상에 대해 하나님의 형상의 또 다른 측면을 소개한다. 그리스도께서는 완전한 하나님의 형상이시기에, 모든 성도의 새로운 목표이자 표준이 되신다. 그래서 사도 바울은 골로새서 3장 10절에서 우리가 새 사람을 입었기 때문에 "자기를 창조하신 이의 형상을 따라 지식에까지 새롭게 하심을 입은 자"라고 선언한다. 바울에게 있어서 지식에까지 새롭게 되는 것은 믿는 성도들이 계속해서 하나님을 닮아갈 수 있음을 의미한다. 그렇기 때문에 모든 성도의 목표는 "아들의 형상"을 본받는 데 있다롬8:29. 바울이 알려주는 그리스도의 형상은 원래 아담이 되어야 할 목표로서의 하나님의 형상이다.[20]

그러므로 예수 그리스도를 믿음으로 참 인간됨의 회복은 단순히 창조 때의 하나님의 형상을 회복하는 것이 아니라, 창조 때 하나님께서 인간에게 의도하셨던 목적을 성취하신 부활하신 예수 그리스도를 닮아가는 것을 의미한다. 창조 때 하나님의 형상이 죄와 타락의 가능성을 가진 존재였다면, 그리스도 안에서 새롭게 회복된 하나님의 형상은 완전하다.[21] 이와 관련해 하워드 마샬은 다음과 같이 말한다. "그리스도께서는 아담이 하나님의 형상이라고 말하는 것과는 다른 방식으로 하나님의 형상이시다. 이미 아담의 형상을 가지고 있는 신자들은 그리스도의 형상으로 변화되어 가야 한다."[22] 이 사실은 고린도후서 3장 18

---

20. James D. G. Dunn, *Romans 1-8*, Word Biblical Commentary (Dallas, Texas: Word Books, 1988), 483.
21. 안토니 후크마, 『개혁주의 인간론』, 123. 그는 이렇게 말한다. "타락 이전의 아담과 하와의 흠 없는 상태는 완성과 변할 수 없는 완전의 상태가 아니었다. 인간은 분명 태초에 하나님의 형상으로 창조되었지만, 아직 '완성품'은 아니었다. 인간은 여전히 성장하고 검증받을 필요가 있었다."
22. I. Howard Marshall, "Being Human: Made in the Image of God," *Stone-Campbell Journal* 4.1 (2001), 60;

절에서도 분명히 나타난다. 바울은 모든 믿는 자는 그리스도와 같은 형상으로 변화하여 그분의 영광을 나타내야 한다고 강조한다. 그러므로 예수 그리스도께서는 하나님의 형상이실 뿐만 아니라 그리스도 안에서 형성되어가는 모든 신자를 위한 원형prototype이시라는 사실이 명백해진다.[23] 성도는 자신의 옛 자아를 벗어 버리고 새로운 피조물이 되어야 한다. 바울은 골로새서 3장 10절과 에베소서 4장 22~24절에서 새 사람을 입어야 한다는 단어를 현재형으로 묘사한다는 사실에 주목해야 한다. 현재 진행 중이며 계속되는 행동을 묘사하기 위해 현재형으로 기록한 것이다. 그리스도 안에서 새사람으로 자라가는 것은 지속적인 성화의 과정임을 알 수 있다. 완전한 하나님의 형상이신 그리스도의 형상을 닮아가는 삶에는 이렇게 종말론적인 전망을 가질 수밖에 없다.

예수 그리스도께서 온전한 하나님의 형상이시기에, 하나님의 형상은 그리스도의 형상과 긴밀하게 연결되어 있다.[24] 그러므로 모든 신자는 인간의 목표요 표준이신 부활하신 예수 그리스도께로 변화되어 가야 한다.

(4) 전인적 인간으로서 하나님의 형상

사람이 하나님의 형상이라고 말하고 하나님을 닮았다고 말할 때, 그것은 무엇을 의미하는가? 하나님의 형상의 본질은 무엇인가? 도대체 인간의 어떤 부분이 하나님을 닮았다는 말인가? 어떤 의미에서 인간이 하나님의 형상이라고 말할 수 있는가? 이런 질문에 대해 오랫동안 많은 논의가 있어 왔다.[25] 논의가 많

Richard Prins, "The Image of God in Adam and the Restoration of Man in Jesus Christ," *Scottish Journal of Theology* 25.1 (1972): 32~44.

23. Ralph P. Martin, *2 Corinthians* (Word Biblical Commentary; Waco, Texas: Word Books, 1986), 71~72.

24. Clines, "The Image of God in Man," 102.

25. 유익한 요약으로는 다음을 보라. W. Sibley Towner, "Clones of God: Genesis 1:26-28 and the Image of God in the Hebrew Bible," *Interpretation* 59.4 (2005): 341~356.

다는 말은 그만큼 명확하게 의미를 정의하기 어렵다는 뜻이다. 이에 대해 제임스 바는 다음과 같이 말한다. "(창세기의) 저자가 하나님의 형상의 좌소나 내용에 대해서 명확한 생각을 마음속에 가지고 있었다고 믿을만한 아무런 이유가 없다."[26] 창세기 5장 3절은 단순하게 "아담은 백삼십 세에 자기의 모양 곧 자기의 형상과 같은 아들을 낳아 이름을 셋이라 하였고"라고 진술한다. 이는 셋의 어떤 측면이나 기능이 아담을 닮았다는 뜻은 아닐 것이다. 적어도 사람으로서의 셋 자체가 아담을 닮았다는 뜻이다.[27] 오랫동안 학자들이 하나님의 형상을 어떤 기능이나 능력의 측면에서 이해하려고 노력했지만, 본문은 이에 관해 분명하게 밝히지 않는다. 아마도 하나님의 형상을 언급하는 성경의 주된 관심이 '하나님을 닮은 사람의 정확한 본성'을 밝히는 것에 있지 않기 때문일 것이다.[28] 대신 인간됨 전체가 하나님의 형상이라고 말하는 것으로 만족해야 한다. 밀라드 에릭슨은 하나님의 형상은 근본적으로 실재론적이거나 구조적인 것으로 이해해야 한다고 말하면서, 하나님의 형상은 인간이 가지고 있거나has 인간이 행하는does 어떤 것이 아니라, 인간의 존재 자체에 관한 것is이라고 주장한다.[29] 비록 인간이 실질적으로 아무런 기능도 행하지 못하는 순간이라 할지라도 그는 여전히 하나님의 형상임을 고백해야 한다. 인간은 하나님의 형상을 소유하는 것이 아니라, 하나님의 형상이기 때문이다.

　　그러므로 인간이 하나님의 형상이라고 말할 때, 구조적이든, 관계적이든, 기

---

26. James Barr, "The Image of God in the Book of Genesis- A Study of Terminology," *Bulletin of the John Rylands Library* 51 (1968): 13.

27. Wayne Grudem, *Systematic Theology: An Introduction to Biblical Doctrine* (Grand Rapids: Zondervan, 1994), 443~444. 셋이 아담을 닮았다고 할 때, 셋의 모든 측면이 아담의 모양이 되며, 아담의 형상이 된다. 이와 유사하게 사람이 하나님을 닮은 것은 인간의 모든 측면이 하나님의 형상과 모양의 측면이 되어야 한다.

28. John Piper, "The Image of God: An Approach from Biblical and Systematic Theology," *Studia Biblica et Theologica* 1 (1971): 15~32. 특히 32페이지를 보라.

29. Millard J. Erickson, *Christian Theology*, 2nd ed. (Grand Rapids: Baker Academic, 2007), 532.

능적이든 상관없이 인간에게 있는 어떤 특정한 특징으로 규정하는 것은 결코 만족스럽지 않을 것이다. 전인으로서의 인간이 하나님의 형상이라고 말할 때, 심지어 인간의 육신조차도 하나님의 형상됨을 반영한다고 볼 수 있다. 비록 하나님께서 영이시기 때문에 육신을 가지고 계시지 않지만, 인간이 육신을 가지고 말하고, 생각하고, 행동하는 모든 것이 하나님의 형상을 반영하고 있기 때문이다. 하나님께서도 말씀하시고, 생각하시고, 행동하시기 때문이다.[30]

(5) 하나님의 형상의 특징

이제부터 성경 본문이 말하는 하나님의 특징들을 몇 가지 고찰해 보자. 먼저 창세기 1장 26~28절에 기초해서 기능적, 관계적, 선교적 측면으로 나누어 보자.

1) 기능적 하나님의 형상

창세기 1장 26절에서 하나님께서는 그분의 형상과 모양대로 사람을 만드시고, "바다의 물고기와 하늘의 새와 가축과 온 땅과 땅에 기는 모든 것을 다스리게 하자"라고 서로 말씀하신다. 그리고 28절에서 하나님께서 처음 계획하신 것처럼, 사람에게 "복을 주시며 하나님이 그들에게 이르시되 생육하고 번성하여 땅에 충만하라, 땅을 정복하라, 바다의 물고기와 하늘의 새와 땅에 움직이는 모든 생물을 다스리라"라고 명령하신다. 시편 8편 5~6절에서도 하나님께서 사람을 그분의 형상대로 창조하시고 모든 만물을 다스리게 하셨다고 언급한다.

이미 언급한 바와 같이, 이와 같은 기능을 수행하지 못한다고 해서 하나님의 형상이 아니라고 말할 수 없다는 측면에서 하나님께서 명령하신 이러한 기능적 측면이 하나님의 형상됨의 주요한 특징이라고 말할 수는 없다. 그러나 하

---

30. Grudem, *Systematic Theology*, 448~449.

나님께서 사람을 만드시고, 그가 온 세상에 퍼져서 세상을 다스리는 일을 하도록 부르셨다. 세상 만물은 하나님께서 창조하신 세상이요, 하나님께서 다스리시는 세상이다. 그러므로 하나님께서 사람을 세상 앞에 하나님을 대리하는 대표자로 세우시고 세상을 다스리게 하심은, 다름 아니라 인간이 하나님의 형상이기 때문이다.

인간은 하나님의 형상대로 지음 받았기에 이 세상에서 하나님의 통치를 대행하는 존재다. 이런 다스림은 창세기에서 다양하게 나타난다.

첫째, 하나님께서는 사람을 그분께서 지으신 세상의 경작자로 세우셨다. 창세기 2장 15절은 하나님께서 사람을 이끌어 에덴동산에 두시고 그것을 경작하고 지키게 하셨다고 언급한다. 물론 본문에서 다스림의 대상은 에덴동산이지만, 하나님께서 계획하신 다스림의 최종적인 목표는 온 세상이다. 그런 맥락에서 창세기 2장 5절은 에덴동산 밖의 상황을 묘사할 때, "땅을 갈 사람도 없었으므로 들에는 초목이 아직 없었고 밭에는 채소가 나지 아니하였다"라고 언급한다. 세상이 통치자인 사람의 손길을 기다리고 있는 모습이다.

둘째, 하나님께서는 사람으로 하여금 모든 동물의 이름을 짓도록 하신다. 하나님께서 천지를 창조하실 때, 지으신 모든 것에 이름을 부여하심으로 그분의 통치를 나타내셨다. 마찬가지로 창세기 2장 19절에서 아담은 동물들의 이름을 지어줌으로 피조 세계에 대한 자신의 통치권을 행사한다. 이름을 지어주는 행위는 성경에서 분명히 통치의 의미를 내포한다. 애굽의 바로 느고가 예루살렘에 와서 엘리야김을 왕으로 삼을 때, 그의 이름을 여호야김이라 고쳐 부른다왕하23:34. 마찬가지로 바벨론 왕은 맛다디아를 시드기야로 고쳐 부른다왕하24:17. 이렇게 이름을 고쳐 부르고 이름을 지어주는 것은 통치 행위임을 뜻한다. 타락한 이후 아담이 하와의 이름을 지어주는 대목은 그의 통치 행위가 왜곡된 남녀 관계에 적용되었음을 알려준다창3:20.

2) 관계적 하나님의 형상

하나님의 형상대로 지음 받았다는 말은 다양한 형태의 관계를 전제한다. 다시 창세기 1장 27절을 보면, 하나님께서 그분의 형상대로 사람을 창조하시되 남자와 여자를 창조하셨다고 언급한다. 한 걸음 더 나아가 2장 18절에서는 "사람이 혼자 사는 것이 좋지 아니하니 내가 그를 위하여 돕는 배필을 지으리라"라고 말씀하신다. 사람은 태초부터 관계적인 존재로 세워졌다.

첫 번째로 가장 중요한 관계는 하나님과 사람의 관계다. 하나님께서는 선과 악의 지식의 나무 그리고 생명나무를 통해 사람과 언약을 맺으셨다. 사람은 하나님과의 관계 안에서 하나님을 사랑하고 하나님의 말씀에 순종함으로써 하나님께서 주신 사명을 성취하게 된다. 이에 대해 데이비드 윌킨슨은 다음과 같이 말한다.

> 그러므로 기독교는 우주의 진정한 의미는 단순히 비인격적인 우주적 힘이나 모든 것에 대한 수학적 이론에서 발견되지 않고, 사람과 관계 맺기를 원하시는 인격적인 하나님 안에서 발견된다는 사실을 주장한다. 사람이 된다는 것은 우리를 창조하신 하나님의 사랑을 받고, 그 하나님을 사랑하는 관계를 위해 지음 받은 것이다.[31]

둘째는 사람과 사람 사이의 관계다. 하나님께서 아담에게 하와를 주시고, 가정을 이루게 하셨다. 두 사람은 서로에게 돕는 배필이 되어 협력하여 함께 하나님을 예배하도록 부름 받았다. 셋째는 사람과 세상과의 관계다. 하나님께서 땅을 선하게 창조하셨다.[32] 땅도 그들 자신만의 방식으로 하나님의 영광을 노래하

---

31. Wilkinson, *The Message of Creation*, 39.
32. 라이트, 『하나님의 선교』, 499~502.

는 존재들이다. 그러나 땅은 하나님의 대리인인 사람의 손길을 기다리고 있다_창 2:5. 땅은 사람이 경작할 때, 각종 채소와 과실을 내어 준다. 사람은 땅을 효과적으로 다스림으로 하나님의 형상됨을 드러낸다.

물론 각 사람은 자체의 존재만으로 하나님의 형상이다. 하지만 동시에 사람은 관계적 존재로 지음 받았으며, 그 관계를 적절하게 세움으로 하나님의 형상됨을 더욱 드러낸다.

3) 선교적 하나님의 형상

하나님께서 사람을 창조하신 이후 그를 위해 에덴동산을 창설하시고, 사람을 거기 두셨다_{창2:8}. 그곳에서 사람은 에덴동산을 경작하며 지키도록 부름 받았다_{창2:15}. 그러나 그들은 단순히 동산에 거주하며 동산지기로 살도록 계획된 것은 아니다. 그들의 전망은 '땅'에 있다. 그들은 에덴동산을 기점으로 해서 온 땅을 경작하고, 온 땅에 하나님의 다스리심이 이뤄질 수 있도록 해야 한다. 하나님께서 그들에게 주신 첫 번째 사명은 '땅'이다_{1:28}. 그들이 거주하는 출발점은 에덴동산이지만, 하나님께서 주신 사명의 지향점은 온 땅이다.[33] 하나님의 형상으로 지음 받은 사람은 온 우주 만물의 왕이신 하나님을 대표하며 이 땅에서 작은 왕으로 역할해야 한다.

---

33. 그레고리 K. 비일, 『성전 신학: 하나님의 임재와 교회의 선교적 사명』, 강성열 역 (서울: 새물결플러스, 2014), 110.

4. 하나님의 창조와 공공신학

לַיהוָה	여호와께
הָאָרֶץ וּמְלוֹאָהּ	땅과 거기에 충만한 것
תֵּבֵל וְיֹשְׁבֵי בָהּ	세계와 그 가운데에 사는 자들시24:1

　시편 24편 1절은 이렇게 땅과 거기에 충만한 것과 세계와 그 가운데 사는 자들이 모두 여호와께 속하였다고 강조하며 선언한다. 하나님께서 하늘과 땅을 만드셨다. 이것은 성경의 시작이기도 하고, 성경이 새 하늘과 새 땅을 소개하며 마치는 목적지이기도 하다.[34] 타락으로 말미암아 하나님께서 창조하신 사람이 버려질 수 없는 것처럼, 타락으로 왜곡되긴 했지만 하나님께서 창조하신 세상을 향한 하나님의 원래 계획도 좌절되지 않는다. 어쩌면 사람보다 훨씬 더 충실하게 현재 주어진 자리에서 하나님을 영화롭게 하는 본연의 업무를 땅과 거기 충만한 모든 것들이 감당하고 있는 것은 아닐까!

　바로 이 지점에서 공공신학은 출발해야 한다.[35] 포스트모던 사회에서 탈기독교를 넘어 탈종교화가 급격하게 진행되고 있다. 기독교는 점점 소위 소극적인 의미에서의 종교 생활과 제도에 치중하고, 오히려 교회가 감당해야 할 지역 사회에서의 공적 역할에는 소홀히 하고 있다. 이런 현상은 코로나19 사태를 지나면서 더 가속화되었다. 기독교는 내적으로 예배를 지키는 데 최선을 다했지만, 의도치 않은 결과물을 만들어 냈다. 교회 밖 사람들을 향해 배타성을 가짐으로 기독교의 공공성에 중대한 타격을 가져왔다. 그래도 다행인 것은 코로나19를

---

34. 오렌 마틴, 『약속의 땅 성경신학』, 전광규 역, NSBT (서울: 부흥과 개혁사, 2021), 35.
35. 한규승, 『구약 예언서의 공공신학』 (서울: 새물결플러스, 2018), 36. 그는 "야웨 종교의 공공성의 바탕은 '땅 신학'이며 그 땅위에 사는 '하나님의 형상'으로서의 백성들 사이에서 이루어지는 평등주의다."라고 주장한다.

52　교회의 공공성, 어떻게 설교할 것인가?

지나면서 어느 때보다 더 교회의 공적 역할에 대한 인식이 새롭게 일어나고 있다는 점이다.[36] 성경의 전망이 온 우주 만물을 창조하신 하나님으로부터 시작해서 온 우주 만물을 새롭게 하시는 하나님으로 완성된다는 사실을 인정한다면, 오늘날 교회는 단순히 '종교적 행위'에만 몰두할 것이 아니라, 교회가 감당할 수 있는 공공성을 추구하며, 공적 영역에서 하나님의 나라를 확장해야 할 것이다. 이는 단순히 복음을 전하는 일에 열심을 내야 한다는 것에 국한되지 않는다. 창조 세계를 적극적으로 돌보는 행위는 곧 하나님께서 그분의 형상대로 지음 받은 사람에게 주신 명령이다. 현대의 기후 위기가 인류의 생존을 위협하는 단계에까지 접근하고 있다는 것은 주지의 사실이다. 긴급하게 다가오는 기후 위기 등에 대해서도 교회는 적절하게 인식하고, 함께 극복하기 위해 탄소중립에 동참하며, '녹색교회'를 향한 노력도 경주해야 한다. 지구 환경을 지키고, 동물과 식물을 보존하며, 지구 온난화와 지구 온도 증가에 따라 지구 곳곳에서 발생하는 기상 이변 등에 대해서도 적극적으로 대처하는 것 역시 하나님께서 우리에게 허락하신 왕적 사명을 감당하는 일이 될 것이다.[37]

5. 나가면서

이 글에서 우리는 최근 많은 이들에게 주목받고 있는 공공신학의 출발점이 하나님의 창조에 있어야 한다고 주장한다. 여기에는 두 가지 전제가 있다. 첫째, 태초에 하나님께서 온 우주 만물을 만드시고 보여주신 그분의 원래 계획은 타락 이전에 주어진 것이기 때문에 훼손되지 않았다. 둘째, 영원하시고 전능하신

---

36. 지용근 외 9인, 『한국교회 트랜드 2023』 (서울: 규장, 2022). 특히 제8장 "퍼블릭 처치"를 보라.
37. 라이트, 『하나님의 선교』, 518~527.

하나님의 계획이기에 인간의 타락으로 인해 좌절되지 않는다. 그러므로 이 글은 먼저 하나님의 천지 창조의 특징과 그 절정인 인간의 창조에 대해 살펴보았다. 특별히 하나님의 천지 창조와 인간 창조에 나타난 하나님의 관점은 타락하기 이전 태초부터 공공성을 가지고 있다는 사실을 강조했다. 그리스도 안에서 회복된 성도는 회복된 하나님의 형상으로서 태초부터 하나님께서 세상을 향해 가지고 계셨던 원래 계획을 완성하고 확장하는 일을 사명으로 부여받았다. 따라서 하나님의 형상인 그리스도인과 그리스도인 공동체인 교회는 모두 공적 영역에서 하나님의 원래 계획을 성취하는 일에 헌신해야 한다. 하나님께서는 태초부터 지금까지 그분께서 지으신 모든 세계에 그분의 영광을 드러내시고, 그분의 주권을 선포하길 원하시기 때문이다.

참고문헌

강화구. "모세오경에 나타난 톨레도트 양식 연구." 『구약논단』 4(2019): 48~81.

라이트, 크리스토퍼. 『하나님의 선교』. 정옥배·한화룡 역. 서울: IVP, 2010.

마틴, 오렌. 『약속의 땅 성경신학』. 전광규 역. NSBT. 서울: 부흥과 개혁사, 2021.

밴게메렌, 윌렘 A. 『구원계시의 발전사』. 안병호·김의원 역. 서울: 기독대학인회 출판부, 2006.

비일, 그레고리 K. 『성전 신학: 하나님의 임재와 교회의 선교적 사명』. 강성열 역. 서울: 새물결플러스, 2014.

애쉬포드, 브루스, 히스 토머스. 『왕의 복음』. 정옥배 역. 서울: IVP, 2021.

윌리엄스, 로날드. 『윌리엄스 히브리어 구문론』. 3rd Edition. 서울: 그리심, 2012.

주옹-무라오카. 『성서 히브리어 구문론』. 김정우 역. 개정본. 서울: 기혼, 2022.

지용근 외 9인. 『한국교회 트랜드 2023』. 서울: 규장, 2022.

커리드, 존 D. 『고대 근동 신들과의 논쟁』. 이옥용 역. 서울: 새물결플러스, 2017.

한규승. 『구약 예언서의 공공신학』. 서울: 새물결플러스, 2018.

후크마, 안토니. 『개혁주의 인간론』. 이용중 역. 서울: 부흥과 개혁사, 2012.

Barr, James. "The Image of God in the Book of Genesis- A Study of Terminology." *Bulletin of the John Rylands Library* 51 (1968): 11~26.

Bird, Phyllis A. "'Male and Female He Created Them': Gen 1:27b in the Context of the Priestly Account of Creation." *Harvard Theological Review* 74.2 (1981): 129~159.

Botterweck, G. J. and H. Ringgren eds. *Theological Dictionary of the Old Testament.* Translated by J. T. Willis, G. W. Bromiley, and D. E. Green. 13 vols. Grand Rapids, 1974~2004.

Clines, D. J. A. "The Image of God in Man." *Tyndale Bulletin* (1967): 53~103.

Dunn, James D. G. *Romans 1-8.* Word Biblical Commentary. Dallas, Texas: Word Books, 1988.

Erickson, Millard J. *Christian Theology.* 2nd edition. Grand Rapids: Baker Academic, 2007.

Gesenius, Wilhelm. *Gesenius' Hebrew and Chaldee Lexicon to the Old Testament Scriptures.* Grand Rapids: Eerdmans, 1950.

Grudem, Wayne. *Systematic Theology: An Introduction to Biblical Doctrine.* Grand Rapids: Zondervan, 1994.

Marshall, I. Howard. "Being Human: Made in the Image of God." *Stone-Campbell Journal* 4.1 (2001): 47~68.

Martin, Ralph P. *2 Corinthians.* Word Biblical Commentary. Waco, Texas: Word Books, 1986.

Mathews, Kenneth A. *Genesis 1-11:26.* The New American Commentary. Nashville: Broadman and Holman Publishers, 1996.

Oswalt, John N. *The Bible among the Myths.* Grand Rapids: Zondervan, 2009.

Piper, John. "The Image of God: An Approach from Biblical and Systematic Theology." *Studia Biblica et Theologica* 1 (1971): 15~32.

Prins, Richard. "The Image of God in Adam and the Restoration of Man in Jesus Christ." *Scottish Journal of Theology* 25.1 (1972): 32~44.

Rad, Gerhard von. *Genesis.* The Old Testament Library. 2nd edition. Philadelphia: The Westminster Press, 1973.

Soulen, Richard N. and R. Kendall Soulen. *Handbook of Biblical Criticism.* Third Edition. Louisville: Westminster John Knox Press, 2001.

Towner, W. Sibley. "Clones of God: Genesis 1:26-28 and the Image of God in the Hebrew Bible." *Interpretation* 59.4 (2005): 341~356.

Wilkinson, David. *The Message of Creation: Encountering the Lord of the Universe.* BST Series. Edited by Derek Tidball. Leicester: InterVarsity Press, 2002.

3장

시가서에 나타난 교회의 공공성:
잠언을 중심으로

김성진

1. 들어가면서

성도의 모임인 교회가 예배당을 넘어 세상 속에서 어떤 존재이며 어떤 공적인 역할을 해야 하는지에 대한 신학적 논의가 있어 왔다.[1] 이러한 논의들은 공통적으로 "세상을 하나님 나라로 변혁"시키려는 목표를 공유한다.[2] 특히 하나님의 창조 목적창1:1-2:3이 하나님께서 왕과 주로 다스리시는 '우주적 하나님 나라' 건설에 있고, 타락창3장 이후에도 그리스도의 구속 사역을 통한 '하나님 나라'의 회복과 완성을 바라보고 있다면, 이 가운데 '하나님 나라 백성'으로 부름 받은 그리스도인의 대사회적 역할이 매우 중요하다 하겠다.[3] 성도는 만유의 주되신 하나님을 타락한 세상 가운데 드러내고 전하는 거룩한 '제사장 나라'요, '열방의 빛'으로 부름 받았기 때문이다출19:5-6; 마5:13-16.[4]

---

1. 이에 대한 개관은 송영목, 『하나님 나라 복음과 교회의 공공성』 (서울: SFC, 2020), 13~30.
2. 송영목, 『하나님 나라 복음과 교회의 공공성』, 17.
3. 김진수, 『창조의 목적과 하나님의 나라』 (수원: 영음사, 2018), 49~62.
4. 김성수, 『구약의 키』 (서울: 생명의 양식, 2018), 49; 송영목, 『하나님 나라 복음과 교회의 공공성』, 25~26.

'하나님 나라 백성'의 정체성에 관한 가르침이 구약 시가서에도 분명 존재한다.[5] 지면의 한계상 특히 창조신학적 지혜를 담고 있는 '잠언'을 중심으로 성도의 부르심의 목적과 세상 속에서의 공적인 역할이 무엇인지를 살펴보자.

2. 창세기 1~2장과 창조질서 원리

주로 '구속신학'적인 내용을 담고 있는 모세오경, 역사서, 선지서와 달리 구약 지혜서는 '창조신학'의 관점에서 하나님께서 창조 시 제정하신 창조질서 원리가 무엇인지를 알려준다.[6] 이런 차원에서 특히 잠언은 타락 이후를 살아가는 하나님의 백성이 공공의 영역인 창조세계에서 어떻게 살아가야 하며, 궁극적으로 회복해야 할 창조질서가 무엇인지 가르쳐준다.[7] 이러한 잠언의 지혜를 살피기에 앞서, 우선 잠언과 밀접한 연관이 있는 창세기 초반부의 창조 관련 주제를 살펴보자.[8]

창세기 1~2장은 하나님께서 창조 시 의도하신 창조질서의 모습을 잘 보여준

---

5. Hetty Lalleman-de Winkel, "The Old Testament Contribution to Evangelical Models for Public Theology," *EuroJTh* 14.2 (2005): 87~97; Richard D. Nelson, "The Old Testament and Public Theology," *Currents in Theology and Mission* 36.2 (2009): 85~95.

6. 구약 지혜서와 '창조신학'의 관계에 대해서는 다음을 보라. 김성진, "ACTS 신학공관운동을 통해 본 구약 지혜서 연구: 창조신학과 여호와 경외 사상을 통한 신본주의적 지혜서 연구," 『ACTS 신학저널』 5 (2021): 59~98.

7. 김성진, "ACTS 신학공관운동을 통해 본 구약 지혜서 연구: 창조신학과 여호와 경외 사상을 통한 신본주의적 지혜서 연구," 86; Winkel, "The Old Testament Contribution to Evangelical Models for Public Theology," 87~90.

8. 잠언과 창조 주제의 연관성에 관한 논의는 다음을 참고하라. Walther Zimmerli, "The Place and Limit of the Wisdom in the Framework of the Old Testament Theology," in *Studies in Ancient Israelite Wisdom*, ed. James L. Crenshaw (NY: KTAV, 1976), 314~326; Roland E. Murphy and O. Carm, "Wisdom and Creation," *JBL* 104, no. 1 (1985): 3~11; Leo G. Perdue, *Wisdom & Creation: The Theology of Wisdom Literature* (Nashville, TN: Abingdon, 1994); K. Schifferdecker, "Creation Theology," in *DOTWPW* (Downers Grove: InterVarsity, 2008), 63~71.

다. 우선 창세기 1장 27~28절은 하나님께서 창조 여섯째 날에 인간을 "하나님의 형상대로in the image of God" 창조하셨다고 기술하는데, 이것은 하나님께서 인간을 "하나님을 대신하여 이 세상을 다스릴 왕 같은 존재," 즉 "하나님의 대리 통치자"로 만드셨음을 뜻한다시8:6.[9]

둘째, 창세기 2장 1~3절은 하나님께서 일곱째 날에 창조사역을 마치며 "안식"하셨다고 기술하는데, "하나님의 안식"은 안식일 제정과 연관될 뿐만 아니라참고. 출20:11 창조 세계를 완성하신 하나님께서 창조 세계의 왕으로 좌정하여 통치하시는 의미도 내포한다.[10] 즉, '하나님의 안식'은 하나님께서 다스리시는 "우주적 하나님 나라"가 구현된 상태로, 창조 세계는 하나님의 통치와 임재 가운데 주어지는 '안식'의 복을 더불어 누리게 된다.[11] 눈여겨볼 것은 창조 여섯째 날까지는 "저녁이 되고 아침이 되니"라는 후렴구가 반복되다가 일곱째 날에는 이 표현이 사라지는데, 이는 일곱째 날이 상징하는 하나님의 우주적 통치와 그 가운데 주어지는 '안식'의 복이 "영원히 지속되도록 의도"되었을 가능성을 보여준다.[12]

요컨대 하나님께서 계획하신 창조질서의 모습은 두 가지로 요약될 수 있다. 첫째, 대리통치자인 인간이 창조주이며 주 되신 하나님을 '경외'하고, 둘째, 하나님의 뜻과 방식대로 세상을 관리하고 다스리는 것이다. 이때 비로소 창조질서가 유지되고 동시에 피조세계는 하나님의 '안식'을 누리게 된다.[13] 한편, 첫 인류의 타락창3장이야말로 인간이 창조질서에 역행한 사건이다. 그 결과 창조 세계

9. 기동연, 『창조로부터 바벨까지: 창세기 1-11장 주석』 (서울: 생명의 양식, 2009), 72~75.
10. 이에 대한 주해적 근거는 다음을 참고하라. 김진수, 『창조의 목적과 하나님의 나라』, 21~62; Meredith D. Kline, 『하나님 나라의 서막』, The Kingdom Prologue, 김구원 역 (서울: CLC, 2007), 62~67.
11. 김진수, 『창조의 목적과 하나님의 나라』, 30~31.
12. 김진수, 『창조의 목적과 하나님의 나라』, 43~44.
13. 김성진, "지혜로 회복되는 신앙교육," 『성경 속 교육』 (아세아연합신학대학교, 2018), 52~56.

는 '안식'이 아닌 '혼돈' 상태에 빠지게 되는데, 이런 맥락에서 하나님의 구속은 궁극적으로 창조질서의 온전한 회복을 목표로 한다.[14]

3. 잠언과 창조질서 원리

창세기 1~2장이 말하는 창조질서에 관한 가르침이 잠언에도 반영되어 나타난다. 잠언 8장 22~36절은 잠언의 '지혜'의 기원에 관하여 다음과 같이 기술한다. '지혜'는 ① "하나님이 창조를 시작하시기 전에 세우신 '창조의 설계도'"이고22~26절, ② "창조 시에 하나님 곁에 있어 하나님의 '창조의 도구'로 사용"되었으며27~30절, ③ "창조 이후에는 인간 세상에 거하며 하나님이 만드신 세상이 하나님이 세우신 질서대로 움직이며 유지될 수 있도록 붙들고 있는 '세상의 질서' 역할"을 한다31~36절.[15]

이런 차원에서 잠언은 '창조질서의 원리'를 가르쳐주는 '지혜'의 보고다.[16] 창

---

14. 노세영, "지혜문학에 나타난 창조신학," 『신학사상』 85 (1994): 99~105.
15. 김성진, "지혜로 회복되는 신앙교육," 56; 김성진, "ACTS 신학공관운동을 통해 본 구약 지혜서 연구: 창조신학과 여호와 경외 사상을 통한 신본주의적 지혜서 연구," 81~82.
16. 한편, "창조질서 원리"와 더불어 잠언을 형성하는 또 다른 축이 '보응원리(retribution principle)'다. 보응원리는 "의로운 생활을 하는 자에게는 성공과 번영이 따르고 악한 생활을 하는 자에게는 실패와 파멸이 따른다는 법칙"이다(현창학, "잠언의 성격과 메시지," 『신학정론』 26/1 [2008]: 227). 이러한 보응원리는 "잠언 전체에 흐르는 주요사상"으로 잠언 내에 반복해서 등장하며, 성도가 창조질서를 따라 의롭게 살도록 "뒷받침하는 사상적 근거" 역할을 한다. 예를 들어, 잠언 2장 21~22절("대저 정직한 자는 땅에 거하며… 그러나 악인은 땅에서 끊어지겠고)과 14장 11절("악한 자의 집은 망하겠고 정직한 자의 장막은 흥하리라")을 보라. 또 다음을 보라. 잠3:33; 4:18~19; 10:3, 9, 14, 16, 17, 21, 24, 25, 27~31; 11:3, 5~8, 17~21, 23, 30, 31; 12:2, 3, 7, 12, 13, 21, 26, 28; 13:6, 9, 21, 22, 25; 14:9, 14, 19, 32; 15:3, 6, 9; 16:4, 17, 31; 17:20; 18:10; 21:7, 12, 18; 22:5, 8; 24:12, 16, 20; 25:26; 28:1, 10, 18; 29:6(현창학, "잠언의 성격과 메시지," 192, 227~229). 보응원리는 하나님께서 창조세계를 다스리시는 통제, 운영 원리요 "도덕 질서"인데, 성도는 보응원리로 경계를 받아 창조질서를 따라 의롭게 살도록 인도받는다(현창학, "잠언의 성격과 메시지," 229~238). 이런 맥락에서 잠언은 두 가지 원리, 즉 '창조질서 원리'와 그것을 실천하도록 격려하는 '보응원리'의 책이라 할 수 있다.

조세계에서 하나님의 형상으로 지음 받은 인간은 이 '지혜'를 따라 어떻게 대리통치자의 사명을 감당할지를 알게 된다. 이는 '지혜'를 "삶의 원리"로 삼아 세상의 질서를 창조주의 뜻대로 바르게 유지하는 것을 의미한다.[17]

이 '지혜'는 구체적으로 세 가지 영역"창조주, 인간, 세상"에서 구현되는데, 우선 창조주 하나님과의 관계에서 "하나님을 경외"함으로, 둘째, 인간과 인간과의 관계에서는 합당한 "관계 윤리"로, 셋째, 세상과의 관계에서는 대리통치자인 인간이 "이 세상을 하나님께서 만드신 창조의 질서대로 유지하고 관리"함으로 실현된다.[18] 이런 측면에서 '지혜'는 종교적이고 도덕적인 영역뿐만 아니라 일상에서 사회와 공동체와 가정을 세우고, 구성하고, 다스리는 것까지를 포함한다.[19]

한 예로 잠언의 주 저자인 솔로몬은 백성을 잘 다스릴 수 있도록 하나님께 '지혜'를 구한 바 있다왕상3:9-12. 그는 이 지혜로 "성전을 건축"할 뿐만 아니라 "정부를 조직하고 백성들을 재판하며 행정적인 업무를 감당하고 경제를 일으키는 일"을 도모하였다.[20] 이처럼 '지혜'로 다스린 결과 이스라엘 온 백성이 "참된 평화와 행복과 번영"을 누리고 "하나님의 복과 지혜와 영광을 다른 나라들에게까지 전"하게 된다왕상4:20~28; 9~10장.[21] 이런 차원에서 창조질서를 구현해내는 '지혜'를 실천하는 삶이야말로 하나님의 복을 세상에 전하고, 이 땅에 하나님 나라를 이루어가는 "필수적인 수단"이 된다.[22]

---

17. 김성진, "잠언 1-9장에 나타난 여인 모티프 연구: '지혜 여인'과 '음녀'의 문학적/신학적 기능," 『ACTS 신학저널』 36 (2018): 56~57.
18. 김성진, "지혜로 회복되는 신앙교육," 58~74.
19. 김성수, "지혜가 교회를 세운다: 잠언의 지혜," 『개혁신학과 교회』 28 (2014), 60~64.
20. 김성수, "지혜가 교회를 세운다: 잠언의 지혜," 62.
21. 김성수, "지혜가 교회를 세운다: 잠언의 지혜," 61.
22. 김성수, "지혜가 교회를 세운다: 잠언의 지혜," 63~64. 또 다른 예로 요셉(창39~50장)은 "하나님이 주신 '지혜'로 보디발의 집안과, 보디발의 감옥과 애굽 전체를 지혜롭게 다스렸"고 "그가 속한 사회에 하나님의 복을 안겨다"주었다. 한편, 창세기 1~3장의 첫 인류는 "피조물들을 다스리는 일을 위해서나 사회를 구성하고 가정을 만드는 일"에 있어서 '지혜'를 따랐어야 했으나, 그들은 사탄의 유혹을 따라 '선악을 알게 하는 나무' 열매를 따먹으므로 오히려 그 '지혜'로부터 멀어졌다. 더 상세한 논의와 예들은 다음을 참고하라. 김성수, "지혜가 교회

4. 창조질서와 여호와 경외

잠언이 '창조질서'에 관한 '지혜'를 가르쳐준다면, 특히 창조주 하나님을 '경외'하는 것이야말로 '지혜'의 근본이요, 출발점이라 할 수 있다.[23] 우전 잠언의 주제 구절인 1장 7절"여호와를 경외하는 것이 지식의 근본이거늘"이 이를 잘 보여준다. 한글 성경에서 '근본'으로 번역된 히브리어 '레쉬트'는 "시작"창1:1, "최고의 가치"출23:19; 신26:2, "모든 것의 근원" 등을 뜻하는데, 이는 지혜의 출발점이 '여호와 경외'일 뿐만 아니라, 잠언 지혜의 근간이 '여호와 경외'임을 의미한다.[24] 여기서 여호와 경외란 "하나님을 삶의 중심에 두는 것"으로, 쉽게 말해 인간이 창조주 하나님의 왕 되심과 크심을 알고, 피조물로서 자신의 작음을 알며, 대리통치자로서 하나님의 뜻과 방식대로 살아가는 것을 말한다.[25]

나아가 잠언의 구조 또한 '여호와 경외'의 중요성을 재차 강조한다.[26]

를 세운다: 잠언의 지혜," 60~64.

23. 김성진 교수는 '지혜'와 '여호와 경외'의 관계를 다음과 같이 설명한다. "지혜서의 신학적 토대가 창조 신학이라면, 이를 실제의 삶 속에 적용하는 실천적 원리로 지혜서가 제시하는 것은 '여호와 경외' 사상이다." 김성진, "ACTS 신학공관운동을 통해 본 구약 지혜서 연구: 창조신학과 여호와 경외 사상을 통한 신본주의적 지혜서 연구," 87.

24. 김성진, "지혜로 회복되는 신앙교육," 62~63; B. K. Waltke, *The Book of Proverbs: Chapters 1-15*, NICOT (Grand Rapids: Eerdmans, 2004), 181; E. C. Lucas, "Wisdom Theology," in *DOTWPW* (Downers Grove: InterVarsity, 2008), 906.

25. M. F. Rooker, "The Book of Proverbs," in *The World and the Word* (Nashville: B&H, 2011), 532; 김성진, "지혜로 회복되는 신앙교육," 62~65; Tremper Longman III, "Fear of the Lord," in *DOTWPW* (Downers Grove: InterVarsity, 2008), 201. 특히 "경외"로 번역된 히브리어 단어 '이르아트'는 다양한 의미, 즉 "공포(horror)"의 부정적인 의미에서부터 보다 긍정적인 "존중(respect/awe)" 또는 "예배(worship)"의 의미로도 사용될 수 있다. W. Van Pelt and W. Kaiser, "yr'," in *NIDOTTE* (Grand Rapids: Zondervan, 1997), 2: 527~533.

26. 김성수, 『구약의 키』, 165의 도표를 일부 수정하였다. 한편, 일군의 주석가들은 잠언의 결언부가 31장 10~31절이 아닌 30~31장이라고 본다. 예를 들어, 김희석, "잠언의 해석학적 결론으로서의 잠언 30-31장 연구: 아굴, 르무엘, 현숙한 여인 본문의 통전적 읽기," 『성경과 신학』 81 (2014): 141~70.

서언	1:1~7	"서문"
	1:8~9장 "서론적 교훈"	"지혜의 유익 + 어리석음이란, 악함의 해악"
본론	10:1~31:9 "구체적인 잠언들"	"솔로몬의 잠언"10:1-22:6
		"지혜있는 자들의 잠언 1" 22:7~24:22
		"지혜있는 자들의 잠언 2" 24:23~34
		"솔로몬의 잠언 2"25~29장
		"아굴의 잠언"30장
		"르무엘 왕의 잠언"31:1~9
결언	31:10~31	"현숙한 아내 비유"

1:7 "**여호와를 경외하는 것이** 지식의 근본이거늘"

9:10 "**여호와를 경외하는 것이** 지혜의 근본이요"

31:30 "**오직 여호와를 경외하는 여자**는 칭찬을 받을 것이라"

잠언은 크게 서언부1~9장, 본론부10장~31:9, 결언부31:10~31로 나뉘는데, '여호와 경외'를 강조하는 구절1:7; 9:10; 31:30이 잠언 전체의 핵심 뼈대를 이루며 전체를 인클루지오Inclusio 형식으로 둘러싸고 있다. 이러한 구조는 '여호와 경외'가 잠언이 담고 있는 지혜의 시발점이자, 해석적 키임을 재차 보여준다.[27]

5. 잠언의 구조적 흐름과 지혜의 중요성

그럼 왜 성도는 창조질서를 구현해내는 '지혜'의 삶을 살기 위해 노력해야 하는가? 잠언은 특히 서언부1~9장와 결언부31:10~31에서 그 당위성을 강조한다.

---

27. 참고. 김희석, "잠언 1-9장의 해석학적 기능과 신학적 함의," 『캐논&컬쳐』 5/1 (2011): 203~235.

(1) 서언부1~9장와 결언부31:10~31

서언부1~9장에서는 잠언의 주제 구절인 1장 7절이 두 상반된 길, 즉 여호와를 경외하며 잠언의 가르침을 따르는 "지혜의 길"과 이를 거부하는 "미련한 길"을 제시하는데, 이 내용이 첫 부류의 잠언인 1장 8절~9장 18절에서 더욱 구체화된다. 즉 "지혜의 길"이 주는 유익과 "미련의 길"이 주는 해악을 대조하며 독자들이 전자를 택할 것을 권면한다.

우선 서언부의 상반부인 1~4장에서 지혜의 유익을 강조한다. 창조질서대로 살아가는 "지혜"에 응하는 길은 "풍성한 삶생명의 길"을 얻는 것으로 그 안에는 "공평하고 정의로운 삶"1:3; 2:9; 8:8, 15, 20; 31:12, "개인적인 건강과 평안, 장수"3:2, 16, 23, 24; 4:10; 9:11, "행복한 가족 관계, 결실 있는 노동, 부귀와 풍부한 재물"3:10, 16; 8:18~19, 21; 31:11, 13~22, 24, "공동체 안에서의 존귀와 영광"3:35; 4:8~9; 31:23, 25 등이 있다.[28]

한편 서언부의 하반부인 5~9장은 지혜의 초청을 거부하는 "미련한 길"을 묘사하는데, 이를 "음행"과 결부시켜 기술한다.[29] 이는 "파멸과 죽음"1:32; 2:18~19,22; 3:25; 4:19; 5:5~6; 6:26; 7:22~23, 26~27; 8:36; 9:18, "재앙과 두려움"1:26~27; 6:15, "여호와의 저주"3:32~33; 6:16, "수치"5:9; 6:33, "가난"5:10; 6:9~11, 26, "질병"5:11, 그리고 "심판"5:22으로 귀결된다.[30]

이와 더불어 1장 8절~9장 18절을 아들을 향한 아버지의 권면/훈계의 관점에서 이해할 수 있다. 1장 8절~9장 18절은 "내 아들아"로 시작하는 아버지의 "10개의 가르침"1:8~19; 2:1~22; 3:1~12; 3:21~35; 4:1~9; 4:10~19; 4:20~27; 5:1~23; 6:20~35; 7:1~27과 그

---

28. 김성수, 『구약의 키』, 167을 참고하라.

29. 김성수, 『구약의 키』, 167.

30. 김성수, 『구약의 키』, 167.

사이에 위치한 "5개의 간주"1:20~33; 3:13~20; 6:1~19; 8:1~36; 9:1~18로 구성된다.[31] 김성진 교수에 따르면, 본문에서 "교육의 주체로 등장하는 아버지"는 아들이 "성장 단계""결혼 전" ⇨ "배우자를 선택하는 시점" ⇨ "결혼 후"에서 겪는 여러 선택의 기로 속에서 "지혜창조질서 원리"를 따라 행할 것을 권하는데, 아래 구조를 통해 이를 살펴보자.[32]

    A. 결혼 전 초청: "악한 친구"1:8~19 vs. "지혜 여인"1:20~33
      B. 결혼 전 배우자 선택: "지혜 여인"2:1~15 vs. "음녀"2:16~22
        C 결혼 이후의 선택: "아내"5장 vs. "음녀"6:20~35
      B′ 결혼 전 배우자 선택: "음녀"7장 vs. "지혜 여인"8장
    A′ 결혼 전 초청: "지혜 여인"9:1~6 vs. "미련한 여인"9:13~18

우선 A-A′는 결혼 전 아들이 겪는 초청의 상황이다. 아들은 친구를 선택A함에 있어 "악한 친구"의 초청1:8~19을 거부하고, "의로운 친구"또는 "지혜 여인"의 초청에 응해야 한다1:20~33. 마찬가지로 배우자 선택A′에 있어서도 아들은 "미련한 여인"의 초청9:13~18이 아닌 "지혜 여인"의 초청에 반응해야 한다9:1~6.[33] 참고로 "지혜 여인"은 "지혜"를 의인화한 것이고, "미련한 여인"은 이에 상반된 개념이다.[34]
    B-B′도 결혼 전의 상황으로, 아들은 "지혜와 어리석음이라는 두 삶의 원리가 의인화"된 "지혜 여인"2:1~15; 8장과 "음녀"2:16~22; 7장 사이에서 바른 선택을 하도록 권면 받는다.[35] 마지막으로 C는 결혼 후의 선택 상황으로, 아들은 우선 5장의

31. 김성진, "잠언 1-9장에 나타난 여인 모티프 연구," 58.
32. 김성진, "잠언 1-9장에 나타난 여인 모티프 연구," 58~61. 아래 도표는 김성진, "잠언 1-9장에 나타난 여인 모티프 연구," 61의 내용 일부를 수정한 것임을 밝힌다.
33. 이에 대한 자세한 주해는 다음을 참고하라. 김성진, "잠언 1-9장에 나타난 여인 모티프 연구," 61~66.
34. 김성진, "잠언 1-9장에 나타난 여인 모티프 연구," 56.
35. 자세한 주해는 다음을 참고하라. 김성진, "잠언 1-9장에 나타난 여인 모티프 연구," 66~69. B-B′는 다음의 세부적인 구조를 지닌다.
    a. "지혜 소개 1" (2:1~15)

권면대로 "음녀의 유혹"을 피하기 위해5:1~14 "아내와의 친밀한 관계" 및 "성적 친밀감"을 유지해야 한다5:15~23. 나아가 6장 20~35절의 음행과 간음에 대한 아버지의 경고를 가슴 깊이 새겨야 한다.[36]

한편, 잠언의 결언부31:10~31에서는 "지혜 여인"이 "현숙한 아내"로 재등장한다. "미련한 여인"의 유혹을 뿌리치고 "지혜", 곧 "지혜 여인"을 따라간 아들은 그 처녀가 이후 "현숙한 아내"가 되어 가정과 남편을 성공적으로 이끄는 것을 보게 된다. 결국 "지혜의 길"을 택한 자가 누릴 복된 삶을 결언부가 "현숙한 아내"의 비유로 묘사하는 것이다.[37]

요컨대 1장 8절~9장 18절 및 31장 10~31절에 나타난 "지혜 여인과 음녀의 모티프"는 단순한 "배우자 선택의 문제"를 뛰어넘어 "창조질서 원리"요 "삶의 원리"인 "지혜"를 따르는 것의 중요성을 동시에 강조한다.[38] 특히 "지혜 여인"1~9장 및 "현숙한 아내" 본문31:10~31이 잠언 본론부10:1~31:9를 인클루지오 형태로 감싸면서 잠언이 강조하는 "지혜의 길"의 중요성을 재차 부각한다.[39]

(2) 본론부10장~31:9

1~9장이 잠언의 "서론적 교훈"으로서 "다양한 삶의 원리에 대한 일반적 진술을 제시"했다면, 본론부인 10장 1절~31장 9절에서는 "개별 잠언들을 통해 구체

---

      b. "음녀 소개 1" (2:16~22)
      b′. "음녀 구체적 소개 2" (7장)
     a′ "지혜 여인 구체적 소개 2" (8장)
    김성진, "잠언 1-9장에 나타난 여인 모티프 연구," 67.
36. 자세한 주해는 다음을 참고하라. 김성진, "잠언 1-9장에 나타난 여인 모티프 연구," 69~70.
37. 현창학, 『구약 지혜서 연구』 (수원: 합신대학원출판부, 2009), 81~84; 김성수, 『구약의 키』, 171; T. P. McCreesh, "Wisdom as Wife: Proverbs 31:10-31," RB 32 (1985): 25~46.
38. 김성진, "잠언 1-9장에 나타난 여인 모티프 연구," 72.
39. 현창학, 『구약 지혜서 연구』, 82.

적이고 실제적인 적용과 예를 제시"한다.[40] 문맥적 흐름이 있는 장편 훈계로 구성된 1~9장과 달리, 본론부는 주로 수많은 개별 단편 잠언들의 모음집 형식이다. 개별 잠언들은 삶의 다양한 국면에 적용할 수 있는 주제들로 구성되어 있는데, 현창학 교수는 그 주제들을 다음과 같이 정리한다.[41]

우선 "규범 금언Prescriptive[Normative] Sayings"과 관련된 주제로 "지혜와 우매",[42] "의인과 악인, 의와 불의악",[43] "말",[44] "여호와 경외, 여호와의 경륜",[45] "여호와 의지",[46] "율법, 계명",[47] "죄, 회개",[48] "훈련징계, 연단, 책망",[49] "근면게으름, 성실",[50] "정직거짓",[51] "바른 생각",[52] "인내화, 분노",[53] "화목화평, 다툼소송",[54] "겸손교만",[55] "사랑

---

40. 김성진, "잠언 분석을 위한 해석학적 제안", 『ACTS 신학저널』 26 (2015): 41~78.

41. 자세한 논의는 현창학, 『지혜서와 잠언』 (수원: 합신대학원출판부, 2021)을 참고하라.

42. 10:1, 13, 14, 23; 11:12, 14, 29, 30; 12:1, 8, 15, 23; 13:1, 10, 14, 15, 16, 20; 14:1, 3, 6, 7, 8, 9, 15, 16, 18, 24, 33, 35; 15:14, 20, 21, 22, 24, 31; 16:16, 21, 22, 23; 17:2, 12, 16, 21, 24, 25; 18:1, 2, 4, 15; 19:3, 8, 20; 20:5, 12, 15, 18; 21:11, 16, 20, 22; 22:3, 17~21; 23:9, 15~16, 19, 22~25; 24:3~4, 5~6, 7, 13~14; 26:1, 3, 4~5, 6, 7, 8, 9, 10, 11, 12; 27:11~12; 28:2, 7, 11, 26; 29:3, 8, 9, 11. 현창학, 『지혜서와 잠언』, 74~76.

43. 10:2, 3, 6, 7, 9, 16, 20, 23, 24, 25, 27, 28, 30, 31; 11:1, 3, 4, 5, 6, 7, 8, 9, 10, 11, 18, 19, 20, 21, 23, 27, 28, 30, 31; 12:2, 3, 5, 6, 7, 10, 12, 13, 20, 21, 26, 28; 13:5, 6, 9, 17, 19, 21, 22, 23, 25; 14:2, 5, 11, 14, 19, 22, 32, 34; 15:3, 6, 8, 9, 11, 27, 28, 29; 16:8, 10, 11, 12, 13, 17, 27, 29, 30, 31; 17:4, 11, 13, 15, 26; 18:3, 5; 19:28; 20:7, 11, 17; 21:3, 6, 7, 8, 10, 12, 15, 18, 21, 27, 29; 22:5, 8, 16, 22~23, 28; 23:10~11; 24:1~2, 8~9, 15~16, 19~20, 23~25; 25:26; 26:26~28; 28:1, 3, 5, 6, 8, 10, 12, 15~16, 17, 18, 21, 22, 24, 28; 29:2, 6, 7, 10, 16, 24, 27. 현창학, 『지혜서와 잠언』, 77~78.

44. 10:8, 10, 11, 13, 14, 18, 19, 20, 21, 31, 32; 11:9, 11, 12, 13; 12:6, 13, 14, 17, 18, 19, 22, 23, 25; 13:2, 3; 14:3, 7, 23, 25; 15:1, 2, 4, 7, 14, 23, 26, 28; 16:21, 23, 24, 27, 28; 17:4, 7, 20, 27, 28; 18:2, 4, 6, 7, 8, 13, 20, 21; 19:1; 20:15, 19; 21:23; 22:12; 24:26; 25:9~10, 11, 23, 25; 26:2, 20~22, 23~25; 29:5, 20. 현창학, 『지혜서와 잠언』, 79.

45. 10:22, 27; 14:2, 26, 27; 15:16, 33; 16:1, 2, 4, 6, 7, 9, 33; 19:21, 23; 20:24, 27; 21:1, 2, 30, 31; 22:4; 23:17~18; 24:21~22; 29:26. 현창학, 『지혜서와 잠언』, 80.

46. 16:1, 3, 20; 18:10; 20:22; 29:25. 현창학, 『지혜서와 잠언』, 81.

47. 10:8, 29; 13:13; 19:16; 28:4, 7, 9; 29:18. 현창학, 『지혜서와 잠언』, 81.

48. 28:13~14. 현창학, 『지혜서와 잠언』, 82.

49. 10:17; 12:1; 13:18, 24; 15:5, 10, 12, 31, 32; 17:3, 10; 19:18, 20, 25, 27; 20:30; 22:6, 15; 23:12~14; 25:12; 27:5~6, 22~22; 28:23; 29:1, 15, 17, 19, 21. 현창학, 『지혜서와 잠언』, 82.

50. 10:4, 5, 26; 12:11, 24, 27; 13:4, 11; 14:4; 15:19; 18:9; 19:15, 24; 20:4, 13; 21:5, 25; 22:13; 24:30~34; 26:13~16; 27:23~27; 28:19, 20. 현창학, 『지혜서와 잠언』, 83.

51. 19:5, 9, 22; 20:10, 17, 23; 21:6, 28; 24:28; 25:14, 18; 26:23~25; 29:12. 현창학, 『지혜서와 잠언』, 83.

52. 15:26. 현창학, 『지혜서와 잠언』, 83.

53. 12:16; 14:17, 29; 15:18; 16:32; 19:11, 19; 22:24~25; 25:15, 28; 27:3~4; 29:11, 22. 현창학, 『지혜서와 잠언』, 84.

54. 15:17; 17:1, 14; 18:17, 18, 19; 20:3; 25:8. 현창학, 『지혜서와 잠언』, 84.

55. 11:2; 13:10; 14:12; 15:25, 33; 16:5, 18, 19, 25; 17:19; 18:12; 19:29; 21:4, 11, 24; 22:4, 10; 25:6~7; 26:12; 27:1~2;

자비, 인자, 나눔/구제", ⁵⁶ "보증", ⁵⁷ "맹세서원", ⁵⁸ "신실충성", ⁵⁹ "여자의 덕", ⁶⁰ "부, 재물", ⁶¹ "욕심", ⁶² "뇌물", ⁶³ "친구, 우정", ⁶⁴ "마음", ⁶⁵ "내면의 중요성", ⁶⁶ "신중", ⁶⁷ "부모 공경", ⁶⁸ "왕, 군주, 통치", ⁶⁹ "명예, 덕", ⁷⁰ "술, 쾌락", ⁷¹ "성적 순결, 음녀 주의", ⁷² "행위 보응", ⁷³ "질서", ⁷⁴ "듣기", ⁷⁵ "복수", ⁷⁶ "소속, 공동체" ⁷⁷ 등이 있고, 다음으로 "기술 금언Descriptive Sayings"과 관련된 주제로 "마음의 고통과 기쁨", ⁷⁸ "가정, 가족, 아내", ⁷⁹ "부, 재물가난", ⁸⁰ "선물, 뇌물", ⁸¹ "왕, 군주", ⁸² "인간의 수고", ⁸³ "소원", ⁸⁴

29:8, 23. 현창학, 『지혜서와 잠언』, 84.

56. 10:12; 11:16, 17, 24, 25, 26, 27; 14:21, 31; 15:17; 17:5, 9; 19:17, 22; 21:13, 26; 22:9; 24:10~12, 17~18; 25:20, 21~22; 28:27. 현창학, 『지혜서와 잠언』, 84~85.

57. 11:15; 17:18; 20:16; 22:26~27; 27:13. 현창학, 『지혜서와 잠언』, 85.

58. 20:25. 현창학, 『지혜서와 잠언』, 85.

59. 20:6; 22:29; 24:21~22; 25:13, 19. 현창학, 『지혜서와 잠언』, 85.

60. 11:16, 22; 12:4; 14:1. 현창학, 『지혜서와 잠언』, 86.

61. 11:28; 14:24; 23:4~5; 24:27. 현창학, 『지혜서와 잠언』, 86.

62. 15:16, 17; 17:1; 23:4~5; 25:16~17, 27; 27:7, 20; 28:25. 현창학, 『지혜서와 잠언』, 87.

63. 15:27; 17:23. 현창학, 『지혜서와 잠언』, 87.

64. 13:20; 17:17; 18:24; 27:9~10, 17. 현창학, 『지혜서와 잠언』, 87.

65. 14:30; 18:14; 20:9; 22:11; 27:19. 현창학, 『지혜서와 잠언』, 87.

66. 11:22. 현창학, 『지혜서와 잠언』, 87.

67. 19:2; 20:2, 21; 23:1~3, 6~8; 26:17~19; 27:14. 현창학, 『지혜서와 잠언』, 88.

68. 19:26; 20:20; 23:22~25; 28:24. 현창학, 『지혜서와 잠언』, 88.

69. 16:14, 15; 19:12; 20:2, 8, 26, 28; 25:2~3, 4~5; 29:4, 12, 14. 현창학, 『지혜서와 잠언』, 88.

70. 22:1. 현창학, 『지혜서와 잠언』, 89.

71. 20:1, 17; 23:20~21, 29~35. 현창학, 『지혜서와 잠언』, 89.

72. 22:14; 23:26~28; 29:3. 현창학, 『지혜서와 잠언』, 89.

73. 12:14; 27:18. 현창학, 『지혜서와 잠언』, 89.

74. 19:10. 현창학, 『지혜서와 잠언』, 90.

75. 12:15; 13:1; 18:13. 현창학, 『지혜서와 잠언』, 90.

76. 28:29. 현창학, 『지혜서와 잠언』, 90.

77. 27:8. 현창학, 『지혜서와 잠언』, 90.

78. 14:10, 13; 15:13, 15, 30; 17:22. 현창학, 『지혜서와 잠언』, 91.

79. 17:6, 18:22; 19:13, 14; 21:9, 19; 25:24; 27:15~16. 현창학, 『지혜서와 잠언』, 91~92.

80. 10:15; 12:9; 13:7, 8; 14:20; 18:11, 23; 19:4, 6, 7; 22:2, 7. 현창학, 『지혜서와 잠언』, 92.

81. 17:8; 18:16; 21:14. 현창학, 『지혜서와 잠언』, 92.

82. 14:28. 현창학, 『지혜서와 잠언』, 93.

83. 16:26. 현창학, 『지혜서와 잠언』, 93.

84. 13:12. 현창학, 『지혜서와 잠언』, 93..

"삶의 현실"[85] 등이 있다.

6. 세상 속의 교회의 역할

마지막으로 창조질서의 '지혜'로 이끄는 잠언의 가르침을 어떻게 세상 속에서 구체적으로 구현할 수 있을지를 살펴보자. 앞서 '지혜'가 세 가지 영역"창조주, 인간, 세상"에서 실현된다고 했는데, 창조주 하나님을 경외하는 성도가 '인간 관계'와 '세상과의 관계'에서 각각 어떻게 행동해야 하는지에 대한 가르침을 정리하면 다음과 같다.[86]

(1) 인간 관계

1) "가족에 대해"[87]

"부모에 대해"	① "부모님을 존경함"17:6, 30:17 ② "부모님의 말을 잘 들음"23:22 ③ "부모님에게 명예와 기쁨을 주려 애씀a. "지혜롭게 됨으로써"[10:1, 15:20, 29:3] b. "의롭게 됨으로써"[23:24] c. "부지런하게 됨으로써"[10:5]

---

85. 20:14, 29; 19:13. 현창학, 『지혜서와 잠언』, 94.
86. 이와 관련된 자세한 논의는 다음을 참고하라. 김성수, "지혜가 교회를 세운다: 잠언의 지혜," 71~85; Herbert Wolf, "잠언," in 『NIV 스터디 바이블』, NIV Study Bible, 김대웅 역 (서울: 부흥과 개혁사, 2016), 1096; 배정훈, 『하늘에서 오는 지혜』 (서울: 장로회신학대학교출판부, 2013), 64~66; 송병현, 『시가서 개론』 (서울: EM, 2014), 182~201; 트렘퍼 롱맨 3세, 『어떻게 잠언을 읽을 것인가?』 (서울: IVP, 2005), 161~181. 본 글에서는 위의 글의 논의 일부를 발췌하여 정리하였다.
87. 아래 도표는 Wolf, "잠언," 1096을 인용하였다.

"아내배우자에 대해"	① "아내를 인정함"a. "주님에게서 받은 선물로"[18:22, 19:14] b. "자신의 더 없는 영광으로"[12:4, 31:10-31] ② "아내를 칭찬함"31:28 ③ "아내를 믿음"31:11 ④ "아내에게 충실함"5:15~20
"자녀에게"	① "자녀를 사랑함"3:12, 13:24 ② "자녀에게 관심이 있음"1:8~9:18 ③ "자녀에 대한 훈계"22:6 ④ "자녀들에게 제공함"a. 육체의 필요[21:20] b. 영적 유산[14:26, 20:7]

2) "친구와 이웃에 대해"[88]

"친구에게"	① "친구를 소중하게 여김"27:10 ② "친구에게 한결같음"17:17, 18:24 ③ "친구에게 조언함"27:9, 17
"이웃에게"	① "이웃에 대한 자신의 의무를 수행함"3:27~28 ② "이웃과 화목하기 위해 노력함"3:29~30 ③ "이웃을 속이거나 잘못 이끌지 않음"16:29, 26:18~19

3) 성품[89]

"고집스럽지 않고 잘 배움"	① "가르침을 받아들이고 사랑함"18:15, 19:20 ② "지혜가 자람"1:5, 9:9, 10:14
"악하지 않고 의로움"	① "거짓을 미워함"13:5 ② "악을 피함"3:7, 14:16, 16:6 ③ "의로운 일을 행함"2:20 ④ "진리를 말함"22:21

---

88. Wolf, "잠언," 1096을 인용하였다.
89. Wolf, "잠언," 1096을 인용하였다.

"교만하지 않고 겸손함"	① 겸손함15:33
"경솔하지 않고 자제함"	① "기질"a. "자제력이 있음"[29:11] b. "영혼이 고요함"[17:27] c. "좀처럼 화를 내 지 않음"[29:8, 11] ② "행동"a. "경솔하지 않고 조심함"[19:2] b. "행동하기 전에 생각함"[13:16, 14:8] c. "말하기 전에 생각함"[12:23, 15:2]
"앙심을 품지 않고 용서함"	① "참을성 있음"19:11 ② "선의/평화에 대해 관심이 있음"14:9 ③ "자신에게 잘못한 사람들을 용서함"10:12, 17:9 ④ "앙심을 품지 않음"20:22, 24:29

4) 말[90]

"어리석은 말"	① "남을 해치려는 의도로 말하는 것"10:6; 10:18; 12:6; 22:10 ② "다투는 말"26:21,17 ③ "모욕과 비방"10:18; 20:20 ④ "아첨/자랑"7:21~22; 26:23; 27:2; 9:13~18 ⑤ "험담/루머"11:13; 18:8; 17:4 등
"지혜로운 말"	① "비뚤어지고 구부러진 말을 버릴 것"4:24 ② "상처 주는 말이 아니라 치료하는 말"10:11; 12:18; 15:4; 16:24; 13:3; 17:28 ③ "올바른 충고와 책망"27:5 ④ "어리석은 말의 결과는 수치와 치욕과 죽음이지만 지혜로운 말의 결과는 존귀함과 생명"18:21; 18:13; 12:13; 14:3; 13:2,3 등

---

90. 김성수, "지혜가 교회를 세운다: 잠언의 지혜," 78; 롱맨 3세, 『어떻게 잠언을 읽을 것인가?』, 207~216을 인용
하였다.

5) 성적 부도덕[91]

성적 부도덕	① "육체적인 위험과 사회적 수치와 재산의 허비"를 가져옴6:26~35; 29:3 ② "죽음과 파멸에 이르는 길"2:18,19; 7:6~27; 30:20 ③ "배우자와의 관계를 견고히 할 것"5:15~20

(2) 세상과의 관계

1) 통치자[92]

통치자[93]	① "통치자는 공정하게 재판해야 할 것"31:8~9 ② "왕위의 견고함은 공의롭고 신실한 통치에서 비롯됨"29:14; 16:12; 25:5 ③ "통치자는 하나님의 말씀으로 재판을 함"16:10 ④ "모든 증거를 다 저울질해 본 후에 재판할 것"18:17; 14:15~16

---

91. 김성수, "지혜가 교회를 세운다: 잠언의 지혜," 73~74를 인용하였다.
92. 김성수, "지혜가 교회를 세운다: 잠언의 지혜," 83을 인용하였다.
93. 한편, '부하'에 대해서는 잠언은 다음의 권면을 준다. ① "왕을 경외하고 반역자와 사귀지 말 것"(24:21~22) ② "높은 사람들 앞에서 스스로를 높이지 말 것"(25:6~7) ③ "통치자는 정직하게 말하는 자를 사랑함"(16:13). 김성수, "지혜가 교회를 세운다: 잠언의 지혜," 83.

2) "게으름과 부지런함"[94]

게으름	① "잠을 자느라고 일을 시작하지 못함"6:9~10; 24:33 ② "일과 직면하지 않고 피하려는 태만"22:13; 26:16; 20:4 ③ "고용주에게 많은 비용이 들게 하고"18:9 "분노를 일으키게 함"10:26 ④ "개미에게 배워야할 사람"6:6 ⑤ "게으름의 결과-궁핍과 가난"10:4; 6:11; 24:30~31 ⑥ "부림을 당함"12:24 등
부지런함	① "자기 일에 능숙한 사람"22:29 ② "부지런히 자신의 산업을 돌볼 것"27:23~24 ③ "부지런한 경영은 풍부함에 이름"21:5; 10:4

3) 정직한 말과 거짓말[95]

"정직한 말과 거짓말"	① "진실할 것"14:5; 12:17 ② "상거래에서의 정직함"20:14; 20:10,23 ③ "법정에서나 사적인 자리에서 사람에 대해서 거짓 증언을 하지 말 것"24:28; 25:18; 26:18~19 ④ "정직하게 충고할 것"27:5~6; 28:23 ⑤ "진실함의 결과로 사람들에게 귀하게 여김을 받음"3:4 ⑥ "거짓말은 벌을 면치 못하고 쓰라린 대가를 치르게 됨"17:20; 19:5,9; 20:17; 12:19 ⑦ "진실한 증인은 사람의 생명을 구원하고 의를 나타냄"14:25; 12:17~18 등

---

94. 김성수, "지혜가 교회를 세운다: 잠언의 지혜," 79를 인용하였다.
95. 김성수, "지혜가 교회를 세운다: 잠언의 지혜," 78을 인용하였다.

4) 부, 가난한 자, 친절과 자비[96]

부에 대한 태도	① "하나님이 주신 적절한 재물에 만족한 삶"25:16, 27; 10:22; 30:7~9 ② "재물에 대한 탐욕, 재물의 허무함에 대한 경고"23:4~5 ③ "공의를 겸한 적은 소득이 불의한 많은 소득보다 나음"16:8 ④ "어리석은 자의 부는 오래가지 못함"11:18; 13:11; 21:6; 22:16 ⑤ "부의 가치는 제한적임"11:4; 13:8; 19:10; 30:7~9 ⑥ "돈이 있는 사람들은 후해야 함"29:7; 29:14; 28:27; 11:24; 3:27~28

가난한 자를
구제
	① "가난한 자들의 부르짖음에 귀를 기울이고 그들을 불쌍히 여길
	    것"21:13; 28:8
	② "높은 이자로 축재하지 말 것"28:8
	③ "가난한 자에 대한 학대나 후대는 하나님에 대한 태도와 같
	    음"14:31
	④ "가난한 자에 대한 선행을 하나님이 갚아주심"19:17
	⑤ "아끼지 말고 베풀기를 좋아할 것"21:26; 31:20
	⑥ "구제하면 복을 받고 인색하면 저주가 임함"11:24~25; 22:9; 28:27 등

친절과 자비	① "피조물들에게도 친절과 자비를 베풂"12:10

5) 뇌물과 보증[97]

뇌물	① "당장의 이익을 얻기 위해서 뇌물을 바치는 것은 그의 길을 당장 형통하게 만들 것처럼 보이기에 유혹이 큼"15:27; 17:8; 18:16; 21:14 ② "그러나 뇌물은 나라를 멸망시키는 것이고"29:4 ③ "집안을 해롭게 하는 것"15:27 ④ "뇌물을 싫어하는 자는 살게 됨"15:27

---

96. 김성수, "지혜가 교회를 세운다: 잠언의 지혜," 82~83; 롱맨 3세, 『어떻게 잠언을 읽을 것인가?』, 165~179를 인
   용하였다.
97. 김성수, "지혜가 교회를 세운다: 잠언의 지혜," 81을 인용하였다.

74   교회의 공공성, 어떻게 설교할 것인가?

보증	① "타인을 위해 보증을 서게 되면 엄청난 손해를 당하여 옷까지 빼앗길 위험이 있음"11:15; 27:13 ② "이것은 지혜 없는 행동이며"17:18; 22:26 ③ "무슨 수를 써서라도 빠져나와야 하는 올무와 같은 것임"6:1~5

7. 나가면서

   잠언은 하나님께서 창조 시 제정하신 창조질서의 원리를 가르쳐주는 책이다. 타락한 세상에서 구속받은 성도들은 이 '지혜'를 따라 창조질서에 부합한 대리통치자의 삶을 살아가야 한다. 즉 하나님을 경외하는 기초 위에, '인간 관계'와 '세상과의 관계'에서 이 지혜를 구현해내야 한다. 특히 창조질서 회복의 범위가 창조 세계 전체라는 측면에서, 성도는 삶의 모든 영역에서 창조질서가 회복되고 유지되도록 노력해야 한다. 지혜를 따르는 삶이야말로 성도가 세상의 축복의 통로가 되는 길이요, 이 땅에 '하나님 나라'를 현시하는 방편이 된다.

참고문헌

Bartholomew, Craig G. and O'Dowd, Ryan P. *Old Testament Wisdom Literature: A Theological Introduction*. Downers Grove: IVP Academic, 2018.

Brown, William P. *Character in Crisis: A Fresh Approach to the Wisdom Literature of the Old Testament*. Grand Rapids: Eerdmans, 1996.

Crenshaw, James L. *Old Testament Wisdom: An Introduction*. Louisville: Westminster John Knox, 1998.

Estes, Daniel. *Hear, My Son: Teaching Learning in Proverbs 1-9*. NSBT 4. Grand Rapids: Eerdmans, 1997.

Garrett, Duane A. *Proverbs, Ecclesiastes, Song of Songs*. NAC. Nashville: B&H, 1993.

Kline, Meredith D. 『하나님 나라의 서막』. *The Kingdom Prologue*. 김구원 역. 서울: CLC, 2007.

Longman III, Tremper. 『어떻게 잠언을 읽을 것인가?』. *How to Read Proverbs*. 전의우 역. 서울: IVP, 2005.

_____. "Fear of the Lord." In *DOTWPW*. Downers Grove: InterVarsity, 2008, 201~205.

Lucas, E. C. "Wisdom Theology." In *DOTWPW*. Downers Grove: InterVarsity, 2008, 901~912.

McCreesh, T. P. "Wisdom as Wife: Proverbs 31:10-31." *RB* 32 (1985), 25~46.

Murphy, Roland E. and Carm, O. "Wisdom and Creation." *JBL* 104, no. 1 (1985), 3~11.

Nelson, Richard D. "The Old Testament and Public Theology." *Currents in Theology and Mission* 36.2 (2009), 85~95.

Perdue, Leo G. *Wisdom & Creation: The Theology of Wisdom Literature*. Nashville: Abingdon, 1994.

Rooker, M. F. "The Book of Proverbs." In *The World and the Word*. Nashville: B&H, 2011.

Schifferdecker, K. "Creation Theology." In *DOTWPW*. Downers Grove: InterVarsity, 2008, 63~71.

Van Pelt, W. and Kaiser, W. "yr'." In *NIDOTTE*. Grand Rapids: Zondervan, 1997, 2: 527~533.

Waltke, B. K. *The Book of Proverbs: Chapters 1-15*. NICOT. Grand Rapids: Eerdmans, 2004.

Winkel, Hetty Lalleman-de. "The Old Testament Contribution to Evangelical Models for Public Theology." *EuroJTh* 14.2 (2005): 87~97.

Wolf, Herbert. "잠언." In 『NIV 스터디 바이블』. *NIV Study Bible*, 김대웅 역. 서울: 부흥과 개혁사, 2016.

Zimmerli, Walther. "The Place and Limit of the Wisdom in the Framework of the Old Testament Theology." In *Studies in Ancient Israelite Wisdom*. Edited by James L. Crenshaw. NY: KTAV, 1976, 314~326.

기동연. 『창조로부터 바벨까지: 창세기 1-11장 주석』. 서울: 생명의 양식, 2009.

김성수. 『구약의 키』. 서울: 생명의 양식, 2018.

_____. "지혜가 교회를 세운다: 잠언의 지혜." 『개혁신학과 교회』 28 (2014), 57~85.

김성진. "잠언 분석을 위한 해석학적 제안." 『ACTS 신학저널』 26 (2015), 41~78.

_____. "잠언 1-9장에 나타난 여인 모티프 연구: '지혜 여인'과 '음녀'의 문학적/신학적 기능." 『ACTS 신학저널』 36 (2018), 45~77.

_____. "지혜로 회복되는 신앙교육." In 『성경 속 교육』. 양평: 아세아연합신학대학교, 2018.

_____. "ACTS 신학공관운동을 통해 본 구약 지혜서 연구: 창조신학과 여호와 경외 사상을 통한 신본주의적 지혜서 연구." 『ACTS 신학저널』 5 (2021), 59~98.

김진수. 『창조의 목적과 하나님의 나라』. 수원: 영음사, 2018.

김창대. "잠언 어떻게 설교할 것인가." 『신학과 실천』 32 (2012), 307~336.

김희석. "잠언 1-9장의 해석학적 기능과 신학적 함의." 『캐논&컬쳐』 5/1 (2011), 203~235.

_____. "잠언의 해석학적 결론으로서의 잠언 30-31장 연구: 아굴, 르무엘, 현숙한 여인 본문의 통전적 읽기." 『성경과 신학』 81 (2014), 141~170.

노세영. "지혜문학에 나타난 창조신학." 『신학사상』 85 (1994), 94~118.

배정훈. 『하늘에서 오는 지혜』. 서울: 장로회신학대학교출판부, 2013.

송병현. 『시가서 개론』. 서울: EM, 2014.

송영목. 『하나님 나라 복음과 교회의 공공성』. 서울: SFC, 2020.

현창학. 『구약 지혜서 연구』. 수원: 합신대학원출판부, 2009.

_____. "잠언의 성격과 메시지." 『신학정론』 26/1 (2008), 188~240.

_____. 『지혜서와 잠언』. 수원: 합신대학원출판부, 2021.

4장

선지서에 나타난 교회의 공공성: 이사야서를 중심으로

최윤갑

1. 들어가면서

이 글은 이사야서를 중심으로 구약 선지서에 나타난 공적신학을 조망하고, 교회의 강단에서 그것을 어떻게 설교할 것인지를 탐구하는 것에 그 목적을 둔다. 윤철호에 의하면, 공적 신학이란 성경이 증언하는 "예수 그리스도의 하나님 나라 복음에 기초하여 교회의 공공성과 사회적 책임을 강조하는 신학"을 일컫는다.[1] 한규승은 공공신학을 "하나님 나라를 지향하는 가운데 끊임없이 오늘의 상황 및 공적 이슈들과 대화하는 신학이며 그 공적 이슈들에 대한 프락시스praxis로서 응답하는 예언자적 신학"이라고 정의한다.[2] 헤티 랄레만 윈켈Hetty

---

1. 윤철호, "공적신학의 주요 초점과 과제," 「한국조직신학논총」 46 (2016): 177. 성경에 나타난 공적 신학의 패턴에 대해서는 아래의 자료를 참조하라. I. Howard Marshall, "Biblical Pattern For Public Theology" in *EuroJTH* 14 (2005): 73~86; 신약성경에 나타난 공적 담론을 살피기 위해서는 이 책을 참조하라. 송영목, 『하나님 나라 복음과 교회의 공공성』 (서울: SFC출판부, 2020).
2. 한규승, 『구약 예언서의 공공신학: 이스라엘 예언자들의 공공성 연구』 (서울: 새물결플러스, 2018), 158, 418~419. 한규승의 이 책은 출간 하루 만에 표절 의혹에 휩싸여서 파쇄되었다. 하지만 인용이 잘못된 211, 312, 208쪽을 제외하면, 이 책은 구약 선지서의 공공성에 대한 깊은 통찰과 자료를 제공하고 있다. 표절 의혹에 관하여는 아래의

Lalleman~de Winkel은 "공공신학이란 …… 살아있는 종교적 전통이 그것의 공적 영역—일상 삶의 경제적, 정치적, 문화적 영역—관여하는 것"을 의미한다고 설명하였다.[3] 그러므로 공공신학이란 하나님 나라의 관점에서 신앙의 개인적 영역뿐 아니라, 사회, 정치, 경제, 문화, 교육 등 다양한 공적 영역들을 다루고, 성도의 삶과 교회의 사역에 그것을 어떻게 적용할 것인지를 탐구하는 신학이다.

공공신학public theology이라는 용어를 처음 고용한 학자는 미국의 마틴 마티 Martin E. Marty다. 그는 이 용어를 처음 사용함으로써 현대 공공신학의 기치를 높이 들었다.[4] 데이브드 트레이시David Tracy는 "신학이 어떻게 공공담론의 형태로서 실행되어야만 하는지에 초점을 맞춤으로써 공공신학에 크게 공헌"하게 된다.[5] 미국 프린스턴 신학대학원의 은퇴 교수인 맥스 스택하우스Max L. Stackhouse는 "시민사회를 위한 기독교 사회윤리로서의 공공신학"을 전개하였다.[6] 그는 공공의 선을 추구하는 과정에서 발생하는 다양한 이슈들을 해결하게 되었고, 이것은 공공신학의 영역을 더욱 크게 확대하는 결과를 가져왔다. 기독교 역사 속에서 루터, 칼뱅, 츠빙글리 같은 종교개혁자들이 성경에 근거하여 자신들이 속했던 국가와 사회를 정치적·문화적·교육적으로 개혁하려고 노력한 것은 그들이 공공신학의 사회 개혁적 전통에 서 있음을 잘 보여준다.[7] 현대 기독교 사상사에서 아브라함 카이퍼Abraham Kuyper, 디트리히 본회퍼Dietrich Bonhoeffer, 월터 라우션부시Walter Rauschenbusch, 라인홀드 니부어Reinhold Niebuhr가 현대 공공신학에

링크를 참조하라. https://www.newsnjoy.or.kr/news/articleView.html?idxno=218931.

3. Hetty Lalleman~de Winkel, "The Old Testament Contribution to Evangelical Models for Public Theology," *EuroJTh* 14 (2005): 87. 공공신학의 모델에 관하여는 Eneida Jacobsen, "Models of Public Theology" in *International Journal of Public Theology* 6 (2012): 7~22를 참조하라.

4. 한규승, 『구약 예언서의 공공신학: 이스라엘 예언자들의 공공성 연구』, 108.

5. 한규승, 『구약 예언서의 공공신학: 이스라엘 예언자들의 공공성 연구』, 109.

6. 한규승, 『구약 예언서의 공공신학: 이스라엘 예언자들의 공공성 연구』, 110.

7. 한규승, 『구약 예언서의 공공신학: 이스라엘 예언자들의 공공성 연구』, 103.

가장 직접적으로 기여함은 물론, 기독교 공동체가 나아가야 할 적절한 방향성을 제시하였다.

한국 사회에서 기독교와 교회의 위상을 고려할 때, 공공신학에 대한 연구는 그 영역을 더욱 확대하고 심화시킬 것이 절실하게 요구된다. 한국 교회는 교회사에 유래 없는 부흥과 성장을 보여줌으로써 세계 기독교에 큰 도전과 희망을 제시하였다. 하지만 그 역사 속에서 한국 교회는 사회와의 소통부재, 기독교의 사사화私事化와 정치화 등의 문제들로 인해 사회의 공적 영역에서 점점 밀려나게 되었고, 시민사회에서 설 자리를 잃고 말았다. 최근 한국 사회로부터 신뢰를 상실하고, 깊은 침체의 늪에 빠져있는 한국 교회의 위기에 대한 반성을 토대로 "신학의 공공성과 사회적 책임을 강조하는 공적신학"은 한국 교회와 신학계의 주된 화두로 급부상하게 되었다.[8] 공공신학은 교회의 울타리를 벗어난 공적 영적—사회, 경제, 학교, 정치—에서 교회와 하나님의 백성들이 어떻게 자리매김할 것인가를 제시함으로써, 한국 교회가 그 역사를 통해 취약했던 신학 영역들을 보완하는 기능을 감당하게 될 것이다. 이런 맥락에서 앞으로 공공신학 연구는 교회의 본질적인 방향성과 모델을 제시하는 신학 영역으로서 그 분야를 더욱 확대해 가야 하겠다.

이 글은 성경신학적 해석을 토대로 구약성경 선지서에 나타난 공공신학을 탐구하고자 한다. 공공신학의 연구사를 살필 때, 많은 연구들이 주로 조직신학, 교회사, 사회윤리학적 차원에서 이루어졌다. 다시 말해 성경신학적 해석에 기초해 공공담론을 다룬 연구는 아직 미약한 상황이다. 이런 상황에서 이 글은 구약성경신학적 관점에서 선지서에 기술된 예언자들의 공공성을 탐구하고자 한다. 구약성경의 많은 법전들, 신앙고백들, 사상들은 공의와 정의에 기초한 "여호와

---

8. 윤철호, "공적신학의 주요 초점과 과제," 175.

의 평등주의와 신정통치의 공공성"을 주된 관심사로 다루고 있다.[9] 이 점을 고려할 때, 이 글이 선지서에 나타난 공적 담론을 다루는 것은 현대 공공신학의 발전에 크게 기여하는 계기가 될 것이다.

이 글은 크게 세 부분으로 구성된다. 첫째 부분은 구약성경에 나타난 공공신학의 담론과 그 중심 요소들을 살핀다. 두 번째 부분은 이사야서에 나타난 공공신학을 다룬다. 이 단락은 이사야서의 공적 담론의 배경이 되는 당대의 종교·사회·경제적 정황을 다루고, 이어 이사야서에 나타난 공공신학을 다섯 항목—① 약자에 대한 부자의 부당한 처우에 대한 질책, ② 정치 고관들의 사회·경제적 횡포 금지, ③ 재판관들의 부당한 판결에 대한 질책, ④ 타락하고 게으른 영적 지도자들에 대한 질책, ⑤ 정치인들의 불신앙적 정치 외교에 대한 질책—에 걸쳐 다룰 것이다. 마지막 단락에서는 교회의 현장에서 이사야서에 나타난 예언자적 공공신학을 어떻게 설교하고 적용할 것인지를 다루면서 이 글을 마무리한다.

2. 구약 선지서에 나타난 공공신학

구약성경은 하나님 나라 백성을 향한 현저한 공공성을 보여준다. 이런 맥락에서 구약성경은 공공신학적 연구를 위한 풍부한 자료와 실례들을 제공하고 있다.

윈켈은 그의 소논문 "복음주의적 공적신학의 모델을 위한 구약성경의 기여 The Old Testament Contribution to Evangelical Models for Public Theology"에서 구약성경에 나타난 공적신학의 주요 영역들—창조, 여호와의 왕권, 초기 구속역사, 선지자

---

9. 한규승, 『구약 예언서의 공공신학: 이스라엘 예언자들의 공공성 연구』, 415.

들, 열방, 참여와 중재—을 면밀히 조망함으로써 공적신학을 위한 이론적 체계 theoretical framework를 세우고자 하였다. 그는 구약성경이 공적신학을 위한 토대를 마련한다는 점을 아래와 같이 설명한다.

> 구약성경은 전체적으로 살아있는 종교적 전통을 다루는 책이다. 그 전통들은 지속적으로 일상 삶을 구성하는 경제, 정치, 그리고 문화의 영역들과 연관되고 있다. 구약성경은 주일 오후에 사적으로 사용하기 위해 고안된 기도 책자가 아니다. 오히려 구약성경은 세상, 나라들, 사회, 자연, 그리고 개인에 관한 철저한 신앙적 관점을 제공하고 있다. 구약성경에서 이런 이슈들과 연관되지 않은 신앙적인 전통은 없다. 구약성경에서 구원 역사, 즉 하나님의 역사와 그분의 백성/그분의 세상과 동떨어진 역사는 존재하지 않는다.[10]

구약성경은 근본적으로 인간 삶의 주요 영역을 구성하는 세상, 열방, 사회, 자연, 정치, 문화, 개인에 관한 신학적 관점을 제공하고 있다. 그렇기 때문에 구약성경은 현대의 공공신학을 위한 견실한 원리와 자료를 제공한다.

조금 더 구체적으로 구약성경은 하늘과 땅의 창조뿐 아니라 그것들의 재창조를 다루고 있고, 그 창조와 재창조 사이에는 구원 역사가 진행되는 '공간'과 '시간'이 있음을 제시한다. 무엇보다도 온 만물의 왕이신 하나님께서는 말씀으로 세상, 사회, 사람을 아름답게 창조하신 후, 그분의 법, 즉 율법을 통해 그 영역들을 공의, 정의, 자비가 충만한 하나님 나라로 통치하길 원하신다. 구속 역사 가운데 하나님께서 열방의 구원과 회복을 위해 선택한 이스라엘은 하나님을 왕으로 섬기는 백성들이 이 땅의 삶에서 실천해야 할 다양한 공적 지침과 영역들

---

10. Winkel, "The Old Testament Contribution to Evangelical Models for Public Theology," 88.

을 보여주는 모델이 된다. 특히 구약성경은 그 근본이념으로서 하나님의 임재 앞에서 모든 백성이 평등하고 함께 존중받아야 한다는 '형제애'와 '평등사상'을 강조한다. 언약 사상에 나타난 이와 같은 개념은 이스라엘이 당면한 삶의 모든 영역에서 그 백성들을 동등한 가치를 가진 동등한 백성으로 연결시킨다.[11] 이런 맥락에서 구약성경은 공적신학을 위한 시원始原이 된다. 구약 선지자들은 이와 같은 공적신학을 더욱 선명하게 발전시켰다.

한규승은 그의 책『구약 예언서의 공공신학』에서 구약성경과 선지서에 제시된 공공신학을 심도 있게 다루었다. 그는 공공성 개념의 세 가지 주요 요소를 다음과 같이 밝힌다. 공공성의 주체인 "인민", 정향된 목표로서의 "공공복리" 그리고 공공성의 성취를 위한 방법으로서 "공개성"을 제시한다. 나아가 그는 이 요소들을 구약 선지서의 공공성에 적용하면서 그 공공성의 주체인 언약 백성으로서의 자유농민, 정향된 목표로서 자유농민의 안식과 샬롬, 끝으로 공개성과 관련하여 당시 백성들이 사회적 이슈를 함께 토론하였던 공론의 장인 성문 앞 광장, 성소, 제단을 상정한다.[12]

한규승에 의하면, 구약성경의 공공성은 모세오경에 나타난 대표적인 세 법전, 즉 계약법전Covenant Code, 출20:22~23:33, 신명기법전Deuteronomic Code, 신12~26장, 그리고 성결법전Holiness Code, 레17~26장에 정초하고 있다. 이 법전들은 당시 이스라엘 백성들이 신정통치의 일환으로서 사회경제적 공공성을 확립하기 위해 실천해야 할 다양한 규례들을 제시하기 때문이다. 더욱 구체적으로 계약법전에 표방된 노예 해방 규례출21:2~11, 대출이자 금지 규례출22:25~26, 그리고 휴경년 규례출23:10~11는 하나님의 형상으로 지음 받은 인간의 평등주의와 사회경제적 공공성을 확립하기 위해 실천해야 할 삶의 구체적 방식이었다. 신명기 법전은 부

---

11. Winkel, "The Old Testament Contribution to Evangelical Models for Public Theology," 92.
12. 한규승, 『구약 예언서의 공공신학: 이스라엘 예언자들의 공공성 연구』, 100~101.

채탕감 규례신15:1~11와 노예 해방 규례신15:12~18를 강조하였고, 끝으로 성결법전은 안식년 규례레25:2~7, 희년 규례레25:8~22, 유업 회복 규례레25:23~34, 대출이자 규례레25:35~38, 그리고 노예 해방 규례레25:39~55를 그 사회의 공공성을 확립하기 위한 실천 방안으로 제시하였다.[13] 한규승은 모세 오경의 법전에 기초한 이와 같은 공공성을 "토라적 공공성"으로 명명하였다.

모세 오경의 법전들이 땅의 올바른 사용과 관련된 "경제적 공공성"을 주창하기 때문에, 토라적 공공성은 본질적으로 땅의 신학에 정초하고 있다.[14] 폰 라트는 "육경을 통틀어서 여호와께서 주신 땅과 '약속의 땅'이라는 용어 속에 표현된 것보다 더 중요한 사상은 없다."라고 말했다.[15] 이스라엘은 하나님께 땅을 선물로 받은 '땅의 백성'이다. 땅의 백성은 약속의 땅에서 하나님께서 의도하신 삶을 살아가게 될 때 참된 안식을 누릴 수 있었다. 특히 여호와께서 이스라엘을 택하시고, 그들을 통해 공의와 정의가 시행되는 하나님 나라를 세우실 것을 의도하셨다는 점을 고려할 때, 그 땅을 선물로 받은 이스라엘은 두 가지 사실을 항상 기억해야만 했다. ① 땅의 소유권이 여호와께 있음, ② 땅의 선물을 유지하기 위해 그들이 실천해야 할 규례들. 따라서 가나안 정복 이후 각 지파가 땅을 분배받았지만, 그 땅의 소유권은 궁극적으로 여호와께 있었다. 또 다른 한편으로 여호와께 선물로 받은 그 땅에서 윤택한 삶을 향유하기 위해 그들은 그 땅을 선물로 주신 여호와의 명령과 규례들을 순종해야 했고, 그 땅에 궁극적으로 하나님 나라가 확립될 수 있도록 힘써야 했다. 만약 이스라엘 백성이 이 사실들을 기억하지 못하거나 구현하지 못한다면, 여호와께서 땅이 그들을 토해내도록 하실 것이라고 선언하였다레18:28; 20:17~27. 다시 말해 여호와의 선물로서 땅을

---

13. 한규승, 『구약 예언서의 공공신학: 이스라엘 예언자들의 공공성 연구』, 134~135.
14. 한규승, 『구약 예언서의 공공신학: 이스라엘 예언자들의 공공성 연구』, 155.
15. Von Rad, *The Problem of the Hexateuch and Other Essays* (London: SCM Press, 1984), 79.

분배받은 이스라엘은 그 땅에 사는 모든 백성들이 공평하게 대접받는 사회, 즉 삶의 모든 영역에서 공의, 정의, 자비가 시행되는 하나님의 나라를 만들기 위해 노력해야만 했다.[16] 이것이 땅의 신학의 정수이고, 토라적 공공성의 요체要諦다.[17]

이스라엘 역사 속에서 선지자들은 토라적 공공성을 견고히 확립하고, 그것을 이스라엘 공동체 속에 포괄적으로 적용하기 위해 고난과 희생을 자처하였던 자들이다. 이스라엘은 왕정시대로 진입한 후, 중앙 집권적 정치·사회 구조와 국제 무역을 발달시켰다. 이런 제도들은 여호수아 시대 때부터 물려받았던 전통적인 세습토지제도를 붕괴시켰고, 새로운 토지제도인 수녹토지제도를 도입하게 하는 계기를 마련하였다. 당시 엘리트 지배계층이 주도하였던 무자비한 집약농업과 임대자본주의는 자유농민을 소작농이나 채무 노예로 내몰았다.[18] 나아가 언약 백성의 배교를 주도하였던 "바알 종교는 더 풍요롭고 부요한 사회를 만들기 위해 …… 이스라엘 자유농민들의 땅을 대지주에게 귀속시켜 그들을 소작농이나 채무 노예로 전락시키는 데 거리낌이 없었다."[19] 아합 왕이 나봇의 포도밭을 빼앗은 사건은 당시 엘리트 지배계층의 횡포뿐 아니라 자유농민의 몰락을 여실히 보여준다. 이와 같은 이스라엘 시민사회의 사회·경제적 폐단弊端으로 인해 언약 토대위에 견고히 세워졌던 토라적 공공성은 무참히 붕괴되었다. 이런 사회·경제적 위기와 몰락을 목도하며, 선지자들은 이스라엘 공동체에게 모세 오경에 근거한 토라적 공공성으로 되돌아갈 것을 외쳤다. 또한 신정통치의 이상을 구현하는 방편으로서 백성들에게 토지를 정당한 방식으로 사용할 것을 주창하였다. 나아가 다양한 사회제도들 속에서 여호와와 인간의 관계, 한 개인과 이웃들

---

16. 한규승, 『구약 예언서의 공공신학: 이스라엘 예언자들의 공공성 연구』, 153.
17. 한규승, 『구약 예언서의 공공신학: 이스라엘 예언자들의 공공성 연구』, 153.
18. 한규승, 『구약 예언서의 공공신학: 이스라엘 예언자들의 공공성 연구』, 72-73.
19. 한규승, 『구약 예언서의 공공신학: 이스라엘 예언자들의 공공성 연구』, 38.

과의 관계, 특히 고난 받는 사람들의 삶에서 공의가 회복되게 할 것을 요구하였다.[20] 선지자들은 땅의 신학에 기초해 종교·정치 지도자들이 자행하였던 탐욕과 횡포를 질책했을 뿐 아니라, 언약 공동체의 경제와 도덕윤리가 공적으로 회복됨으로써 자유농민들의 삶이 구원과 새창조를 경험하게 될 것이라고 선포하였다. 한규승에 따르면, 주전 8세기 선지자들이 활동하였던 사회·경제적 정황들은 이스라엘 사회 속에 공적담론이 발현되기 위한 적절한 배경을 제공하였다. 이런 맥락에서 한규승은 주전 8세기 선지자들—아모스, 호세아, 미가, 이사야—이 기록한 예언서에 천착하여 그들이 선포한 공적 담론을 다음과 같이 5가지 항목으로 다룬다. ① 토라의 땅 신학을 붕괴시키는 지배계층에 대한 고발, ② 자유농민을 보호하지 않은 불의한 법정에 대한 고발, ③ 토라적 공공성을 저버린 지배계층의 타락과 부패, ④ 자유농민의 몰락을 가속화한 국제 동맹 외교에 대한 비판, ⑤ 지배계층과 결탁한 종교지도자들의 죄악에 대한 고소. 결국 선지자들은 "토라적 공공성을 하나님 나라 신학의 맥락에 정위시킨 최초의 신학자들"이다.[21]

윈켈과 한규승은 성경신학적 해석에 근거해 공공신학을 심도 있게 논함으로써 지금까지 주로 조직신학, 교회사, 기독교 윤리의 관점에서 진행되었던 공공신학 연구에 크게 기여하였다. 먼저 그들은 구약성경의 공공신학을 다룬 연구가 미약한 상황가운데 구약성경의 역사와 신학에 견고히 뿌리내린 성경신학적 공공신학을 발전시켰다. 다음으로 그들은 구약 성경신학이 주창하는 공공신학의 중요 요소들—창조, 여호와의 왕권, 구속사, 선지자, 땅, 언약, 자유농민, 이스라엘 공동체—을 면밀히 분석하였다. 이런 요소들은 차후에 구약성경의 공공신학을 연구하는 자들에게 주요한 자료와 통찰을 제공할 것이다. 반면, 한규승의 연구가 구약성경, 특히 주전 8세기 선지자들의 공공신학을 면밀히 조망하였음

20. 한규승, 『구약 예언서의 공공신학: 이스라엘 예언자들의 공공성 연구』, 157.
21. 한규승, 『구약 예언서의 공공신학: 이스라엘 예언자들의 공공성 연구』, 393.

에도, 크게 두 가지 면에서 비판적 요소를 내재하고 있음을 간과할 수 없다. 먼저 한규승은 선지서의 토라적 공공성을 땅의 사용과 관련하여 전개하였지만, 토라적 공공성은 땅 뿐만 아니라 이스라엘 공동체의 다양한 영역들—언약에 기초한 백성의 제의와 예배, 경제, 사회, 법정 윤리, 가정생활, 이웃을 향한 삶의 태도와 실천—을 포함하고 있다. 토라적 공공성의 근간이 된 모세 오경의 세 법전은 땅에 관한 가르침 외에도 다양한 요소들을 언약 백성들의 공적 삶을 위해 아래와 같이 제시하고 있다.

계약법전 (Covenant Code, 출20:22~23:33)	신명기법전 (Deuteronomic Code, 신12~26장)	성결법전 (Holiness Code, 레17~26장)
• 종에 관한 규례(21:1~11) • 폭행과 살인에 관한 규례(21:12~27) • 짐승 관리규정(21:28~36) • 배상에 관한 규례 (22:1~15) • 혼인 규례(22:16~17) • 무당 금지 규례(22:18) • 수간 금지 규례(22:19) • 우상숭배 금지 규례 (22:20) • 나그네, 고아, 과부를 돌봄 규례(22:22~24) • 채무관계 규례(22:25~27) • 공평한 재판 규례 (23:1~9) • 안식년에 관한 규례 (23:10~13) • 세 절기 규례(23:14~19)	• 빚 면제 규례(15:1~11) • 종에 관한 규례(15:12~18) • 공의로운 재판 규례 (16:18~22) • 왕과 제사장에 관한 규례(17:14~20) • 도피성 규례(19:1~13) • 이웃의 경계표 규례 (19:14) • 증인에 관한 규례 (19:15~21) • 패역한 자에 관한 규례 (21:18~21) • 이혼과 재혼에 관한 규례(24:1~4) • 죽은 형제에 대한 규례 (25:5~10) • 토지소산에 관한 규례 (26:1~16)	• 가증한 풍속 금지 규례(18:1~30) • 도둑질, 거짓말, 거짓맹세 금지 규례(19:11~12) • 이웃의 억압과 착취 금지 규례(19:13) • 품꾼의 삯에 관한 규례(19:13) • 장애인에 관한 규례(19:14) • 공평한 재판 규례(19:15) • 이웃의 피 흘림 금지 규례(19:16) • 노인공경 규례(19:32) • 외국인에 대한 규례(19:33~34) • 공평한 저울과 추에 관한 규례(19:36) • 우상숭배, 접신, 박수무당 금지 규례(20:1~10) • 음란행위 금지 규례(20:10~27) • 안식년과 희년 규례(25:1~12) • 부당 이익금지 규례(25:13~55)

<표 1> 모세오경의 세 법전에 나타난 공적 규례들

<표 1>은 토라적 공공성의 토대가 된 세 법전의 다양한 규례들을 상세하게 보여준다. 이 표에 나타난 다양한 규례들은 땅의 신학과 관련된 항목들을 제시하고 있지만, 땅의 사용과 관련되지 않은 다양한 규례들도 동시에 보여준다. 예를 들어, 종에 관한 규례, 짐승에 관한 규례, 품꾼의 삯에 관한 규례, 빚 면제 규례, 안식년과 절기들에 관한 규례들은 땅의 신학과 직접적인 연관성을 보여주지만, 폭행과 살인에 관한 규례, 혼인에 관한 규례, 무당 금지 규례, 수간 금지 규례, 장애인 규례, 음란행위 금지 규례 등은 땅의 신학과 직접적인 연관성을 찾기가 쉽지 않다. 따라서 우리는 구약성경에 나타난 공적신학을 배타적으로 땅의 신학과만 연결시킬 것이 아니라, 그것이 다른 신학적 주제들과도 연결될 수 있는 가능성을 열어두는 것이 필요하다. 둘째, 한규승의 공공신학 연구와는 달리, 선지서의 공공신학은 각 선지서의 메시지를 공시적인 방식synchronic approach으로 전체적인 관점에서 조망할 때, 더욱 적절한 형태를 펼치게 된다. 한규승은 주전 8세기 이스라엘과 유다의 상황을 종교의 급부상과 함께 이스라엘의 사회·경제적 공공성이 가장 처참하게 붕괴된 때로 전제하고 있다. 이런 관점에서 그는 주전 8세기 선지자들—아모스, 호세아, 미가, 이사야—의 공공담론에 천착하여 구약성경 선지서의 공공신학을 전개한다. 그러나 선지서를 면밀히 살필 때, 선지서의 공공 담론은 주전 8세기 선지자들에게만 국한된 것이 아니라, 포로 시대와 포로 귀환 이후에 활동하였던 선지자들의 메시지에도 여전히 비중 있게 등장하고 있다사58: 4~12; 59:1~8;렘7:1~7; 겔18:1~24. 따라서 선지서의 공공신학을 탐구함에 있어, 필자는 한규승이 하였던 방식과 달리, 한 선지자의 메시지를 공시적인 관점에서 세심하게 살피고, 그것의 정경구조 안에서 공적 담론을 면밀히 조망할 것을 제안한다. 이것은 선지서의 공공신학을 더욱 포괄적이고 집중적인 방식으로 살필 수 있는 기회를 제공할 것이다. 이런 맥락에서 필자는 다음 섹션에서 긴 시대를 역사적 배경으로 둔 이사야서의 정경구조와 시대배경을 살핀 후, 그곳에

등장하는 공공신학을 다루고자 한다.

3. 이사야서에 나타난 공공신학

(1) 이사야서의 사회·경제적 정황

대부분의 학자들은 이사야서가 오랜 세월의 역사적 정황을 그 배경으로 두고 있음을 인정한다. 일반적으로 이사야 1~39장은 주전 8세기 이사야 선지자가 예루살렘에서 활동하던 시기를, 이사야 40~55장은 주전 6세기 바벨론 포로시기를, 끝으로 이사야 56~66장은 포로 귀환 시대를 역사적 배경으로 두고 있다고 본다. 비평주의 학자들이 각각 다른 시대의 다른 저자를 상정하든, 아니면 보수주의자들이 이사야 한 사람을 이사야서의 저자로 상정하든, 이사야서는 다양한 국제 문제뿐 아니라, 당대 유다 백성들의 사회·경제적 문제들을 주요한 공적 담론으로 다루고 있다. 먼저 국제 상황을 볼 것 같으면, 제국 건설을 위해 남침을 주도하고 있던 앗시리아의 디글랏 빌레셀 3세에게 대항하였던 북 이스라엘은 주전 722년에 마치 태풍에 나뭇가지가 부러지듯이 앗시리아의 침략을 견디지 못하고 결국 역사의 뒤안길로 사라지고 말았다. 이때부터 이사야는 오만함 가운데 제국 건설을 위해 약소국들을 무참히 침략하였던 앗시리아를 질책하기 시작하였다사10:24~27; 14:24~27. 한편 그는 남 유다의 방백들이 앗시리아의 침략으로부터 국가를 보호하기 위해 이집트의 군사력이 아니라 여호와의 도움을 의지하라고 선포하였다사28~32장. 그럼에도 그들은 이집트와 군사 동맹을 맺음으로써 여호와의 진노를 살 뿐 아니라 사회 경제적인 혼란을 가중시켰다.

다음으로 국내 상황을 살필 것 같으면, 남 유다는 다양한 사회 경제적 병폐로 인해 그 토대부터 붕괴되는 위협에 직면하고 있었다.[22] 이사야 선지자는 시온 공동체에 만연하였던 종교적 배교와 도덕·경제적 병폐에 깊이 통감하였다. 언약 백성들은 여호와를 알지 못하였고, 범죄와 패역함으로 인해 머리부터 발바닥까지 성한 곳이 없었다사1:3~6. 힘 있는 권력자들은 뇌물을 사랑하며 도둑과 결탁하였고, 약한 자들의 땅을 착취하는 방식으로 재산을 불렸다사1:21~23; 5:8~12. 공의와 정의를 구현해야 할 재판관들은 고아와 과부의 억울한 송사를 공평하게 재판하지 않았다사1:23. 우상 숭배와 성적 타락은 그들 속에 만연하였고, 백성들은 창기와 같이 신앙의 순결을 잃어버린 지 오래였다사1:29~30. 조상 대대로의 사회 경제 질서가 점차로 해체되면서 이스라엘 사회의 본래적 토대였던 시내산 언약 및 그 엄격한 종교적, 도덕적, 사회 경제적 의무들은 많은 유다 백성들에게 대부분 잊혀진 상태였다.[23] 특별히 이사야 선지자는 그 사회의 종교·정치적 지도자들을 질책하였다. 궁극적으로 그들은 여호와의 대적이고, 여호와의 무서운 심판을 견디지 못할 것이라고 선언하였다. 남 유다의 영적·사회 경제적 상황은 하나님의 심판을 피할 수 없을 정도로 처참하였고, 이러한 시대적 정황을 배경으로 이사야 선지자는 사회 경제적 공공담론을 다루었다.

(2) 이사야서에 나타난 공공성

이사야서는 당대 유다 공동체의 사회 경제적 폐단을 직시하면서, 적어도 5가지 범주에서 하나님의 백성들이 삶속에서 실천해야 할 공적 담론을 다룬다. ① 약자에 대한 부자의 부당한 처우에 대한 질책, ② 정치 고관들의 사회·경제적 횡포 금지, ③ 재판관들의 부당한 판결에 대한 질책, ④ 타락하고 게으른 영적 지도자들에 대한 질책, ⑤ 정치인들의 불신앙적 정치 외교에 대한 질책. 아래에

---

22. 존 브라이트, 『이스라엘 역사』, 박문재 역 (서울: 크리스챤 다이제스트, 1996), 395.
23. 브라이트, 『이스라엘 역사』, 395.

서 이상의 공공담론들을 차례로 살펴보자.

1) 약자에 대한 부자의 부당한 처우에 대한 질책

이사야 5장 8~12절과 58장 6~9a절은 사회적 약자에 대한 부자의 부당한 처우를 질책하고 있다. 이사야 선지자는 당시 예배와 제사의 영역을 뛰어넘어 사회·경제적 영역에서 자행되던 불법을 지적한다. 특히 이사야 선지자는 경제적 능력을 갖춘 부자들이 약자들을 향해 행하였던 횡포와 만행을 고발하면서, 그러한 사회적 폐단이 언약 공동체 안에서 사라지길 꾀하였다. 이사야 5장 8~12절은 그것을 아래와 같이 진술한다.

> "⁸가옥에 가옥을 이으며 전토에 전토를 더하여 빈 틈이 없도록 하고 이 땅 가운데에서 홀로 거주하려 하는 자들은 화 있을진저 ⁹만군의 여호와께서 내 귀에 말씀하시되 정녕히 허다한 가옥이 황폐하리니 크고 아름다울지라도 거주할 자가 없을 것이며 ¹⁰열흘 갈이 포도원에 겨우 포도주 한 바트가 나겠고 한 호멜의 종자를 뿌려도 간신히 한 에바가 나리라 하시도다 ¹¹아침에 일찍이 일어나 독주를 마시며 밤이 깊도록 포도주에 취하는 자들은 화 있을진저 ¹²그들이 연회에는 수금과 비파와 소고와 피리와 포도주를 갖추었어도 여호와께서 행하시는 일에 관심을 두지 아니하며 그의 손으로 하신 일을 보지 아니하는도다"

이사야 5장 8~12절은 선지서에서 경제적 엘리트들이 행하였던 사회·경제적 불법과 만행을 가장 상세하게 보여주는 본문 중 하나다. 당시 경제적 권력을 가진 자들은 "가옥에 가옥을 이음"으로써 자유농경민들의 집을 빼앗았고, 부당한 이익과 재물을 축적하였다8절. 또한 그들은 "전토에 전토를 더함"으로써 약자들의 땅을 착취하였다. 그들은 연회와 축제를 즐겼지만 여호와의 뜻과 일에는 관심이 없었다. 9절의 "허다한 가옥"은 "광범위하게 소유된 토지"를 의미한다.[24] 따라서 이사야 5장 8~9절은 "소수 지배계층이 소작농이 소유한 작은 땅덩어리를 착취하는 모습"을 여실히 보여준다.[25] 김회권은 이 본문에 나타난 주전 8세기의 경제 상황을 아래와 같이 설명한다.

> 주전 8세기 이사야 당시에 이스라엘과 유다는 지주들의 집단 출현과 가난한 자들(땅을 잃은 자들)의 집단 출현을 동시에 목격하였다. 당시의 지주들은 조방농업(extensive agriculture, 아마도 수출농업)을 통하여 가난케 된 이스라엘의 자유농민을 소작인으로 부렸다. 그들은 가옥에 가옥을 연하며 전토에 전토를 더하여 부동산과 집, 땅과 자원을 독점하였다. 가히 그들은 넓은 땅 가운데에서 홀로 거하려 하는 자들이었다. 이사야는 이와 같이 독점과 탐욕의 가치를 숭상하는 자들에게 "화 있을진저"라는 저주를 선언하였다.[26]

당시 대지주들은 땅, 가옥, 생산수단들을 독점하여 그들의 탐욕을 채웠다. 반면, 땅을 잃은 자유농민들은 자신이 속한 공동체에서 어떠한 영향력과 권리를 갖지 못한 채 지배계층의 불로소득을 높여주는 도구로 전락하였다.[27]

이사야 58장 6~9a절은 언약 공동체 내에서 권력을 가진 대지주들이 약자들을 어떻게 대우하였는지 보여준다.

"6내가 기뻐하는 금식은 흉악의 결박을 풀어 주며 멍에의 줄을 끌러 주며 압제

24, D.N. Premnath, "Latifundialization and Isaiah 5.8~10" in *JSOT* 40 (1988): 54.
25. 한규승, 『구약 예언서의 공공신학: 이스라엘 예언자들의 공공성 연구』, 328.
26. 김회권 외 4인, 『현대인과 성서』 (서울: 숭실대학교출판부, 2007), 159; 한규승, 『구약 예언서의 공공신학: 이스라엘 예언자들의 공공성 연구』, 329.
27. 한규승, 『구약 예언서의 공공신학: 이스라엘 예언자들의 공공성 연구』, 328.

당하는 자를 자유케 하며 모든 멍에를 꺾는 것이 아니겠느냐 [7]또 주린 자에게 내 양식을 나누어 주며 유리하는 빈민을 집에 들이며 헐벗은 자를 보면 입히며 또 네 골육을 피하여 스스로 숨지 아니하는 것이 아니겠느냐 [8]그리하면 네 빛이 새벽 같이 비칠 것이며 네 치유가 급속할 것이며 네 공의가 네 앞에 행하고 여호와의 영광이 네 뒤에 호위하리니 [9a]네가 부를 때에는 나 여호와가 응답하겠고 네가 부르짖을 때에는 내가 여기 있다 하리라"

이사야 58장 6~9a절은 포로귀환 후 당시 백성들의 경건을 대표하는 금식과 백성의 경제 활동을 연결시켜 공공담론을 다루고 있다. 당대 사회 경제적인 힘과 권력을 가진 자들은 약자들을 압제하였고, 그들에게 흉악의 결박을 지웠다. 소출에 대한 부당한 이율을 적용함으로써 그들에게 무거운 멍에를 씌웠던 것이다. 따라서 대지주들과 권력자들을 제외한 많은 이들이 양식이 없어 주리고 헐벗은 상태로 유리彷徨하였다. 그러나 참된 경건이란 언약관계에 내포된 공의와 정의를 구현하기 위해 일상생활에서 사회적 약자들을 향해 정당한 처우와 돌봄을 실천하는 것을 배제하지 않는다. 이사야 선지자는 약자들 위에 지워진 흉악의 결박을 풀고, 멍에의 줄을 끌러 주며, 압제당하는 자에게 자유를 주는 것이 금식 못지않게 참된 경건을 구현하는 길임을 주지한다. 이런 자들은 여호와께로부터 치유, 영광, 기도 응답을 경험하게 될 것이다.

2) 정치 고관들의 사회·경제적 횡포 금지

이사야 1장 10~17절과 이사야 3장 13~15절은 남 유다의 정치 고관들이 저질렀던 경제적 횡포를 다룬다. 먼저 이사야 1장 10~17절은 당시 정치 고관들의 사회·경제적 횡포를 아래와 같이 다루고 있다.

"¹⁰너희 소돔의 관원들아 여호와의 말씀을 들을지어다 너희 고모라의 백성아 우리 하나님의 법에 귀를 기울일지어다 ¹¹여호와께서 말씀하시되 너희의 무수한 제물이 내게 무엇이 유익하뇨 나는 숫양의 번제와 살진 짐승의 기름에 배불렀고 나는 수송아지나 어린 양이나 숫염소의 피를 기뻐하지 아니하노라 ¹²너희가 내 앞에 보이러 오니 이것을 누가 너희에게 요구하였느냐 내 마당만 밟을 뿐이니라 ¹³헛된 제물을 다시 가져오지 말라 분향은 내가 가증히 여기는 바요 월삭과 안식일과 대회로 모이는 것도 그러하니 성회와 아울러 악을 행하는 것을 내가 견디지 못하겠노라 ¹⁴내 마음이 너희의 월삭과 정한 절기를 싫어하나니 그것이 내게 무거운 짐이라 내가 지기에 곤비하였느니라 ¹⁵너희가 손을 펼 때에 내가 내 눈을 너희에게서 가리고 너희가 많이 기도할지라도 내가 듣지 아니하리니 이는 너희의 손에 피가 가득함이라 ¹⁶너희는 스스로 씻으며 스스로 깨끗하게 하여 내 목전에서 너희 악한 행실을 버리며 행악을 그치고 ¹⁷ 선행을 배우며 정의를 구하며 학대받는 자를 도와주며 고아를 위하여 신원하며 과부를 위하여 변호하라 하셨느니라"

이 본문은 언약 백성들이 성전 예배와 사회·경제적 선행을 동시에 추구해야 할 것을 강조한다. 성전에서 드리는 제의는 성전 밖에서 실천하는 사회·경제적 윤리 도덕과 구분될 수 없는 것이다. 존 오스왈트John Oswalt가 잘 설명한 것처럼, "제사법이 소개되는 언약은 이웃에 대한 윤리적 설천을 요구하는 언약과 동일한 것이다. …… (언약 백성은) 악행을 계속 저지르면서 제사 의식이 그 악행의 심판에서 자신을 구원해 줄 거라고 기대"해서는 안 된다.²⁸ 하지만 당시 백성들, 특히 정치 고관들은 소돔의 관원들과 같이 악을 자행하였다. 소돔의 관원들이

---

28. 존 오스왈트, 『이사야 적용 주석』 (서울: 솔로몬, 2015), 96~97.

란 어떤 자들인가? 그들은 성경 역사 속에서 가장 부패하고 타락한 자들이었고, 여호와의 불 심판을 피하지 못한 자들이었다. 놀랍게도 이사야 선지자 당대의 정치 고관들도 그들과 같이 부패하였고, 그렇기 때문에 이제 머지않아 여호와의 불 심판을 경험하게 될 것이었다. 과연 그들은 어떤 문제를 갖고 있었는가? 그들은 여호와의 목전에서 악을 자행하였고, 성회와 더불어 악을 행하는 것을 두려워하지 않았다13~17절. 17절에 의하면, 그들은 학대받는 자를 도와주지 않았고, 고아를 위하여 신원하지 않았으며, 과부를 위하여 변호하지도 않았다. 여호와께서는 고관들이 성전 밖에서 공적 사명을 수행하지 않은 채 성전에서 드리는 제사를 무거운 짐일 뿐만 아니라 가증한 것으로 여기셨다. 여호와께서는 손에 피가 가득한 채로 드리는 그들의 기도와 제사를 받지 않으시겠다고 단호하게 말씀하셨다15절.

이사야 3장 13~15절은 당대 고관들의 불의와 횡포를 더욱 구체적으로 다룬다.

"13여호와께서 변론하러 일어나시며 백성들을 심판하려고 서시도다 14여호와께서 자기 백성의 장로들과 고관들을 심문하러 오시리니 포도원을 삼킨 자는 너희이며 가난한 자에게서 탈취한 물건이 너희의 집에 있도다 15어찌하여 너희가 내 백성을 짓밟으며 가난한 자의 얼굴에 맷돌질하느냐 주 만군의 여호와 내가 말하였느니라 하시도다"

이 본문에서 여호와께서는 백성들을 괴롭히는 고관들과 변론하시고, 그들을 심판하시기 위해 나아오신다. 과연 그들은 어떤 불의를 저질렀기에, 여호와께서 팔을 걷어붙이고 그들에게 나아오시는가? 이 본문은 그들이 자행한 만행을 구체적으로 설명한다. 그들은 자유농민의 포도원을 탈취하였고, 가난한 자들에게서 값진 물건을 무력으로 빼앗았다. 즉 약자들의 권리와 삶의 터전을 짓밟았다.

이사야 선지자는 그들이 "가난한 자의 얼굴에 맷돌질"을 한다는 상징적인 표현을 통해 그들의 만행을 공표하고 있다. 이사야 선지자는 고관들이 행한 이런 착취와 만행을 여호와께서 심문하실 뿐 아니라, 반드시 심판하실 것이라고 선언하고 있다. 따라서 이사야 선지자는 정치 고관들이 삶의 공적 영역에서 약자들 위에 군림하고 불의와 만행을 자행하는 것을 간과하지 않고, 반드시 그것에 대한 응당한 징벌을 가할 것임을 밝히고 있다.

3) 재판관들의 부당한 판결에 대한 질책

이사야 1장 25~26절, 이사야 5장 18~23절, 이사야 10장 1~4절, 이사야 59장 1~7절은 당대 재판관들이 시행하였던 부당한 판결에 대해 선지자가 가했던 질책을 다룬다. 이사야 당시의 재판관들은 언약 공동체의 거룩한 이념을 저버린 자들이었다. 이사야 10장 1~4절은 당대 재판관들의 부패를 선명하게 제시한다.

> ¹불의한 법령을 만들며 불의한 말을 기록하며 ²가난한 자를 불공평하게 판결하여 가난한 내 백성의 권리를 박탈하며 과부에게 토색하고 고아의 것을 약탈하는 자는 화 있을진저 ³벌하시는 날과 멀리서 오는 환난 대에 너희가 어떻게 하려느냐 누구에게로 도망하여 도움을 구하겠으며 너희의 영화를 어느 곳에 두려느냐 ⁴포로 된 자 아래에 구푸리며 죽임을 당한 자 아래에 엎드려질 따름이니라 그럴지라도 여호와의 진노가 돌아서지 아니하며 그의 손이 여전히 펴져 있으리라

구약성경의 전통에서 재판관은 판결을 통해 여호와의 통치 이념인 공의와 정의를 이 땅에 구현할 사명을 위임받는 자다레19:15~16; 신1:16~17; 16:18~20; 잠18:5; 31:9; 애3:35~36. 그러므로 재판관은 한 개인의 사회적 신분이나 재산 상태와는 무관하게

모든 사람을 공정하게 재판해야 했다. 그들의 공정한 재판 활동은 언약 공동체를 잘 다스리는 초석이 될 뿐 아니라, 이스라엘 공동체에 하나님 나라가 구현되도록 이끄는 시금석과 같았다. 그러나 이사야 당시 재판관들은 그들의 막중한 사명을 망각한 채 여호와의 공의와 정의를 굽게 하였다. 그들의 잘못은 크게 다섯 가지였다. ① 불의한 법령을 제정함, ② 가난한 자를 불공평하게 판결함, ③ 가난한 백성의 권리를 박탈함, ④ 과부에게 토색함, ⑤ 고아의 것을 약탈함. 언약 공동체내에서 재판관들의 이와 같은 만행은 결단코 일어나지 말아야 할 극악무도한 범죄였다. 하지만 이들이 여호와의 통치가 아니라 불의한 왕과 권력자들의 탐욕을 채우는 한낱 도구로 전락할 때, 그러한 만행은 언약 공동체내에서 버젓이 성행하게 되었다. 재판관들은 언약 공동체의 타락을 방지하고, 그 공동체의 정체성과 순결함을 지키는 최후의 보루였다. 하지만 이와 같은 막중한 책임을 맡은 자들이 불의한 재판을 일삼고 있었으니, 당시 언약 공동체의 영적·사회적·경제적 상황은 말할 수 없이 처참하였다. 이사야 선지자는 공적 담론의 중요한 요소로서 당시 재판관들의 불법적인 판결을 신랄하게 비판함으로써 그들이 하나님 나라 공동체의 근간을 무너뜨리고 있음을 공적으로 지적하였다. 따라서 그들을 향한 여호와의 진노와 심판은 결단코 돌이킬 수 없었다.

4) 타락하고 게으른 영적 지도자들에 대한 질책

이사야 56장 9~12절은 영적 지도자들의 탐욕과 게으름을 공적으로 질책하고 있다.

"9들의 모든 짐승들아 숲 가운데의 모든 짐승들아 와서 먹으라 10이스라엘의 파수꾼들은 맹인이요 다 무지하며 벙어리 개들이라 짖지 못하며 다 꿈꾸는 자들이요 누워 있는 자들이요 잠자기를 좋아하는 자들이니 11이 개들이 탐욕이

심하여 족한 줄을 알지 못하는 자들이요 그들은 몰지각한 목자들이라 다 제
길로 돌아가며 사람마다 자기 이익만 추구하며 ¹²오라 내가 포도주를 가져오
리라 우리가 독주를 잔뜩 마시자 내일도 크게 넘치리라 하느니라"

10절에 등장하는 이스라엘의 파수꾼들은 당시 언약 공동체의 제의와 예배
를 책임지고 있던 제사장 그룹을 일컫는다. 그런데 그들을 향한 이사야 선지자
의 평가는 매우 부정적이다. 그들을 지칭하는 용어들이 그것을 다분히 보여준
다. 맹인10절, 벙어리 개들10절, 몰지각한 목자들11절. 언약 백성을 올바른 길로 인
도해야 할 제사장들은 그 길을 찾지 못하는 영적인 맹인과 같았다. 그들은 게으
름 가운데 누워 잠자기를 좋아하는 자들이었다. 더욱이 말씀에 대한 무지함으
로 말씀을 올바르게 선포하지 못하는 벙어리 개들과 같았다. 몰지각한 목자와
같이 그들은 사명을 잊고, 포도주와 독주를 즐기며, 탐욕을 채우기에 급급하였
다. 이사야 선지자는 이들의 탐욕, 무지, 게으름을 공적으로 밝힘으로써, 그들이
여호와의 심판을 피하지 못할 것이라고 선포하였다.

5) 정치인들의 불신앙적 정치 외교에 대한 질책

이사야 28장 14~18절과 이사야 30장 1~7절은 여호와의 보호가 아니라 애굽
의 군사력을 더욱 의지하였던 정치 고관들에 대한 공적 담론을 담고 있다. 특히
이사야 30장 1~7절은 여호와께 묻지 않고 그들의 지략과 판단을 의지해 불신앙
적 정치 외교를 감행한 정치인들에 대한 심판선언을 다루고 있다.

"¹여호와께서 이르시되 패역한 자식들은 화 있을진저 그들이 계교를 베푸나
나로 말미암지 아니하며 맹약을 맺으나 나의 영으로 말미암지 아니하고 죄에
죄를 더하도다 ²그들이 바로의 세력 안에서 스스로 강하려 하며 애굽의 그들

에 피하려 하여 애굽으로 내려갔으되 나의 입에 묻지 아니하였도다 ³그러므로 바로의 세력이 너희의 수치가 되며 애굽의 그늘에 피함이 너희의 수욕이 될 것이라 ⁴그 고관들이 소안에 있고 그 사신들이 하네스에 이르렀으나 ⁵그들이 다 자기를 유익하게 하지 못하는 민족으로 말미암아 수치를 당하리니 그 민족이 돕지도 못하며 유익하게도 못하고 수치가 되게 하며 수욕이 되게 할 뿐임이니라 ⁶네겝 짐승들에 관한 경고라 사신들이 그들의 재물을 어린 나귀 등에 싣고 그들의 보물을 낙타 안장에 얹고 암사자와 수사자와 독사와 및 날아다니는 불뱀이 나오는 위험하고 곤고한 땅을 지나 자기에게 무익한 민족에게로 갔으나 ⁷애굽의 도움은 헛되고 무익하니라 그러므로 내가 애굽을 가만히 앉은 라합이라 일컬었느니라"

당시 정치 고관들은 여호와를 신뢰하지 않았기 때문에, 여호와께 기도하지 않았을 뿐 아니라 그분의 영의 인도하심도 구하지 않았다. 그들은 스스로 고안한 계교와 맹약을 의지하며, 언약 공동체의 안보를 책임지고자 하였다. 그러나 당시 애굽은 상한 갈대와 같았다왕하18:21; 사36:1~6; 겔29:6. 애굽의 군사력을 의지한 유다는 결국 수치와 수욕을 피하지 못할 것이었다. 4절의 "소안"과 "하네스"는 당대 정치 외교가 이루어졌던 도시들인데, 그곳에서 애굽과 정치적 동맹을 맺는 것은 결국 유다에게 어떠한 유익도 가져다주지 못할 뿐더러 그들에게 부끄러움이 될 것이 뻔하였다.

무엇보다도 당시 "강대국과의 동맹 외교는 여호와를 믿지 않는 불신의 발로일 뿐 아니라 그들의 요구사항을 충족시키기 위해 이스라엘의 피지배계층, 특히 자유농민의 희생을 야기"시키는 것이었다.²⁹ 조금 더 상세하게 유다가 애굽

---

29. 한규승, 『구약 예언서의 공공신학: 이스라엘 예언자들의 공공성 연구』, 368.

과 군사 동맹을 맺게 될 때, 그들은 애굽의 무기를 수입해야 했고, 막대한 자금을 지불하여 그들의 군사적 도움을 받아야만 했다. 결국 이러한 일련의 국가정책을 시행하기 위해 정부의 고관들은 집약농업을 더욱 강력하게 실행함으로써 자유농민들의 몰락을 가속화하게 될 것이 명약관화하였다.[30] 이사야 선지자는 공적 담론으로서 당대 정치인들의 불신앙적인 외교정책을 질책하며, 그들로 인해 자유농민이 부당하게 떠안게 될 경제적 붕괴와 손실을 힐난하였다. 여호와께서 그들에게 요구한 것은 이스라엘의 거룩한 이를 잠잠히 신뢰하고 그분의 도우심을 성실히 간구하는 것이었다사30:15. 하지만 당대 정치 고관들은 여호와를 신뢰하지 않았고, 결국 멸망을 피해가지 못할 것이 뻔하였다.

이사야서는 당대 예루살렘 성전 안에서 드려졌던 제의와 예배에 대한 신탁뿐 아니라, 백성들이 일상생활에서 경험하였던 다양한 영역들—정치, 경제, 외교, 재판—에 대한 공적 신탁도 상세하게 제공한다. 이사야 선지자는 공적 영역들에서 자행되었던 당대 권력자들의 만행과 불법을 질책했을 뿐 아니라, 약자의 편에 서서 그들을 향한 여호와의 임박한 심판과 메시아를 통한 종말론적 회복을 선언하였다. 사회·경제적 문제들에 대한 진정한 해답은 메시아의 등장과 그의 종말론적 사역에 있었다. 메시아는 영의 기름부음을 통해 공의와 정의로 고아, 가난한 자, 과부의 어려움을 공정하게 재판하고, 그들을 신원할 것이다사11:1-5. 아울러 그는 악을 자행하던 왕, 권력자들, 재판관들을 심판할 것이다. 반면 그가 희년을 선포할 때, 가난하고 억압되고 상처 입은 자들은 자유와 치유를 경험하고, 여호와의 진정한 은혜를 누리게 될 것이다사61:1-3. 메시아는 남은 자들과 함께 오랫동안 황폐한 곳들을 재건하고 무너진 공동체를 회복하게 될 것이다사61:4~6. 끝으로 메시아와 남은 자들의 사역은 언약 공동체를 구원해 가시는

---

30. 한규승, 『구약 예언서의 공공신학: 이스라엘 예언자들의 공공성 연구』, 377.

여호와의 열심과 경륜에서 기인한다사9:7; 37:32.

4. 나가면서: 세상을 향한 교회의 공공성

이 글에서 필자는 조직신학이나 윤리학적인 측면이 아니라 성경신학적 관점에서 이사야서에 나타난 공공신학을 조망하였다. 한국 교회는 신앙의 사사화와 정치화의 길을 걷게 되면서 사회와의 소통을 잃어버린 채, 사회를 향한 공적 사역을 적절하게 감당하지 못하였다는 비판을 피하지 못하였다. 이러한 비판은 교회의 위상이 낮아질 뿐 아니라 교회의 사역이 위축되고, 전도의 통로가 막히는 심각한 문제를 야기하였다. 이런 맥락에서 한국 교회와 신학계는 교회의 울타리를 넘어선 공적 영역에 대한 진지한 연구를 활발하게 진척시켜야 하겠다.

그렇다면 우리는 이사야서와 성경에 기술된 공적 담론을 교회의 사역과 설교에 어떻게 적용할 수 있을까? 필자는 세 가지 제안을 하고자 한다. 먼저, 교회는 사회의 다양한 영역을 섬길 수 있어야 한다는 (사역) 의식의 전환을 가져야 한다. 한국 교회는 세계에 유래 없는 부흥과 성장을 일구었지만, 빛과 소금으로서 세상 가운데 하나님 나라의 확립을 구현하는 공적 사역에는 많은 부분에서 미약하였다. 물론 교회가 공동체의 울타리를 넘어서서 사회의 다양한 이슈들에 참여하는 것은 더욱 다양한 고민과 성숙한 참여 의식을 요구한다. 그럼에도 교회는 거룩한 지혜를 간구하며 사회 경제적 이슈에 참여하여, 세상의 희망과 소망이 될 수 있도록 공적 사역을 추구해야 한다.

둘째, 교회는 공적 담론의 중요성을 인식하고 적용하기 위해 깊은 신학적 성찰을 가져야 한다. 선지서의 메시지에 근거해 살필 때, 언약 공동체의 신앙은 사적 영역과 공적 영역으로 양분될 수 있는 것이 아니다. 오히려 두 영역들이 균형 있게 통합될 때 신앙 공동체는 더욱 온전한 형태를 띨 수 있다. 마치 수레의 두 바퀴처럼, 신앙의 사적 영역과 공적 영역이 함께 성장하고 각각의 영역을 책임감 있게 감당할 때, 언약 공동체는 온전하게 작동하게 될 것이다. 지금까지 사적 영역의 사역에 집중해 온 한국 교회는 이와 같은 신학적 성찰에 관심을 기울이고, 앞으로 교회의 공적 사역을 능동적으로 주도해 나갈 수 있도록 해야 한다.

셋째, 설교자는 설교와 사역에 공적 담론을 다루고 적용할 수 있어야 한다. 이사야 선지자는 당대의 제의뿐 아니라 다양한 사회 경제적 문제들을 직시하며, 그것에 대한 적절한 반응과 대안을 제시하였다. 사회 경제적 만행을 저지른 권력자들을 과감하게 질책할 뿐 아니라, 공동체의 약자들에게 희망을 주는 메시지를 정교하게 선포하였다. 선지자들은 저술 뿐 아니라, 심오한 상징적 행동이나 전 생애를 통해 공적으로, 그리고 종말론적으로 여호와의 메시지를 전달하였다.[31] 이와 같은 선지자의 전통에 서서 공적 담론을 선포하기 위해 설교자는 다양한 공적 영역—경제, 정치, 법률, 다양한 사회적 이슈들—을 포괄적으로 연구할 뿐 아니라, 그 영역들을 교회가 어떻게 섬길 것인지 영민하게 설교할 수 있어야 하겠다. 아울러 현 세대의 사회·경제적 문제들을 직시하면서 신앙 공동체가 적절히 받아들이고 적용할 수 있는 공적 담론을 선포하는 것이 필요하다. 끝으로, 한국 교회가 사적 영역뿐 아니라 공적 사역에 대한 책임을 성실하고 진지하게 수행하게 됨으로써 이 세상에 하나님 나라를 확립하는 빛과 소금과 같은 거룩한 공동체로 거듭나게 되길 소망한다.

---

31. Jeanett Mathews, "Prophets Performing as Public Theologians," in *The Bible, Justice, and Public Theology*, ed by David J. Neville (Eugene: Wipf and Stock Publishers, 2014), 101.

참고문헌

김회권 외 4인. 『현대인과 성서』. 서울: 숭실대학교출판부, 2007.

송영목. 『하나님 나라 복음과 교회의 공공성』. 서울: SFC출판부. 2020.

윤철호. "공적신학의 주요 초점과 과제." 「한국조직신학논총」 46 (2016): 174~214.

존 브라이트. 『이스라엘 역사』. 박문재 역. 서울: 크리스챤 다이제스트, 1996.

존 오스왈트. 『이사야 적용 주석』. 서울: 솔로몬, 2015.

한규승. 『구약 예언서의 공공신학: 이스라엘 예언자들의 공공성 연구』. 서울: 새물결플러스, 2018.

D. N. Premnath. "Latifundialization and Isaiah 5.8~10" in *JSOT* 40(1988): 49~60.

Hetty Lalleman~de Winkel. "The Old Testament Contribution to Evangelical Models for Public Theology." *EuroJTh* 14 (2005): 87~97.

I. Howard Marshall. "Biblical Pattern For Public Theology" in *EuroJTH* 14 (2005): 73~86.

Jacobsen, Eneida. "Models of Public Theology" in *International Journal of Public Theology* 6 (2012): 7~22.

Mathews, Jeanett. "Prophets Performing as Public Theologians," in *The Bible, Justice, and Public Theology*, ed by David J. Neville. Eugene: Wipf and Stock Publishers, 2014: 101~113.

Von Rad. *The Problem of the Hexateuch and Other Essays*. London: SCM Press, 1984.

5장

공관복음에 나타난 교회의 공공성:
마태복음을 중심으로

권기현

1. 들어가면서: 교회의 공공성, 그 필요성과 어려움

    최근 20~30년간 한국 교회는 교세가 점점 기울어가고 있다. 특히 COVID-19 가 본격적으로 한국에 상륙한 2020년 초부터 약 2년간은 출석 숫자가 급감했다. 위드코로나로 접어든 지금도 회복세가 뚜렷하지 않다. 사실 교세만큼, 아 니 그 이상으로 염려되는 것은 성경에 기초한 신앙과 삶의 약화다. 한국 교회 와 그리스도인들이 한국 사회와 시민들로부터 신뢰를 잃은 지 오래다. 교회 안 에서도 전망이 그리 밝지 않다. 직분자들은 교인들로부터 존경과 신망을 잃어 가고 있다.

    복음을 독점한다는 점에서 교회는 세상에 대하여 배타적일 수밖에 없다. 복 음은 외인에게는 "비밀μυστήριον"이다마13:11. 동시에 전도와 선교를 통해 복음을 전파하며, 거룩한 삶과 문화로 선한 영향을 미쳐야 한다는 점에서 교회는 세상 을 향한다. 이 점에서 '교회의 공공성'이 필요하다. 아울러 한국 교계에서도 '공공신학' 또는 '교회의 공공성'에 대한 관심이 점점 높아지고 있다.[1] 그러나 본문 주해에 기초한 글은 그리 많은 것 같지 않다. 있다 하더라도 본문을 가볍게 다루거나 사용하는 정도에 불과해서 성경신학에 기초한 연구가 좀 더 필요하다고 하겠다.

이 외에 다른 어려움도 있다. 교회와 세상의 관계를 규명하는 통일된 신학이 없다는 점이다. 중세 로마 천주교는 세속 국가와 사회를 교회, 특히 교황의 지배권 밑에 두었다. 교회 개혁자들, 특히 칼뱅과 그의 후계자들은 이를 강력히 반대했다.[2] 헨리 8세의 수장령Acts of Supremacy, 首長令을 기점으로 교황청에서 독립한 영국 국교회는 거꾸로 세속 국가의 통치자가 교회를 지배해야 한다고 보았다. 영국 국왕이 교회의 최고 직분자로서 치리권과 임명권을 가졌다는 것이다. 웨스트민스터 회의에서는 에라스투스주의자들이 국가 공직자가 교회의 치리

---

1. 그중 몇 가지만 소개하면 다음과 같다. 새세대교회윤리연구소 편, 『공공신학이란 무엇인가?』 (성남: 북코리아, 2007); 손규태, 『하나님 나라와 공공성: 그리스도교 사회윤리 개론』 (서울: 대한기독교서회, 2010); 이승구, 『광장의 신학』 (수원: 합신대학원출판부, 2010); 신인철, "마태복음 10:34-39의 본문 구성과 '검($\mu\acute{\alpha}\chi\alpha\iota\rho\alpha$)': 가족 불화와 신앙 불화를 중심으로", 『신약논단』 18 (2011): 997~1037; 김희성, "마태복음 5장 16절의 '착한 행실': 비기독교 세계와 소통 가능한 성서적 주요 가치에 대한 탐구", 『구약논단』 20 (2014): 13~43; 이승호, "마태복음의 선교적 관점: 마태복음 10장 5-6절과 마태복음 28장 18-20절의 관계", 『신학과 목회』 42 (2014): 149~170; 문시영, 『교회의 윤리 개혁을 향하여』 (서울: 대한기독교서회, 2016); 김근주, 『복음의 공공성: 구약으로 읽는 복음의 본질』 (파주: 비아토르, 2017); 한규승, 『구약 예언서의 공공신학: 이스라엘 예언자들의 공공성 연구』 (서울: 새물결플러스, 2018); 성석환, 『공공신학과 한국 사회: 후기 세속 사회의 종교 담론과 교회의 공적 역할』 (서울: 새물결플러스, 2019); V. E. Bacote, 『아브라함 카이퍼의 공공신학과 성령』, 이의현·정단비 공역 (서울: SFC, 2019); 송영목, 『하나님 나라 복음과 교회의 공공성』 (서울: SFC, 2020); 김승환, 『공공성과 공동체성: 후기 세속 사회의 공공 신학과 급진 정통주의에 관한 탐구』 (서울: CLC, 2021); 김장환, 『공공신학과 교회』 (서울: 대한기독교서회, 2021); 장동민, 『광장과 골방: 코로나19 시대의 공공신학』 (서울: 새물결플러스, 2021).

2. J. Calvin, *Institute*, IV.11.8~11.
"…… 더구나 교황은 통치 중에 있는 공직자에게나 그들의 백성 중 어느 누구에게도 어떤 권세나 재치권(裁治權)을 행사할 수 없다. 더군다나 교황이 그들을 이단이라고 판결하거나 어떤 다른 구실로든 그들의 통치권이나 생명을 빼앗는 일은 결코 있을 수 없다."(웨스트민스터 신앙고백서 23:4, 이하 WCF로 표기) 이하 WCF의 모든 번역은 대한예수교장로회총회 헌법개정위원회 편, 『헌법』, 개정판 (서울: 대한예수교장로회 총회출판국, 2011)을 인용함.

권을 가진다고 강변했다.[3] 그러나 회의는 '장로들의 회會'가 그 권세를 가진다고 결론지었다.[4] 루터Martin Luther는 '두 왕국 이론Zwei-Reiche-Lehre'으로 교회의 영역과 세상의 영역을 구분했으나,[5] 1523년부터는 날카로운 이분법을 철회하고 세상이 가진 중립적 질서를 좀 더 부각했다.[6] 이는 교회와 세상의 차이를 염두에 두면서도 서로 협력하는 공공신학으로 좀 더 나아가는 기반이 되었을 것이다.[7] 그러나 이후 루터교에는 목사 외의 별다른 직분이 없으므로 세속 국가의 영향력이 교회에까지 미칠 수밖에 없다.[8] 재침례파는 교회와 세상을 지나치게 분리하거나 다른 한쪽을 인정하지 않았다.[9] 이런 견지에서는 공공신학이 자리할 영역과 가능성이 희박하다. 장로교회는 재침례파의 신학과 정면으로 배치되는 신조를 명시적으로 작성했다.[10] 남미의 정치·사회·경제 상황 가운데 등장한 해방신학[11], 이를 한국에 접목한 민중신학[12]과 같은 사회복음주의는 교회의 기능과 시민의 기능 사이의 구별이 모호하다.

3. Robert Letham, 『웨스트민스터 총회의 역사: 웨스트민스터 총회』, *The Westminster Assembly: Reading its Theology in Historical Context*, 권태경·채천석 공역 (서울: P&R, 2014), 530~533, 609.
4. "주 예수님께서는 자기 교회의 임금이시요 머리로서 국가공직자와는 구별하여 교회 직원들의 손에 치리를 맡기셨다."(WCF 30:1)
5. 우병훈, 『처음 만나는 루터: 개혁과 건설에 온 삶을 건 십자가의 신학자』 (서울: IVP, 2017), 126~135.
6. 우병훈, 『루터』, 135~136.
7. 우병훈, 『루터』, 141~146; 송영목, 『하나님 나라 복음과 교회의 공공성』, 200.
8. 허순길, 『개혁교회 질서 해설: 도르트 교회 질서』 (광주: 셈페 르 레포르만다, 2014), 27~31, 48~50.
9. Carter Lindberg, 『유럽의 종교개혁』, *The European Reformations*, 조영천 역 (서울: CLC, 2012), 295~333; 우병훈, 『루터』, 149~155; 허순길, 『어둠 후에 빛: 세계 교회 역사 이야기』 (광주: 셈페 르 레포르만다, 2014), 265~278을 참고하라.
10. Robert Letham, 『웨스트민스터 총회의 역사』, 531.
    "기독신자가 공직자로 부름을 받을 때 그 직무를 받아들이고 수행하는 것은 합법적이다. 직무를 행함에 있어서 그 나라의 건전한 법을 따라 특히 경건, 공의, 평화를 유지해야 하며, 이러한 목적을 위해서는 현 신약 시대에서도 정당하고 불가피한 경우에 전쟁도 합법적으로 수행할 수 있다."(WCF 23:2)
11. G. Gutierez, 『해방신학』, 성염 역 (왜관: 분도, 2000); idem, 『해방신학의 영성』, 이성배 역 (왜관: 분도, 2002); idem, 『욥에 관하여: 하느님 이야기와 무죄한 이들의 고통』, 성찬성 역 (왜관: 분도, 1990).
12. 안병무, 『민중신학 이야기』 (서울: 한국신학연구소, 2016); idem, 『갈릴래아의 예수: 예수의 민중운동』 (서울: 한국신학연구소, 2020).

개혁파 신학자 중에서도 일반은총을 얼마나 수용하느냐에 따라 세상에 대한 교회의 태도가 달라진다. 카이퍼Abraham Kuyper[13]와 바빙크Herman Bavinck[14] 같은 적극 수용론이 있는가 하면, 일반은총론을 신학의 후퇴로 보고 강하게 반대한 혹세마Herman Hoeksema[15]와 엥겔스마David J. Engelsma[16]도 있다. 반틸Cornelius Van Til[17]이나 스킬더Klaas Schilder[18] 등 일반은총론을 소극적 또는 비판적으로 보는 학자들도 있다. 스킬더와 같은 교단Gereformeerde Kerken(vrijgemaakt) 출신으로 고신대학교와 고려신학대학원에서 약 10년간 교수 선교사로 봉직한 고재수N. H. Gootjes 역시 스킬더와 대동소이한 입장을 취한다.[19] 한편, 고신대학교 신학과 교수인 송영목은 예수 그리스도의 만유적 특성에 기초하여 특별은총을 일반은총의 영역으로 확장한다는 점에서 좀 더 적극적인 입장이다.[20] '교회의 공공성' 분쟁은 아닐지라도, 대한예수교장로회고신가 고소파와 반고소파로 분리된 아픈 경험 역시 교회와 세상과의 관계에 대한 이견—송사 정당론, 송사 불가론, 송사 건덕론—에서 비롯되었다.[21]

요약하자면, '교회의 공공성'이 필요하지만 세 가지 어려움을 무시할 수 없

---

13. Abraham Kuyper, 『아브라함 카이퍼의 영역주권: 인간의 모든 삶에 미치는 하나님의 주권』, 박태현 역 (군포: 다함, 2020); 송인규, 『일반 은총과 문화적 산물』 (서울: 부흥과개혁사, 2012), 80~131; 김재윤, 『개혁주의 문화관: 교회중심으로 본 카이퍼, 스킬더, 제3의 길』 (서울: SFC, 2015), 49~116.

14. Herman Bavinck, 『헤르만 바빙크의 일반은총: 차별없이 베푸시는 하나님의 선물』, 박하림 역 (군포: 다함, 2021); 송인규, 『일반 은총과 문화적 산물』, 132~155.

15. 송인규, 『일반 은총과 문화적 산물』, 216~223.

16. David J. Engelsma, *Common Grace Revisited: A Response to Richard J. Mouw's He Shines in All That's Fair* (Grandville, MI: Reformed Free Publishing Association, 2003).

17. 송인규, 『일반 은총과 문화적 산물』, 207~216.

18. 스킬더는 '일반은총'이라는 용어보다는 '문화'라는 용어를 선호한다. Klaas Schiler, 『그리스도와 문화』, 손성은 역 (서울: 지평서원, 2017); 송인규, 『일반 은총과 문화적 산물』, 216~223; 김재윤, 『개혁주의 문화관』, 151~173.

19. N. H. Gootjes, 『그리스도와 교회와 문화』, 개혁 신앙 강좌 1 (서울: 성약, 2003 [2008]), 69~93, 127~169.

20. 송영목, 『교회의 공공성』, 181~218.

21. 신재철, 『불의한 자 앞에서 송사하느냐? 대한 예수교장로회(고신)의 송사 문제에 대한 역사적 고찰』, 미출간 박사학위 논문 (서울: 웨스트민스터신학대학원대학교, 2006); 고려과 역사편찬위원회, 『반고소(反告訴) 고려 총회 40년사: 고려와 고신의 역사적인 통합을 기념하여』 (서울: 대한예수교장로회 총회출판국, 2018), 51~70.

다. 첫째, 한국 교계에서 이 주제를 다루는 성경신학적 연구가 아직 충분하지 않다. 둘째, 교회와 세상과의 관계에 관한 통일된 입장이 없다. 셋째, 심지어 개혁파 신학자들 간에도 꽤 다양한 견해가 있다.

이를 염두에 두고 공관복음, 특히 마태복음에 나타난 '교회의 공공성'을 살펴보고자 한다. 이 짧은 글은 이제까지 논의된 다양한 견해를 배제하고서 마태복음 자체의 증거에 주안점을 둘 것이다.

2. 공관복음서에 나타난 언약 공동체와 세상의 특징

복음서에는 '교회'를 명시적으로 가리키는 '$\dot{\epsilon}\varkappa\varkappa\lambda\eta\sigma\acute{\iota}\alpha$'가 단 두 구절에서 세 번밖에 사용되지 않는다.[22] 이 단어는 오순절 성령 강림 이후 사도행전에서 본격적으로 등장한다. 이런 이유로 복음서에는 '교회의 공공성'을 명시적으로 교훈한 구절을 찾기 어렵다. 그러나 오순절 성경 강림 이후 '교회$\dot{\epsilon}\varkappa\varkappa\lambda\eta\sigma\acute{\iota}\alpha$'는 예수님께서 선포하신 '왕국$\beta\alpha\sigma\iota\lambda\epsilon\acute{\iota}\alpha$'을 드러낸다. '왕국$\beta\alpha\sigma\iota\lambda\epsilon\acute{\iota}\alpha$'과 '교회$\dot{\epsilon}\varkappa\varkappa\lambda\eta\sigma\acute{\iota}\alpha$'는 구분되더라도 단절되는 것은 아니다. 이 점에서 우리는 복음서에서 '교회의 공공성'을 내다볼 실마리를 찾을 수 있다. 복음서를 읽을 때, 구속사의 진전과 관련하여 다음의 세 가지에 유의할 필요가 있다. 사역의 시간, 사역의 장소, 사역의 대상이다.

(1) 사역의 시간: 옛 언약과 새 언약의 중첩기

복음서는 모두 신약성경이다. 예수님과 사도들은 모두 신약 시대에 활동했

---

22. 마16:18; 18:17(2회 사용).

다. 그러나 당대는 오늘날과 큰 차이가 있다. 정치·사회·문화적으로도 그렇지만, 무엇보다도 그 시대의 독특성과 구속사의 진전 때문이다. 교회 창설 직분자인 사도들이 살아 있었으며, 신약성경이 계속 기록되는 중이었다. 무엇보다도 예루살렘 성전과 그에 따른 체제—제사장 직제, 희생 제사 제도, 정결법, 절기와 안식일, 할례 등—가 아직 사라지지 않은 시대였다.[23]

"현대 교회는 사도 시대에 발생한 일들이 오늘날에도 실제로 발생해야 한다는 개념을 벗어날 필요가 있다."[24]

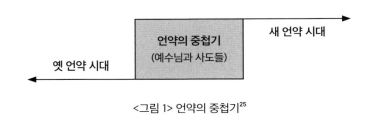

<그림 1> 언약의 중첩기[25]

위의 <그림 1>에서 볼 수 있듯이, 예수님과 사도들은 구속사적으로 두 번 다시 반복될 수 없는 독특한 시간대에 살았고 활동했다. 그 시기는 옛 언약 시대가 종결되지 않은 시기, 즉 새 언약과 옛 언약의 중첩기다. 예수님께서 율법과 선지자를 성취(마5:17-18)하러 오셨으나, 옛 언약에 속한 인물인 세례 요한이 아직 죽지 않았다. 사람이 성전이 되는 시대가 왔으나, 돌 성전은 한 세대를 더 지속한 뒤

23. 권기현, 『방언이란 무엇인가: 방언에 대한 다섯 가지 질문과 구속사적·교회론적·예배론적 이해』 (경산: R&F, 2016), 200~219, 특히 219의 "도표 4. 사도시대의 교회와 오늘날의 교회 사이의 불연속성"을 보라.
24. C. Vanderwaal, *Covenantal Gospel* (Neerlandia, AB, CA; Pelia, IA, USA: Inheritance Pub., 1990), 141. 사도들의 독특한 체험의 연속성과 불연속성의 실례로는 권기현, 『예수 그리스도의 사도: 거룩한 한 사도적 공교회 건설을 위한 몇 가지 묵상』 (경산: R&F, 2022), 67~113을 보라.
25. 권기현, 『방언이란 무엇인가』, 198.

무너졌다. 이 때문에 한동안 사람-성전이 돌 성전 안에서 모였다행2:46. 두 개의 성전이 함께 존재하던 시기다.[26] 이 시기의 특성을 간과하면 안 된다.

(2) 사역의 장소: 이스라엘과 이방 세계

공관복음서에서 예수님의 주 사역 무대는 갈릴리와 (예루살렘을 포함한) 유대 땅이다. 공생애 초기에는 갈릴리에서 주로 활동하시다가 후기에는 유대 땅으로 건너가 예루살렘에 가서 죽으신다.[27] 부활하신 예수님께서 갈릴리의 한 산에서 열한 제자를 만나 말씀하시는 장면은 마태복음의 독특한 기록이다. 마태복음에서 예수님의 공생애는 갈릴리에서 시작하여 갈릴리에서 마친다. 갈릴리는 유대인들이 사는 땅이라는 점에서 언약 중심적이다. 동시에 유대 땅, 특히 예루살렘과 멀리 떨어져 있다는 점에서 언약 세계의 경계다. "이방의 갈릴리"마4:15; 참고. 사9:1로 불린다는 점에서 이방 세계를 겨냥하는 출발점이다.

예수님께서는 웬만해선 이방 지역으로 건너가지 않으시지만, 그런 일이 있을 때는 이스라엘의 배교 또는 불신앙과 밀접한 관련이 있다. 공생애는 아니지만, 요셉은 마리아와 아기 예수님을 데리고 이방 애굽으로 피신했다 돌아온다마2:13~23. 예수님께서는 공생애 중 갈릴리 맞은편 데가볼리 지역의 가다라[28]에 가서 군대 귀신 들린 자를 고치신 후 돌아오신다마8:28~9:1. 또한 두로와 시돈 지방으로 가서 가나안 여인의 딸을 고치신 후 돌아오신다마15:21~29.

---

26. 언약의 중첩기에 관한 좀 더 상세한 설명으로는 Vanderwaal, *Covenantal Gospel*, 133~154; 권기현, 『방언이란 무엇인가』, 196~219, 특히 209, "도표 3. 언약의 중첩기와 특징들"을 보라.
27. 이 점에서 갈릴리와 예루살렘을 여러 번 왕복하는 요한복음의 플롯과 차이가 있다.
28. 막5:1과 눅8:26은 "거라사"로 명명한다.

(3) 사역의 대상: 언약 백성과 이방인

예수님과 사도들이 옛 언약과 새 언약의 중첩기에 활동했으므로 복음서와 사도행전에는 두 종류의 언약 공동체가 존재한다. 예루살렘 성전을 중심으로 한 유대인 중 다수는 옛 언약 공동체에 속한다. 예수님께서는 옛 언약 공동체에서 그분의 백성들을 불러내어 새 언약 공동체를 준비하신다. 물론 이 새 언약 공동체는 오순절 성경 강림을 기점으로 완연히 드러난다. 예루살렘 초대교회가 그 출발점이다. 예수님의 공생애 중에는 예수님과 사도단, 그리고 참 믿음을 갖고 예수님을 좇는 사람들이 오순절 이후에 드러날 새 언약 공동체의 전조다.

이상의 내용을 염두에 둔다면, 예수님께서 여러 마을과 회당을 다니시며 하신 복음 전파와 치료와 축사逐邪를 교회 바깥의 불신자들에게 해야 할 사명으로 곧바로 일반화하는 것은 이런 특징을 간과한 것이다(물론 유비와 확장의 원리로 적용할 수 있다 하더라도 말이다). 예수님께서는 자신뿐 아니라 사도들에게조차 이방인에게 가서 이런 사역을 하는 것을 금지하신다마10:5~6. 이방인에게 가라는 공적 명령은 부활 이후, 즉 마태복음의 결론부에 가서야 주어진다마28:18~20.[29]

그러나 놀랍게도 예수님에 대한 유대인들의 반응은 매우 불신앙적인 반면, 이방인들은 자주 긍정적으로 또는 중립적으로 묘사된다. 특히 동방에서 온 박사들마2:1~12, 두 명의 백부장마8:5~13; 27:54, 가나안 여인마15:21~28은 유대인들의 불신앙과 대조된다.

요약하자면, 예수님과 사도들의 사역은 옛 언약 공동체, 즉 유대인에게 집중

---

29. "모든 족속"(한글개역), "모든 민족"(한글개역개정)으로 번역된 "πάντα τὰ ἔθνη"에서 'ἔθνος'는 마태복음에서 단 한 번의 예외 없이 '이방인' 또는 '이방 족속'을 의미한다(4:15; 6:32; 10:5, 18; 12:18, 21; 20:19, 25; 21:43; 24:7, 9, 14; 25:32; 28:19). W. Bauer, *A Greek-English Lexicon of the New Testament and Other Early Christian Literature*, trans. and ed. by W. F. Arndt and F. W. Gingrich, *Griechisch-Deutsches Wörterbuch zu den Schriften des Neuen Testaments und der übrigen urchristlichen Literatur*, 2nd ed. (Chicago: The University of Chicago Press, 1979), 276~277.

된다. 그들 가운데서 새 언약 공동체에 속할 자들을 부르는 사역이다. 이는 같은 유대인이라도 양편으로 갈리게 만든다참고. 마10:34~39. 그리고 마침내 부활하신 예수님께서 사도들에게 이방인 선교를 명하시는 장면으로 마태복음이 끝난다. 이는 놀라운 반전이다. 이후 사도행전에서 옛 언약 공동체유대인와 새 언약 공동체교회의 대립 관계가 본격적으로 심화된다.[30]

3. 마태복음에 나타난 교회의 공공성

(1) 마태복음의 구조와 핵심 주제

마태복음이 "다윗의 자손ὁ υἱὸς Δαυίδ"[31], 즉 '왕βασιλεύς'이신 예수님을 강조한다는 점에는 큰 이견이 없다. 마태복음은 예수님을 ① 이스라엘유대인의 왕, ② 약속된 왕, ③ 그리고 (이스라엘[유대인]에 의해) 거절당하시는 왕으로 묘사한다.[32]

마태복음의 플롯plot과 전체 구조에 대해서는 일치된 견해가 없으며, 이 짧은 논문에서 이를 상세히 다룰 필요는 없다.[33] 마태복음은 크게 다섯 편의 강화discourse와 기사가 교차적으로 나타나며, 그 전체는 수미쌍관 구조inclusio를 보인다.[34]

---

30. 이 양쪽 공동체의 병행과 대결은 권기현, 『방언이란 무엇인가』, 203, "그림 7. 사도행전에 나타난 두 언약 공동체"를 참고하라.
31. 마1:1; 9:27; 12:23; 15:22; 20:30~31; 21:9, 15; 22:42.
32. 세 가지 하위 주제에 대한 좀 더 상세한 설명과 학자들의 다양한 자료는 권기현, "공관복음서의 고난: 마태복음 중심", 『고난과 선교, 어떻게 설교할 것인가?』, ed. by 한국동남성경연구원, 본문과 설교 No. 12 (서울: SFC, 2021), 142~144를 보라.
33. 마태복음의 구조에 대한 좀 더 상세한 설명으로는 권기현, "고난", 144~146을 보라.
34. 수미쌍관의 중심을 16:13~17:13으로 본 연구도 있으나, 여기서는 설명하지 않는다. S. J. Kidder, "Christ, the Son of the Living God: The Theme of the Chiastic Structure of the Gospel of Matthew", *JATS* 26 (2015): 149~170.

A. 새 다윗왕이시며, 참 이스라엘이신 예수님의 오심(1~4장)

  B. 산상수훈: 새 이스라엘 호출(5~7장)

    C. 왕의 권세와 능력: 이적들과 교훈들(8~9장)

      D. 왕의 대사들열 두 사도에게 주시는 교훈:

        옛 이스라엘을 새 이스라엘로 복속시키기 위한 권세와 메시지(10장)

        E. 적대: 왕에 대한 옛 이스라엘의 거절과 도전,

          그리고 소수의 참 백성들(11~12장)

        F. 하나님 나라왕국의 비유들(13장)

        E′. 적대: 왕에 대한 옛 이스라엘의 거절과 도전,

          그리고 소수의 참 백성들(14~17장)

      D′. 왕의 대사들에게 주시는 교훈:

        새 이스라엘, 즉 교회에게 주시는 권세와 메시지(18장)

    C′. 왕의 권세와 능력: 이적들과 교훈들(19~23장 또는 19~22장)

  B′. 감람산 강화: 옛 이스라엘에 대한 심판(24~25장 또는 23~25장)

A′. 새 다윗왕이시며, 참 이스라엘이신 예수님의 성취(26~28장)

(2) 마태복음에 나타난 교회의 공공성

1) 새 다윗왕이시며, 참 이스라엘이신 예수님의 오심1~4장

2장에는 이스라엘과 이방 세계의 반응이 대조되는데, 크게 세 부류가 등장한다.

첫째, 헤롯과 유대인 종교 지도자들이다. 헤롯은 그리스도의 탄생에 적대적이며, 그를 죽이려 한다. 헤롯이 소집한 "모든 대제사장과 백성의 서기관들"4절, 즉 '공회산헤드린'는 그리스도의 탄생지를 겨우 알아내지만, 그에게 경배하려는 자세가 없다. 그들의 이런 태도는 동방에서 온 박사들의 태도와 대조된다. 이들은 배교한 옛 언약 공동체의 단면이자 축소판miniature이다. 예수님과 사내아이들을 죽이는 헤롯과 하수인들은 그 옛날 모세와 히브리 사내아이를 죽이려고 시도한 바로와 애굽인들과 병행한다.[35] 애굽에서 돌아온 요셉이 유대 땅으로 가지 못하고 갈릴리 나사렛에 머물러야 할 정도로 이들은 위협적이다.

둘째, 요셉과 아기 예수님의 어머니다. 요셉은 하나님의 계시를 받아 아기 예수님과 어머니 마리아를 보호하며 애굽으로 피신한다. 이 작은 무리는 옛 언약 공동체 안에서 참 믿음을 가진 소수의 백성이다.

셋째, 이방인인 박사들μάγοι과 이방 지역인 애굽이다. 동방에서 온 박사들은 바사의 제사장 또는 바빌로니아 점성술사일 가능성이 있다. 중요한 것은 그들이 별을 보고서 "유대인의 왕으로 나신 이"2:2에게 경배하기 위해 왔다는 점이다. 이는 발람의 예언민24:17과 무관하지 않을 것이다.[36] 그들은 아기 예수님께 예물을 바치고 경배한다. 그리고 꿈에 헤롯에게로 가지 말라는 계시를 받고 순종한다. 이방 지역인 애굽은 아기 예수님과 남은 자들의 임시 피난처가 된다.

2장에서 헤롯 일당은 출애굽기의 바로와 애굽 역할로 바뀌어 있다. 예수님과 육신의 부모는 모세 가족의 역할이다. 이스라엘을 떠나 애굽으로 가는 것이 마치 출애굽처럼 묘사된다15절. 이스라엘이 애굽이 되었기 때문이다참고. 계11:8. 반대로 이방인 박사들과 애굽은 긍정적으로 묘사되거나 최소한 중립적이다.

3장에서 유대 지도자인 사두개인과 바리새인은 "독사의 자식들"이다3:7; 참고. 창3:15. 세례 요한과 예수님의 대적은 참 신앙을 저버린 이스라엘과 그들의 지

---

35. W. Hendriksen, *The Gospel of Matthew, NTCWH* (Edinburgh: Banner of Truth Trust, 1974), 178~179; R. T. France, *The Gospel of Matthew, NICNT* (Grand Rapids, MI: Eerdmans, 2007), 76~81; D. C. Allison, *The New Moses: A Matthean Typology* (Minneapolis: Fortress, 1993), 141.

36. W. D. Davies and D. C. Allison, *A Critical and Exegetical Commentary on the Gospel according to Saint Matthew: Commentary on Matthew 1-7*, Vol. I, *ICC* (Edinburgh: T & T Clark, 1988), 230~231; T. T. Maalouf, "Were the Magi from Persia or Arabia?," *BS* 156 (1999): 426~428.

도자들이다.

예수님께서 가르치시고, 전파하시고, 치유하시는 사역4:23-24을 불신 세상을 향한 교회의 공공 사역—특히 의료 선교를 통한 전도—으로 곧바로 연결하기에는 무리가 있다. 그 사역의 대상이 언약 백성이기 때문이다. 공생애에서 예수님의 최우선 관심은 언약 공동체 안에 속한 백성이다참고. 10:5-6. 복음을 듣고 배워야 할 최우선 대상은 언약 백성이다. 치유가 필요한 최우선 대상 역시 언약 백성이다.

다른 한편으로, 예수님께서 갈릴리 가버나움에 계시는 것과 거기서의 사역은 "이방의 갈릴리"에 빛이 비취는 것과 같다4:12-17; 참고. 사9:1-2. 북 왕국이 앗수르에 멸망B.C. 722함으로써 그곳 거민들의 혈통이 이방인과 섞여버렸고, 온갖 이방 종교가 만연하게 되었다참고. 왕하17장. 따라서 갈릴리는 가나안 땅이며 (혈통이 섞인 사마리아와는 달리) 유대인들이 사는 지역임과 동시에 "이방 세계"를 암시하는 이중성을 지닌다.[37]

2) 산상수훈과 감람산 강화: 새 이스라엘 호출5-7장과 옛 이스라엘 심판23-25장

마태복음에서 '산 모티브mountain motif'[38]는 모형론적으로 중요하다. 특히 산상수훈은 토라에 기록된 시내 산 언약, 그리고 선지자들의 종말론적 예언과 맞닿아 있다.[39]

---

37. 이는 선지자 이사야가 "이방의 갈릴리"(사9:1-2) 바로 다음 문맥에서 다윗—이스라엘뿐 아니라 이방 세계까지 포섭한—의 왕좌를 잇는 메시아(사9:6-7)를 예언한 것과 무관하지 않을 것이다. Davies and Allison, *Matthew 1-7*, 379~380; France, *Matthew*, 142~143.

38. 4:8; 5:1, 14; 14:23; 15:29; 17:1; 21:1; 24:3; 28:16.

39. G. Lohfink, *Jesus and Community: The Social Dimension of Christian Faith*, trans. by J. P. Galvin, *Wie Hat Jesus Gemeinde Gewollt: Zur Gesellschaftlichen Dimension des Christlichen Glaubens* (London: SPCK, 1985), 36; R. H. Gundry, *Matthew: A Commentary on His Handbook for a Mixed Church under Persecution*, 2nd ed. (Grand Rapids, MI: Eerdmans, [1982] 1994), 65~66; France, *Matthew*, 157; Allison, *Moses*, 172~191; W. J. Baxter, "Mosaic Imagery in the Gospel of Matthew," *TJ* 20 (1999): 74~75; K. L.

출애굽 한 백성들—이스라엘과 중다한 잡족—이 시내 산 아래 모여 대기한다. 이스라엘의 대표인 칠십 장로는 산 중턱까지 올라간다. 모세는 산꼭대기에 올라가 율법을 가지고 내려온다출19-24장. 산상수훈 역시 이와 같은 그림이다. 이스라엘 전역에서 모여든 사람들이 산 아래 모인다4:25. 마치 그들의 대표인 것처럼 제자들[40]이 예수님께 더 가까이 나아온다. 산 위에 앉으신 예수님께서는 마치 새 모세이신 것처럼 새 율법을 선포하신다5:1.

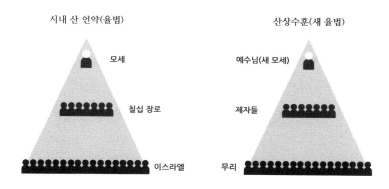

<그림 2> 시내 산 언약과 산상수훈

모세/시내 산 모티브는 구속사의 진전에 따라 다윗/시온 모티브로 발전하며,[41] 이사야사2:1~4와 미가미4:1~4의 종말론적 시온 예언으로 이어진다. 이런 배경 위에서 산상수훈은 새 모세이신 예수 그리스도에서 시작하여 그분을 따르는 신

Sparks, "Gospel as Conquest: Mosaic Typology in Matthew 28:16-20," *CBQ* 68 (2006): 659~660.
40. 사도단 임명(10:1~4) 이전이므로 5:1의 "제자"의 수가 열둘보다는 더 많았을 것이다(참고. 눅10:1).
41. 시68편과 78편을 보라. 또한 H. J. Kraus, *Psalms 60-150: A Commentary*, trans. by H. C. Oswald (Minneapolis: Fortress, 1993), 129~130; P. J. Leithart, *A Son to Me: An Exposition of 1 & 2 Samuel* (Moscow, ID: Canon, 2003), 26; J. B. Jordan, *Through New Eyes: Developing a Biblical View of the World* (Brentwood, TN: Wolgemuth & Hyatt, 1988), 221~238; T. L. Donaldson, *Jesus on the Mountain: A Study in Matthean Theology*, JSNTSup 8 (Sheffield: JSOT, 1985), 30~50; P. W. L. Walker, *Jesus and the Holy City: New Testament Perspectives on Jerusalem* (Grand Rapids, MI: Eerdmans, 1996), 47을 보라.

앙 공동체로, 그리고 열방으로 확장되는 하나님 나라 복음의 공공성을 담지한다. <그림 3>에서 볼 수 있듯이, 이는 예수님에서 시작하여 교회로, 그리고 교회에서 세상으로 확장되는 동심원 구조를 보여준다.

<그림 3> 시내 산 언약과 산상수훈에 나타난 동심원 구조

그러므로 (비록 신약 교회가 아직 시작되지는 않았으나) 산상수훈은 교회가 어떻게 세상을 향해 나아갈지 보여주는 청사진과 같다. 팔복5:3~12은 예수님을 따르는 공동체가 이 세상과 전혀 다른 방식으로 빛과 소금의 기능5:13~14을 한다는 사실을 보여준다. "산 위의 동네"5:14는 종말론적 예루살렘/시온을 가리키는 선지자의 숙어다사2:1~4; 미4:1~4.[42] 예수님을 따르는 새 공동체는 "산 위의 동네", 즉 종말론적 '시온예루살렘'이다<그림 4>를 보라. 주기도문6:9~13은 아들을 통해 아버지와의 새 관계를 정립하고, 그분의 백성들은 거룩과 용서와 사죄를 통해 하나님 나라가 땅위에 임하며 온 세상에 확장되게 한다.[43] 산상수훈 전반에 걸쳐 선포되는 십계

42. Lohfink, *Community*, 63~70, 170~176.

43. N. T. Wright, *Jesus and the Victory of God* (Minneapolis: Fortress, 1996), 292~294; idem, *The Lord and His Prayer* (London: SPCK, 1996), passim.

명의 재해석과 적용은 바리새인과 서기관들의 위선과 대조될 뿐 아니라 모세의 율법보다 더 진전된 의義를 현장화하는 원리다.[44]

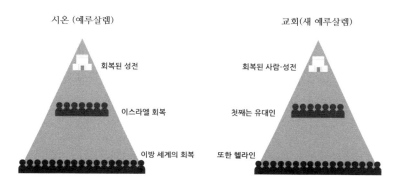

시온 (예루살렘)
회복된 성전
이스라엘 회복
이방 세계의 회복

교회(새 예루살렘)
회복된 사람-성전
첫째는 유대인
또한 헬라인

<그림 4> 이사야와 미가의 종말론적 시온 예언과 신약의 성취

　마태복음의 플롯에서 산상수훈과 감람산 강화는 서로 대칭과 대조, 그리고 병행을 이룬다. 예수님께서 앉아 말씀하신 것5:1~2과 대조하여 서기관들과 바리새인들이 "모세의 자리"에 앉아 있다23:2. 팔복과 대조되는 일곱 화禍 또는 (일부 사본에 따라) 여덟 화禍가 선포된다23:13~36. 옛 언약 세계의 중심이요 상징인 예루살렘 성전이 파괴됨으로, 제사장 나라의 본질을 상실한 옛 언약 공동체에 임할 심판이 예고된다24장.

　이 사실은 사도들과 새 언약 공동체에도 큰 경고가 된다24:42~25:46. 이 경고로 주어진 비유 중 마지막인 '양과 염소 비유'의 내용이 의미심장하다. 이 양쪽을 판가름하는 기준은 예수님께서 형제라 부르는 자 중 지극히 작은 자 한 사람에게 한 행위다40, 45절.[45] 감람산 강화의 마지막은 산상수훈의 마지막과 병행한다.

---

44. 산상수훈에 나타난 복음의 공공성에 대한 더 상세한 설명으로는 송영목, 『교회의 공공성』, 33~55를 보라.
45. 이는 행위 구원을 의미하지 않는다. 또한 이 "작은 자", 곧 예수님의 "형제"는 마태복음 전체 플롯에서 사도의

즉 행함이 있는 믿음이다. 반석 위에 건축되는 집교회은 무너지지 않으며7:24~25; 16:18, 모래 위에 건축된 집―마태복음의 플롯에서 예루살렘 성전으로 대표되는 옛 이스라엘―은 마침내 무너진다7:26~27; 24장. 옛 언약 공동체인 유대 민족의 불신앙과 실패는 "모든 민족에게πᾶσιν τοῖς ἔθνεσιν, 직역: 모든 이방인에게" 복음이 증거되는 전환점이다24:14.

오늘날 한국 교회는 기성 교회의 안과 밖만을 대조하는 경향이 있다. 그러나 마태복음의 주된 대조는 예수님과 사도들을 중심으로 한 작은 공동체새 이스라엘와 불신앙으로 대적하며 심판받는 옛 이스라엘이다. 이방 세계는 이쪽 또는 저쪽 편으로 기울 수 있다.[46] 제사장 나라 본연의 자태를 잃어버린 교회는 이방 세계에 빛을 비추지 못하고 심판받는다. 반대로 참 믿음으로 순종하는 백성들은 박해와 고난과 역경을 견딘다. 심판받는 옛 언약 공동체, 박해와 고난을 견디는 새 언약 공동체, 그리고 선교의 대상인 이방 세계가 24장에서 나타난다.

세상의 불신자들은 본질적으로 죄와 사망의 권세 하에 있다. 그렇다고 해서 세속 국가와 공직자들, 그리고 불신자들의 세계가 교회의 주된 대적은 아니다. 그들은 박해자 또는 조력자이며, 구속자의 무대와 배경이다. 마태복음에서―더 나아가 공관복음서와 신약성경 전체에서―교회의 주된 대적은 언약 공동체 밖이 아니라 안에 있다. 복음의 본질을 방해하고 저해하는 배교한 자들과 그들의 세력이다. 열방의 제사장 나라, 산 위의 동네가 되어야 할 공교회성Catholicity을 파괴하는 세력이다.

사역과 무관하지 않을 것이다(참고. 10:40~42; 12:46~50; 18:1~14; 25:40; 28:10).

46. 롬13:1~7; 딤전2:1~2; 벧전2:13~17에서 세속 국가의 공직자들은 주로 교회의 보호자다. 살전2:14; 계13:1~10; 17:3에서 그들은 교회의 박해자다. 16세기 개혁자들 역시 참 교회와 거짓 교회의 대결 가운데서 세속 국가와 공직자들은 박해자 또는 조력자의 역할을 한다고 보았다.

3) 왕의 권세와 능력: 이적들과 교훈들8~9장; 19~22장

8~9장에는 예수님께서 행하신 열 개의 이적이 기록되어 있다. 각각 세 개의 사건과 짧은 마무리 단락으로 구성되어 있다8:1~22; 8:23~9:17; 9:18~38.[47] 그중 아홉은 질병, 귀신들림, 사망 등의 문제를 포함한 치유 이적이고, 나머지 하나는 자연 만물을 다스린 이적이다.

여기서 주의할 점이 있다. 이 이적들의 재현을 교회의 사명이나 공공성으로 곧바로 적용하기에는 무리가 있다. 이 이적들은 예수님께서 "하나님의 아들"8:29, "다윗의 자손왕"9:27임을 가시화하는 증거이기 때문이다. 은사주의는 이를 간과한 결과다. 오히려 중요한 것은 '이 이적들을 통해 예수님께서 무엇을 하고 계시는가?'이다.

나병환자8:2~4, 이방인8:5~13, 혈루증 여인9:20~22은 부정하다. 큰 지진$\sigma\epsilon\iota\sigma\mu\acute{o}\varsigma$ $\mu\acute{\epsilon}\gamma\alpha\varsigma$, 24절, 직역 가운데 있는 제자들8:23~27, 특히 25절[48]과 직원의 죽은 딸9:18~19, 23~25은 사망의 권세 앞에서 철저히 무력하다. 귀신 들린 자들8:28~34; 9:32~33은 사탄의 압제 아래 있다. 베드로의 장모8:14~15와 두 맹인9:27~31은 질병과 육체의 장애 가운데 있다. 질병과 육체의 장애 양쪽 모두를 경험하는 사람은 중풍병자9:1~8인데, 그는 질병으로 대변되는 죄의 권세 아래 있다. 그래서 질병과 육체의 장애에서 해방되기 전에 '죄 사함'의 선포를 먼저 들어야 한다. 마태복음은 '공식 인용구formula quotation'를 사용하여 예수님의 축사逐邪와 치유 사역을 다음과 같이 해석한다.

---

47. Davies and Allison, *Matthew 1-7*, 67. 일곱 번째(직원의 딸 살림)와 여덟 번째 이적(혈루증 여인 치유)은 한 사건 안에서 발생한 두 이적이다.
48. 마태복음에서 세 번의 "지진($\sigma\epsilon\iota\sigma\mu\acute{o}\varsigma$)"이 발생하는데(8:24; 27:54; 28:2), 세 번 모두 사망의 권세를 깨뜨리는 부활 주제와 관련된 기사이다. 권기현, "고난", 158~159.

"¹⁶저물매 사람들이 귀신 들린 자를 많이 데리고 예수께 오거늘 예수께서 말씀으로 귀신들을 쫓아내시고 병든 자들을 다 고치시니 ¹⁷이는 선지자 이사야를 통하여 하신 말씀에 우리의 연약한 것을 친히 담당하시고 병을 짊어지셨도다 함을 이루려 하심이더라"8:16~17; 참고. 사53:4

예수님의 이적들은 부정不淨, 사망, 사탄, 그리고 질병으로 대변되는 죄를 짊어지고 제거하는 메시아의 사역이다.[49] 이는 교회의 공공성에 중요한 실마리를 제공해준다. 그리스도를 따르는 교회는 부정과 사망, 사탄과 죄로부터 그들을 정결케 하는 복음으로 연약한 자를 부둥켜안고 돌본다. 이는 기적의 재현을 강조하는 은사주의나 가난하고 병든 자를 복음의 최우선 대상으로 여기는 사회복음주의를 넘어 교회가 지녀야 할 출발점이다.

8~9장의 주된 내용이 이적들을 통해 드러나는 왕의 권세와 능력이라면, 19~22장의 주된 내용은 말씀과 논쟁을 통해 드러나는 왕의 권세와 능력이다.

언뜻 보기에 19장에서 다루는 주제들—혼인, 이혼, 금욕3~12절, 아이들13~15절, 재물16~26절—은 공통점이 없는 것 같다. 그러나 그것들은 모두 29절에서 하나가 되는데, 곧 이스라엘 민족이 시작된 이래 가장 중요한 주제인 '땅'과 '씨'다. 이 두 가지는 하나님께서 선조에게 주신 약속[50]으로, 이스라엘이 절대 포기해서도, 포기할 수도 없는 것들이다. 이 두 가지를 포기하는 것은 배교 행위다. 그러나 예수님께서는 그분을 따르는 자들이 가족과 친족씨, 그리고 소유땅를 버려야 한다고 말씀하신다. 새 이스라엘에게 새 가족과 새 기업이 약속되기 때문이다. 이는 사도행전에서 현실이 된다. 세례받은 자들이 하나님의 자녀가 되어 새 가족

---

49. R. E. Watts, "Messianic Servant or the End of Israel's Exilic Curses?: Isaiah 53.4 in Matthew 8.17," *JSNT* 38 (2015): 81~95; 권기현, "고난", 150~151.
50. 창12:1~3; 13:14~17; 15:4~7, 18~21; 17:4~8; 22:17~18.

이 되며, 땅을 팔아서 사도들의 발 앞에 가져온다. 이로써 가족과 소유가 재정의 redefinition된다.[51] 오늘날의 교회는 세례와 성찬이 새 가족의 표임을 보여주고 있는가? 헌금/연보가 연약한 자들을 위한 구제와 자선의 용도로 지출되는가? 세상에서는 혈통, 학연, 지연을 중심으로 교제가 이루어진다. 그러나 교회/그리스도인은 그리스도의 피가 이보다 더 큰 결속을 만들어낸다는 사실을 스스로 확인하며, 세상 가운데서도 보여줘야 한다.

'포도원 품꾼 비유'20:1-16는 하나님 나라의 자비와 평균케 하는 원리를, '천국에서 큰 자'20:17-28 교훈은 "이방인 집권자들"20:25의 방식과는 전혀 다른 제자도를 보여준다. 왕 같은 제사장인 교회는 자비와 섬김을 통해 통치권을 발휘해야 한다. 그렇지 않고 직분자들이 교권을 남용하고, 교회가 섬김보다는 세속 권력과 특권을 추구하는 행태는 교회의 공공성을 심각하게 훼손한다.

예수님께서 나귀에 올라타고 예루살렘에 입성하시는 장면21:1-11은 통치와 섬김이라는 양면성을 보여준다. 그는 "다윗의 자손"21:5, 9, 즉 이스라엘의 왕이시므로 찬송과 경배를 받으신다. 동시에 그는 군마軍馬가 아닌 나귀에 올라타심으로 겸손과 섬김으로 참된 평화를 가져오는 왕이시다21:4-5; 참고. 슥9:9. 이는 그분을 좇는 교회가 보여야 할 참된 자세다. 즉 교회는 섬김과 희생을 통해 통치권을 발휘하며 참된 평화를 가져와야 한다.

예루살렘에 입성하신 예수님께서는 두 가지 상반된 일을 행하신다. 하나는 성전 숙정21:12-13이며, 다른 하나는 장애인을 치유하고 어린아이의 찬양을 변호하신 일이다21:14-17. 성전 숙정에서 인용된 두 구절렘7:11; 사56:7은 한편으로는 제사장 나라인 이스라엘의 멸망을, 다른 한편으로는 이방인과 장애인을 하나님 왕국 백성의 미래로 삼으신다는 의미를 내포한다. 이스라엘은 넘어지고, 경건

---

51. Lohfink, *Community*, 39~44; Wright, *Victory*, 398~405.

한 이방인과 장애인, 그리고 어린아이들이 예배자가 된다. 예루살렘 입성 후의 각종 논쟁과 비유들21:18~22:46은 이 주제를 공유한다. 원래 백성이던 이스라엘은 쫓겨나고, 언약의 외인들이 그 자리를 차지한다. 제사장 나라의 정체성을 잃어버린 이스라엘과 마찬가지로, 공교회성Catholicity을 잃어버린 교회는 공공성 publicity을 상실한다.

4) 왕의 대사들에게 주시는 교훈10장; 18장

10장에서야 비로소 열두 사도가 임명된다. 사도단에게 주어진 임무는 천국 복음 전파와 함께 치유와 축사逐邪 사역이다1, 7~8절. 여기서 두 가지 요점을 간과하지 말아야 한다.

첫째, 예수님 자신뿐 아니라 사도단 역시 (언약의 외인[外人]이 아니라) 오직 언약 백성에게만 보냄을 받는다. 예수님께서는 유대인의 각 마을을 찾아가시며 회당에서 이 일을 행하신다9:35. 사도단에게는 더욱 명시적인 금지조항이 시달되는데, "이방인의 길"이나 "사마리아인의 고을"로 가는 것이 금지되며 "이스라엘 집의 잃어버린 양"에게 파송된다10:5~6.

둘째, 예수님께서는 천국 복음과 함께 치유와 축사逐邪가 필요한 자들을 가리켜 "목자 없는 양"9:36이라고 부르신다. 10장 6절과 15장 24절에 의하면, 이들은 언약 백성인 이스라엘을 가리킨다. 요점은 '예수님께서는 왜 이런 표현을 사용했는가?'이다. 그 배경은 민수기 27장 17절[52]인데, 이는 모세가 죽은 후 이스라

---

52. "목자 없는 양" 모티브는 삼하5:2; 왕상22:17; 대상11:2; 대하18:16; 시78:68~71; 겔34:5, 23~24; 슥10:2~3; 11:16 으로 발전하면서 종말론적 메시아 대망으로 이어진다. D. H. Johnson, "Shepherd, Sheep," *DJG*: 751~754; W. D. Davies and D. C. Allison, *A Critical and Exegetical Commentary on the Gospel according to Saint Matthew: Commentary on Matthew 8-18*, Vol. II, *ICC* (Edinburgh: T & T Clark, 1991), 47~48; Allison, *Moses*, 213~215; France, *Matthew* (2007), 372~373; C. L. Blomberg, *Matthew*, *NAC* (Nashville, TN: Broadman, 1992), 166.

엘의 상태를 묘사한 표현이다. 구원자/중보자 모세는 출애굽과 광야 생활 중 이스라엘의 목자였다. 그가 없는 이스라엘은 "목자 없는 양"과 같다. 이제 모세보다 더 큰 구원자/중보자가 와서 말씀과 이적들을 통해 새 출애굽을 가져오고 있다. 그러나 그를 알아보지 못하는 언약 백성 이스라엘은 질병과 귀신 들림으로 대변되는 '부정', '죄', '사망', '사탄'의 압제 아래 신음하고 있다. 그러므로 "목자 없는 양"은 물리적인 범주—질병, 장애, 정신질환, 귀신들림—를 넘어선다. 마태복음에서 "목자 없는 양"9:36; 10:6; 15:24은 언약의 외인까人이 아니라 언약 공동체 안에 있으나 그리스도를 알아보지 못하는 자들이다.

한국 교회의 공공성은 가장 먼저 언약 백성인 교인들을 회복하는 사역에서부터 출발해야 한다. 이를 통해 그들은 언약의 외인을 돌보고 치유하는 사역으로 나아갈 힘을 얻을 것이다. 예수님 당대 이스라엘은 "목자 없는 양"과 같다9:36. 예수님께서는 그들을 위해 "일꾼"9:37-38, 즉 사도들을 세우신다10:1-4. 사도단을 이방인이 아닌 "이스라엘 집의 잃어버린 양"에게 먼저 보내신다10:5-6. 언약 공동체의 공교회성Catholicity이 회복될 때, 비로소 교회는 공공성publicity의 근거를 확보한다. 이는 복음서의 유대인 중심 사역에서 사도행전의 이방인 중심 선교로 확장되는 구속사적 진전의 실제적 적용이 될 것이다.

10장에 언급되는 세 부류의 공동체가 이를 좀 더 선명하게 해준다. 첫째는 예수님과 사도들로 구성된 새 언약 공동체다. 이들은 먼저 옛 언약 공동체인 유대인에게 가서 복음을 전하며 그들을 치유한다. 둘째는 "목자 없는 양"인 옛 언약 백성이다. 이들 대부분은 사도들을 박해하며, 공회συνέδριον에 넘겨주고, 회당 συναγωγή에서 채찍질한다17절. 또한 사도들을 이방 통치자들에게 끌고 간다18절. 이들은 박해의 주체다21~23절. 실제로 이런 일이 이후에 사도행전에서 발생한다. 서로 원수가 되는 가족, 그래서 분열되는 가정34~39절은 문맥 안에서 유대인을 가리킨다. 그리스도인이 된 유대인은 그리스도를 부인하는 자기 가족에게 원수

취급을 받을 것이다. 그리스도와 사도들을 거절하는 유대인들은 소돔과 고모라보다 심판을 견디기 힘들다15절. 셋째는 이방인, 특히 집권자들이다18절. 언약의 외인인 이들은 박해의 주체가 아니다. 유대인들이 사도와 그리스도인들을 그들에게로 끌고 올 것이다. 이방인 집권자들이 끌려온 자들의 박해자가 될지 보호자가 될지는 이 장에서 언급하지 않는다.

예수님께서 사도단을 이방인보다 유대인에게 먼저 파송하며 선포하신 이 말씀은 의미심장하다. 말씀을 거절하는 교회의 범죄가 불신자들이 범하는 죄보다 크고 중하다. 불신자가 전도지를 집어던지는 것보다 교인이 설교를 거절하는 죄가 더 무겁다. 공직자가 국민에게 거짓말하는 것보다 설교자가 자기 생각을 하나님의 말씀처럼 전하는 죄가 더 크다. 공직자의 선거 비리보다 부정한 방법으로 교회 직분자를 선출하는 죄가 더 중하다. 검사의 강압 수사와 재판장들의 부도덕한 판결보다 교회 치리회가 저지르는 불공정한 권징이 더 심각한 범죄다. 사업가의 위법과 탈법보다 교인들이 하나님의 계명을 쉽게 저버리는 죄가 더 크다. 사도들은 자기를 보내신 주님을 생각하면서 박해와 고난을 감수해야 한다. 한국 교회의 공교회성Catholicity을 회복하기 원하는 이들 역시 같은 자세를 지녀야 한다. 이것이 세상을 향한 공공성publicity의 기반이다.

마태복음의 플롯에서 두 번째 강화인 사도단 임명과 파송10장은 네 번째 강화인 교회 질서의 원리18장로 연결된다'왕의 대사들에게 주시는 교훈'. 18장은 세 부분으로 구성된다. 첫째 단락은 '누가 크냐?' 논쟁에서 시작하여 '소자를 실족케 하는 죄'를 다룬다1~14절. 둘째 단락은 '교회 권징'의 원리다15~20절. 셋째 단락은 실족한 자가 해야 할 '참된 용서'다21~35절. 첫째 단락이 소자를 실족케 하는 가해자의 죄를 다룬다면, 셋째 단락은 가해자를 용서하지 못하는 피해자의 죄를 다룬다. 둘째 단락은 개인과 교회가 죄의 문제를 해결하는 원리다.

18장 전체 내용은 교회가 세상과 어떻게 구별되는지, 그리고 어떤 자세로 세상으로 나가야 할지를 보여준다. 교회는 외적으로 드러난 피해가 아닌 내면의 범죄까지도 해결하고 극복한다1~14절. 세상의 법이 악한 자의 처벌에 초점을 맞춘다면, 교회는 피해자가 가해자를 용서하는 데까지 이른다21~35절. 하나님께서 죄인을 용서하고 그 빚을 탕감해주셨다는 것이 그렇게 해야 할 출발점이다. 세상에 법원과 재판장들이 있는 것처럼, 교회 안에도 법원과 재판장들이 있다. 전자는 가해자를 정죄하고 법으로 처벌하지만, 후자는 사랑으로 책선하며 그를 회개로 인도한다15~20절. 교회는 세상과 다름을 보여줌으로써 오히려 세상을 압도하며, 천국 복음을 들고 세상에 나가 세상을 품을 수 있다.

5) 적대: 왕에 대한 옛 이스라엘의 거절과 도전, 소수의 참 백성들11~12장; 14~17장, 그리고 왕국의 비유13장

13장을 중심으로 대칭을 이루는 11~12장과 14~17장에서 이스라엘의 반대가 본격화된다. 11장에는 세례 요한이 투옥된 상태며11:2~19, 14장에는 순교한 이후다14:1~12. 의인들과 선지자들을 투옥하고 죽이는 자들은 로마에 빌붙어 이스라엘을 다스리는 헤롯과 졸개들이다. 헤롯은 세례 요한과 예수님의 권위와 능력을 어느 정도 인정하나 회개하지 않는다. 예수님께서 권능을 가장 많이 베푼 마을들은 회개하지 않아 심판 선고를 받는다11:20~24. 유대 종교 지도자—바리새인과 서기관, 사두개인, 장로—들은 안식일, 성전, 축사逐邪, 정결법과 장로들의 전통, 표적 요구 등으로 예수님을 거역하며 도전한다12:1~45; 15:1~20; 16:1~12, 21; 17:10~12, 24~27. 이 주제들은 이스라엘의 정체성을 유지하는 '경계 표지distinctive symbols'다.[53] 유대인 종교 지도자들은 거룩한 율법을 해석하고 가르치며 계승하나 실상은 율법을 범하는 거짓 교사들이다. 요약하자면, 옛 언약 공동체가 전반적으로

---

53. Wright, *Victory*, 386~387.

반역하며 배교하고 있다. 이스라엘의 종교 지도자, 통치자, 그리고 유대인 각 마을과 무리는 모두 예수님을 대적한다. 이스라엘 집의 잃어버린 양에게로 보내심을 받은 예수님께서 잠시 이방 땅―두로와 시돈―으로 가신 것15:21은 이런 배경에서 이해할 수 있다. 이스라엘 안에는 그분이 머리 둘 곳이 없다참고. 8:20는 일종의 행동 계시다.

　같은 유대인이라도 참 믿음을 가진 소수의 무리가 있다. 예수님과 함께한 사도단과 말씀을 깨닫는 자들11:25-30이다. 이들은 예수님의 육신의 가족보다 더 가까운 새 가족이다12:46-50. 여기서도 가족이 재정의redefinition된다.[54] 놀랍게도 참 믿음을 가진 사람 중 이방인이 소개된다. 예수님께서 두로와 시돈 지방을 방문하실 때 자기 딸을 치유해달라고 찾아온 가나안 여인이다15:21-28.[55] 예수님께서는 자신이 "이스라엘 집의 잃어버린 양" 외에는 다른 데로 보내심을 받지 않았다고 말씀하신다15:24. 또한 "자녀"의 떡을 "개들"에게 던지는 것이 합당하지 않다고 말씀하신다15:26. 여기서 "자녀"는 유대인이며, "개들"은 이방인이다. 놀랍게도 여인은 "자녀"의 떡을 탐내지 않는다. "개"에게 허락된 것만을 요청한다. 자녀유대인들이 떡을 거절하는 동안, 개이방인들이 상에서 떨어지는 부스러기를 먹는다. 이런 방식으로 마태복음에서 동방에서 온 박사들2:1-12, 백부장8:5-13, 가나안 여인15:21-28은 이스라엘의 불신앙과 극적으로 대조된다. 그들은 "이스라엘 중에도 없는 믿음"을 가졌으며, 이는 나라의 본 자손들이 쫓겨나고 이방인들이 왕국으로 들어오는 역전 현상의 사례가 된다8:10-12.

　11~12장과 14~17장이 감싸고 있는 왕국 비유13장를 읽을 때, 이런 문맥을 고려해야 한다. 예수님의 왕국 운동은 유대 종교 지도자들의 극렬한 반대에 부딪힌다. 많은 설교와 이적에도 참 믿음을 가진 자들은 적다. 왕국 비유는 이런 반대

---

54. Lohfink, *Community*, 39~44; Wright, *Victory*, 398~405.
55. 막7:26에는 "헬라인이요 수로보니게 족속"이라고 소개된다.

에 부딪히는 예수님의 사역이 (이상한 일이나 실패가 아니라) 하나님 왕국이 이루어지는 정상적인 과정임을 교훈한다.

'씨 뿌리는 자의 비유'3~23절에서 여러 장소에 뿌려진 씨들이 열매 맺지 못하나, 농부는 실패하지 않고 큰 결실을 거둔다. '가라지 비유'24~30, 36~43절에서 가라지는 결국 알곡으로부터 분리되어 불에 던져진다. '겨자 씨 비유'31~32절와 '누룩 비유'33절는 천국의 현재가 미미한 듯 보이나, 그 결국은 왕성할 것을 가르친다. '밭에 감추인 보화 비유'44절와 '진주 비유'45~46절는 왕국의 놀라운 가치를 보여주고, 이를 위한 결단을 요구한다. '그물 비유'47~50절는 의인과 악인이 같은 물, 같은 그물, 같은 그릇에 함께 있으나, 결국에는 그 운명이 갈라질 것을 보여준다. 사도들이 '사람을 낚는 어부'4:19로서 이스라엘 열두 지파를 심판할 자들19:28이므로 그물 비유는 더욱 의미심장하다.[56] 예수님의 비유를 깨달은 사도들은 바리새인과 서기관들을 대체하는 새 서기관들이다. 그들은 새것과 옛것을 그 보물창고θησαυρός, 직역에서 가져오는 집주인이다51~52절.

11~17장에서 예수님과 사도단은 박해받는 자리에 있다. 박해자는 유대인들과 그들의 지도자들이다. 수많은 군중이 예수님을 따라다니지만, 그들 역시 믿음과 무관하다.

> "대답하여 이르시되 천국의 비밀을 아는 것이 너희에게는 허락되었으나 그들에게는 아니되었나니"13:11

문맥 안에서 "너희"는 예수님과 함께 배에 올라탄 "제자들"2, 10절이다. "그들"은 해변에 모여든 유대인의 "큰 무리"2절다. 마태복음을 봉독하고 듣는 교회에

---

56. 구약성경에서 낚시 또는 그물 던지는 행위는 (구원뿐 아니라) 심판 행위다(렘16:16; 겔29:4~5; 47:10~11; 암4:2; 합1:14~17). France, *Matthew*, 147.

게 이 말씀은 경종을 울린다. 함께 설교를 듣지만, 알곡과 가라지가 있다. 씨가 흩뿌려진 것처럼 보이더라도 낙심해서는 안 된다. 복음의 결실이 현재는 미미하게 보여도 결국에 가서는 풍성한 열매를 맺을 것이다. 그러므로 예수님과 사도의 가르침을 좇는 교회/그리스도인은 반대와 실패처럼 보이는 현실에도 인내하며 결단하는 자세를 잃지 말아야 한다. 여러 학자가 겨자씨가 자란 후에 그 가지에 깃든 새들을 이방 세계 및 이방인과 연결한 것은 교회의 공공성을 위한 작은 실마리가 될지도 모른다.[57]

6) 새 다윗왕이시며, 참 이스라엘이신 예수님의 성취26~28장

26장은 예수님의 대적이 유대인 최고 종교 지도자들의 모임인 '공회συνέδριον' 임을 명시한다59절; 참고. 3~5, 14~16, 47, 57절. 그들은 예수님을 죽이려고 사전에 모의하며, 가룟 유다와 내통하고, 치리회로 모여 예수님을 재판한다. 이들은 토라의 가르침에 충실한 척 거짓 증인들을 내세운다60~61절; 참고. 신17:6; 19:15. 옛 언약 공동체이스라엘의 재판과 증인 소환26:60~61은 새 언약 공동체교회의 재판과 증인 소환18:15~20 원리와 병행하며 대조된다. 예수님의 대적들은 강하며 굳게 결속한다. 이에 반해 베드로를 위시한 사도들은 약하며 예수님을 배반한다17~46, 69~75절.

27장은 십자가 죽음 당일이다. 여기서 재판의 주도적 인물은 사형 선고 권한을 가진 이방인 총독 빌라도다. 그는 예수님을 놓으려 하고, 그의 아내 역시 그러하다(물론 이것이 빌라도의 책임을 상쇄하지 않지만 말이다). 반면 유대인 종교 지도자들은 사형을 선고하도록 끈질기게 빌라도를 압박한다1~2, 12, 20, 41, 62절. 그들은 유대인

---

57. C. H. Dodd, *The Parables of the Kingdom* (New York: Charles Scribner's Sons, [1931] 1961), 153~154; J. Jeremias, *The Parables of Jesus*, revised 3rd ed., trans. by S. H. Hooke (London: SCM, 1972), 147; D. Hill, *The Gospel of Matthew, NCBC* (Grand Rapids, MI: Eerdmans, [1972] 1981), 233; Bailey, "The Parable of the Mustard Seed", *BS* 155 (1998): 454. 겔17:22~23; 31:5~6; 단4:10~12, 21~22; 시104:12, 16~17도 참고하라.

무리를 자기편으로 동원하여 빌라도의 마음에 민란 발생 우려까지도 느끼게 한다20, 24절. 지나가는 자들39절과 심지어 예수님과 함께 십자가에 달린 강도들까지도 예수님을 욕한다44절.[58]

이들과 대조되는 소수의 무리가 있다. 먼저 십자가에서부터 장례가 끝날 때까지 지켜보는 여러 여인이 있다25~26절. 그다음, 십자가 옆에 있던 이방인 백부장이 있다. 아이러니하게도 그는 십자가에 달리신 예수님을 "하나님의 아들"이라고 세계 최초로 고백하는 사람이다54절.[59] 마지막으로 예수님을 장사하는 아리마대 부자 요셉이 있다57~60절.

28장은 부활의 날1~15절과 지상대명령16~20절을 다룬다. 유대인 종교 지도자들과 하수인들은 부활을 부인하며 왜곡된 정보를 퍼뜨린다11~16절. 이와 반대쪽에는 부활의 날 새벽에 무덤에 찾아가는 여인들이 있다. 그들은 부활의 주님을 사도들보다 먼저 만난다1~10절.[60] 사도들은 예수님의 "형제들"로 간주되며10절, 그들은 갈릴리의 한 산에서 "모든 이방인$\pi\acute{\alpha}\nu\tau\alpha\ \tau\grave{\alpha}\ \check{\epsilon}\theta\nu\eta$, 직역"을 제자로 삼으라는 명령을 받는다.[61] 28장에서 주목해야 할 몇 가지 요점이 있다.

첫째, 여기서도 세 부류의 사람들이 나타난다. 먼저, 옛 언약 공동체의 지도자들과 백성들이다. 그들은 예수님을 죽이고 부활 이후에도 끝까지 대적한다. 사도단의 일원이던 가룟 유다는 배신하여 그들 편에 서며, 비참한 최후를 맞는다. 다음은 새 언약 공동체에 속한 소수의 무리다. 사도들은 연약하고 예수님을 배신하지만, 다시 부름을 받는다. 여자들은 죽어가는 예수님 곁에 있으며, 죽은

---

58. 이 점에서 두 강도의 반응을 다르게 묘사한 누가복음과 차이가 있다(눅23:39~43).
59. 이 고백이 공포와 두려움에 의한 것인지, 아니면 신앙고백인지는 명확히 알 수 없다. 중요한 사실은 유대인들의 불신앙과 백부장의 고백이 대조되고 있다는 점이다.
60. 1장의 다섯 여인과 28장의 여인들이 대칭되는데, 이들은 구속사의 진전에 기여한다.
61. 지상대명령에 관한 보다 상세한 해석과 적용으로는 권기현, 『선교, 교회의 사명: 성경적인 선교를 생각하다』(경북: R&F, 2012), 14~28을 보라.

그분의 장례를 지켜보며, 부활하신 그분을 다시 만난다. 아리마대 요셉은 용기를 내어 예수님을 장사한다. 마지막으로 몇 명의 이방인이 등장한다. 이방인들의 반응은 다양하다. 그들 중 빌라도는 예수님을 죽이는 편에 서서 사형을 언도하고 집행한다. 빌라도의 아내는 예수님을 살리려 한다. 이방인 백부장은 예수님을 고백한다. 구레네인 시몬은 억지로 예수님의 십자가를 대신 짊어진다.

둘째, "이방의 갈릴리"에서 사역을 시작4:12-17하신 예수님께서는 "갈릴리"의 한 산에서 그분의 공생애를 맺으신다28:16~20. 마태복음에서 예수님과 사도들은 "이스라엘 집의 잃어버린 양"에게 사역하지만, 정작 대다수 유대인은 복음을 거절한다. 한편, 마태복음은 그 시작부터 동방에서 온 박사들 기사를 통해 이방 세계와 이방인들을 암시하며, 공생애 시작에는 "이방의 갈릴리"를 언급하고, 마침내 부활 이후에는 이방 세계와 이방인들에게로 사역의 장소와 대상이 전이transition되는 것으로 끝난다. 마태복음에는 두 명의 백부장이 등장한다. 한 명은 이스라엘 중에도 없는 믿음을 가졌으며8:5-13, 다른 한 명은 십자가에서 죽으신 예수님을 "하나님의 아들"이라고 고백한다27:54.

셋째, 예수님께서 죽으실 때 무덤이 열리고 자던 성도들의 몸이 많이 일어난다27:50-53. 서론부1-4장에서는 수많은 아기가 죽고 예수님만 살아남지만, 결론부26~28장에서는 예수님만 죽고 많은 성도들이 살아난다. 이는 예수님께서 "다윗의 자손" 왕이심과 동시에 하나님의 백성 전체를 대표·대신하는 존재임을 암시한다. 이는 종말론적 새 출애굽과 부활을 결부한 구약 예언의 성취다.[62]

넷째, 마태복음의 마지막28:16~20은 토라의 마지막을 떠올리게 한다.[63] 자기에게 맡겨진 사역을 성공적으로 완수한 모세가 느보 산에 올라 정복할 땅을 바라

---

62. 사26:19(참고. 엡5:14); 겔37장; 단12:2을 보라. Davies and Allison, *Matthew 19-28*, 633~635; France, *Matthew*, 1081~1083.
63. Sparks, "Conquest", 651~663.

보며, 여호수아가 그의 후계자가 된다. 이후 여호수아는 가나안 족속을 몰아내는 정복 전쟁을 수행할 것이다. 자기에게 맡겨진 사역을 성공적으로 완수하신 예수님께서는 갈릴리의 한 산에서 사도들을 만나 복음으로 이방 세계를 정복할 사명을 위임하신다. 그러나 마태복음에서 모세 모형론이 암시적이라면, 다윗 모형론은 훨씬 더 명시적이다. 산상수훈에서 예수님은 마치 새 율법을 가져오는 새 모세와 같다. 그러나 마태복음의 마지막에서 예수님은 새 다윗과 같다. 오래전 성막을 떠난 언약궤를 예루살렘시온에 모신 후, 다윗은 이방 나라들을 정복한다삼하6:1~19; 7:1. 시내 산에서 출발한 성막 시대에서 시온 산으로 옮겨진 다윗과 성전 시대로 전이된다참고. 시78:59~72. 마찬가지로 이제 조금 있으면 예수님을 거절한 옛 언약의 산, 예루살렘/시온 성전은 파괴될 것이다24장. 그 대신 예수님께서는 "이방의 갈릴리"에 있는 다른 산을 선택하신다. 거기서 사도들을 만나 이방 세계를 복음으로 정복하라고 명령하신다. 이로써 새 다윗은 옛 예루살렘/시온 중심의 세계에서 이방인 중심의 세계로 그분의 통치권을 확장하신다. 이스라엘의 왕으로 오신 그분은 온 세계의 왕이시기 때문이다.[64] 따라서 교회는 안으로만 움츠러들어 자기만의 세상을 구축하지 않는다. 그리스도인은 그리스도의 왕권을 드러내기 위해 세상으로 나간다.

4. 나오면서

마태복음은 옛 언약 공동체를 향한 예수님의 사역에 초점을 맞춘다. 마태복음에서 예수님께서는 오로지 이스라엘에만 관심을 두시는 것처럼 보인다. 사도

---

64. 마28:16~20에 나타난 시온 모형론의 더 깊은 설명은 Donaldson, *Mountain*, 170~190을 보라.

들 역시 "이스라엘 집의 잃어버린 양"에게로 보냄을 받는다. 이는 옛 언약 공동체에게 주시는 회개의 시간이며, 새 언약 공동체로 들어올 기회다. 그러나 대다수의 백성과 지도자는 이 기회를 저버리고 회개하지 않는다. 오히려 예수님을 대적하여 죽음에 넘기며, 부활 이후에도 믿지 않는다. 이에 예수님께서는 이들에게 심판을 선고하신다.

예수님과 사도단을 중심으로 한 새로운 공동체가 있다. 이 공동체는 사도행전 이후에 신약 교회를 이룰 것이다. 예수님과 사도들은 옛 언약 백성들에게 나아가 그들을 호출하지만 거절당한다. 이 공동체 앞에는 거절과 박해와 죽음이 있다. 그러나 이는 하나님 왕국의 정상적인 경로이지 실패가 아니다. 왕국 백성은 왕국의 승리를 바라보며 견뎌야 한다. 사도들은 부활하신 예수님을 통해 이방 세계와 이방인들에게 복음을 전할 것을 위임받는다.

이방 세계와 이방인들이 있다. 마태복음에서 이들은 주연이 아니라 조연이다. 반대자의 편에 서는 이도 있으나, 마태복음에 등장하는 이방인들은 대체로 예수님께 호의적인 태도를 보인다. 예수님의 사역은 이들에게 초점을 맞추지 않지만, 어떤 이방인들은 예수님을 찾아와 경배하고 신앙을 고백한다. 부활하신 예수님께서는 마침내 유대인 중심의 세계에서 이방 세계로 촛대를 옮기신다.

옛 언약 공동체는 제사장 나라의 정체성을 상실했다. 새 언약 공동체는 비록 아직은 미약하지만 예수님을 통해 훈련받는다. 이 두 부류를 통해 알 수 있는 것은 교회가 세상 가운데서 '공공성publicity'을 발휘하기 위해서는 새 이스라엘, 왕 같은 제사장으로서 자기 정체성을 분명히 가져야 한다는 점이다. 이른바 '공교회성Catholicity'이다. 은혜의 방편과 표지를 바르게 시행하는 일은 교회가 세속 사회의 광장으로 나아가는 것과 별개의 사안이 아니다. 오히려 이를 위한 기초며, 출발점이다.

불신자들은 전적 타락한 자들이며 본성적으로 하나님의 뜻과 반대편으로 기운다. 그렇다고 해서 교회가 세속 사회와 공직자들, 그리고 불신자들을 원수처럼 취급해서는 안 된다. 이는 전혀 다른 문제다. 오히려 교회가 가장 경계해야 할 것은 교회 안에 있는 대적이다. 말씀과 성례를 왜곡하며, 교회 바깥의 세상을 원수로 보고 대적하는 재침례주의적 맹신이다. 세속 사회와 공직자들, 그리고 불신자들은 때로는 박해자가 되며, 또 때로는 (본성 때문이 아니라 섭리하시는 하나님 덕분에) 조력자가 된다. 그들은 선교의 대상이며, 구속사의 무대다.

교회/그리스도인은 세상 사람들과 구별된 신앙과 삶으로 그들에게 나아가야 한다. 참된 평화는 죄와 사망의 권세에서 해방됨을 통해 온다는 사실을 보여줘야 한다. 혈통과 지연과 학연 중심의 사회보다 믿음으로 세례받은 공동체가 더욱 결속력이 있으며, 진정한 가족임을 보여주어야 한다. 세상의 권력보다 그리스도의 왕권이 우월하며, 소유보다 희생이 더 큰 영향을 준다는 사실을 삶을 통해 증언해야 한다. 박해를 감내하는 인내와 겸손과 사랑으로 그들에게 나아가는 교회/그리스도인은 세상의 권력과 가치관과 문화를 깨뜨리는 정복자다.

약어표

BS	*Bibliotheca Sacra*
CBQ	*Catholic Biblical Quarterly*
DJG	*Dictionary of Jesus and the Gospels*, ed. by J. B. Green, I. H. Marshall and S. McKnight, Downers Grove, IL: Inter Varsity, 1992.
ICC	*The International Critical Commentary on the Holy Scriptures of the Old and New Testament*
JATS	*Journal of the Adventist Theological Society*
JSNT	*Journal for the Study of the New Testament*
NAC	*The New American Commentary*
NICNT	*The New International Commentary on the New Testament*
NTCWH	*New Testament Commentary by William Hendriksen*
TJ	*Trinity Journal*

참고문헌

Allison, D. C. *The New Moses: A Matthean Typology*. Minneapolis: Fortress, 1993.

Bacote, V. E. 『아브라함 카이퍼의 공공신학과 성령』. 이의현·정단비 공역. 서울: SFC, 2019.

Bailey, M. L. "The Parable of the Mustard Seed." *BS* 155 (1998): 449~459.

Bauer, W. *A Greek-English Lexicon of the New Testament and Other Early Christian Literature*. trans. and ed. by W. F. Arndt and F. W. Gingrich. *Griechisch-Deutsches Wörterbuch zu den Schriften des Neuen Testaments und der übrigen urchristlichen Literatur*. 2nd ed. Chicago: The University of Chicago Press, 1979.

Bavinck, Herman. 『헤르만 바빙크의 일반은총: 차별없이 베푸시는 하나님의 선물』. 박하림 역. 군포: 다함, 2021.

Baxter, W. J. "Mosaic Imagery in the Gospel of Matthew." *TJ* 20 (1999): 69~83.

Blomberg, C. L. Matthew, *NAC*, Nashville. TN: Broadman, 1992.

Calvin, J. *Institute*.

Davies, W. D. and Allison, D. C. *A Critical and Exegetical Commentary on the Gospel according to Saint Matthew: Commentary on Matthew 1-7*. Vol. I, *ICC*. Edinburgh: T & T Clark, 1988.

Davies, W. D. and Allison, D. C. *A Critical and Exegetical Commentary on the Gospel according to Saint Matthew: Commentary on Matthew 8-18*. Vol. II, ICC. Edinburgh: T & T Clark, 1991.

Donaldson, T. L. *Jesus on the Mountain: A Study in Matthean Theology*. JSNTSup 8. Sheffield: JSOT, 1985.

Dodd, C. H. *The Parables of the Kingdom*. New York: Charles Scribner's Sons, [1931] 1961.

Engelsma, David J. *Common Grace Revisited: A Response to Richard J. Mouw's He Shines in All That's Fair*. Grandville, MI: Reformed Free Publishing Association, 2003.

France, R. T. *The Gospel of Matthew. NICNT*. Grand Rapids, MI: Eerdmans, 2007.

Gootjes, N. H. 『그리스도와 교회와 문화』. 개혁 신앙 강좌 1. 서울: 성약, 2003 [2008].

Gundry, R. H. *Matthew: A Commentary on His Handbook for a Mixed Church under Persecution*. 2nd ed. Grand Rapids, MI: Eerdmans, [1982] 1994.

Gutierez, G. 『욥에 관하여: 하느님 이야기와 무죄한 이들의 고통』. 성찬성 역. 왜관: 분도, 1990.

_____. 『해방신학』. 성염 역. 왜관: 분도, 2000.

_____. 『해방신학의 영성』. 이성배 역. 왜관: 분도, 2002,

Hendriksen, W. *The Gospel of Matthew, NTCWH*. Edinburgh: Banner of Truth Trust, 1974.

Jeremias, J. *The Parables of Jesus*. revised 3rd ed. trans. by S. H. Hooke. London: SCM, 1972.

Jordan, J. B. *Through New Eyes: Developing a Biblical View of the World*. Brentwood, TN: Wolgemuth

& Hyatt, 1988.

Kidder, S. J. "Christ, the Son of the Living God: The Theme of the Chiastic Structure of the Gospel of Matthew." *JATS* 26 (2015): 149~170.

Kraus, H. J. *Psalms 60-150: A Commentary*. trans. by H. C. Oswald. Minneapolis: Fortress, 1993.

Kuyper, Abraham. 『아브라함 카이퍼의 영역주권: 인간의 모든 삶에 미치는 하나님의 주권』. 박태현 역. 군포: 다함, 2020.

Leithart, P. J. *A Son to Me: An Exposition of 1 & 2 Samuel*. Moscow, ID: Canon, 2003.

Lindberg, Carter. 『유럽의 종교개혁』. *The European Reformations*. 조영천 역. 서울: CLC, 2012.

Letham Robert. 『웨스트민스터 총회의 역사: 웨스트민스터 총회』. *The Westminster Assembly: Reading its Theology in Historical Context*. 권태경·채천석 공역. 서울: P&R, 2014.

Lohfink, G. *Jesus and Community: The Social Dimension of Christian Faith*. trans. by J. P. Galvin. *Wie Hat Jesus Gemeinde Gewollt: Zur Gesellschaftlichen Dimension des Christlichen Glaubens*. London: SPCK, 1985.

Maalouf, T. T. "Were the Magi from Persia or Arabia?" *BS* 156 (1999): 423~442.

Schiler, Klaas. 『그리스도와 문화』. 손성은 역. 서울: 지평서원, 2017.

Sparks, K. L. "Gospel as Conquest: Mosaic Typology in Matthew 28:16-20." *CBQ* 68 (2006): 651~663.

Walker, P. W. L. *Jesus and the Holy City: New Testament Perspectives on Jerusalem*. Grand Rapids, MI: Eerdmans, 1996.

Vanderwaal, C. *Covenantal Gospel*. Neerlandia, AB, CA; Pelia, IA, USA: Inheritance Pub., 1990.

Watts, R. E. "Messianic Servant or the End of Israel's Exilic Curses?: Isaiah 53.4 in Matthew 8.17." *JSNT* 38 (2015): 81~95.

Wright, N. T. *Jesus and the Victory of God*. Minneapolis: Fortress, 1996.

_____. *The Lord and His Prayer*. London: SPCK, 1996.

고려파 역사편찬위원회. 『반고소(反告訴) 고려총회 40년사: 고려와 고신의 역사적인 통합을 기념하여』. 서울: 대한예수교장로회 총회출판국, 2018.

권기현. 『선교, 교회의 사명: 성경적인 선교를 생각하다』. 경북: R&F, 2012.

_____. 『방언이란 무엇인가: 방언에 대한 다섯 가지 질문과 구속사적·교회론적·예배론적 이해』. 경산: R&F, 2016.

_____. "공관복음서의 고난: 마태복음 중심", 『고난과 선교, 어떻게 설교할 것인가?』. ed. by 한국동남성경연구원, 본문과 설교 No. 12. 서울: SFC, 2021, 141~165.

_____. 『예수 그리스도의 사도: 거룩한 사도적 공교회 건설을 위한 몇 가지 묵상』. 경산: R&F, 2022.

김근주. 『복음의 공공성: 구약으로 읽는 복음의 본질』. 파주: 비아토르, 2017.

김승환. 『공공성과 공동체성: 후기 세속 사회의 공공 신학과 급진 정통주의에 관한 탐구』. 서울: CLC, 2021.

김재윤. 『개혁주의 문화관: 교회중심으로 본 카이퍼, 스킬더, 제3의 길』. 서울: SFC, 2015.

김창환. 『공공신학과 교회』. 서울: 대한기독교서회, 2021.

김희성. "마태복음 5장 16절의 '착한 행실': 비기독교 세계와 소통 가능한 성서적 주요 가치에 대한 탐구". 『구약논단』 20 (2014): 13~43.

대한예수교장로회총회 헌법개정위원회 편. 『헌법』. 개정판. 서울: 대한예수교장로회 총회출판국, 2011.

문시영. 『교회의 윤리 개혁을 향하여』. 서울: 대한기독교서회, 2016.

새세대교회윤리연구소 편, 『공공신학이란 무엇인가?』. 성남; 북코리아, 2007.

성석환. 『공공신학과 한국 사회: 후기 세속 사회의 종교 담론과 교회의 공적 역할』. 서울: 새물결플러스, 2019.

손규태. 『하나님 나라와 공공성: 그리스도교 사회윤리 개론』. 서울: 대한기독교서회, 2010.

송영목. 『하나님 나라 복음과 교회의 공공성』. 서울: SFC, 2020.

송인규. 『일반 은총과 문화적 산물』. 서울: 부흥과개혁사, 2012.

신재철. 『불의한 자 앞에서 송사하느냐? 대한 예수교장로회(고신)의 송사 문제에 대한 역사적 고찰』. 미출간 박사학위 논문, 서울: 웨스트민스터신학대학원대학교, 2006.

신인철. "마태복음 10:34-39의 본문 구성과 '검'($\mu\acute{\alpha}\chi\alpha\iota\rho\alpha$): 가족 불화와 신앙 불화를 중심으로". 『신약논단』 18 (2011): 997~1037.

안병무. 『민중신학 이야기』. 서울: 한국신학연구소, 2016.

_____. 『갈릴래아의 예수: 예수의 민중운동』. 서울: 한국신학연구소, 2020.

우병훈. 『처음 만나는 루터: 개혁과 건설에 온 삶을 건 십자가의 신학자』. 서울: IVP, 2017.

이승구. 『광장의 신학』. 수원: 합신대학원출판부, 2010.

이승호. "마태복음의 선교적 관점: 마태복음 10장 5-6절과 마태복음 28장 18-20절의 관계". 『신학과 목회』 42 (2014): 149~170.

장동민. 『광장과 골방: 코로나19 시대의 공공신학』. 서울: 새물결플러스, 2021.

한규승. 『구약 예언서의 공공신학: 이스라엘 예언자들의 공공성 연구』. 서울: 새물결플러스, 2018.

허순길. 『개혁교회 질서 해설: 도르트 교회 질서』. 광주: 셈페 르 레포르만다, 2014.

_____. 『어둠 후에 빛: 세계 교회 역사 이야기』. 광주: 셈페 르 레포르만다, 2014.

6장

누가-행전에 나타난 교회의 공공성

김명일

1. 들어가면서

"주의 성령이 내게 임하셨으니 이는 가난한 자에게 복음을 전하게 하시려고 내게 기름을 부으시고 나를 보내사 포로 된 자에게 자유를, 눈 먼 자에게 다시 보게 함을 전파하며 눌린 자를 자유롭게 하고 주의 은혜의 해를 전파하게 하려 하심이라 하였더라"눅4:18-19. 예수님께서는 이사야를 인용하시면서 희년의 해를 선포하신다.[1] 새로운 희년의 선포는 복음의 공적인 측면을 잘 드러낸다. 예수님의 새로운 희년의 선언에서 읽을 수 있는 공적인 측면은 먼저 정치적으로 포로 된 자를 자유케 하는 선언이다.[2] 예수 그리스도의 복음은 온 세상에 영향을 미칠 것을 기대할 수 있다.[3] 예수님의 사역은 그뿐만 아니라 경제-사회 구조에서 가난한 자에게 복음을 전하는 공적인 측면을 가진다. 누가-행전에 나타나는 복음

---

1. Grundmann, "δέχομαι," in *TDNT*, 2:59; Darrell L. Bock, *Luke: 1:1-9:50*, vol. 1, BECNT (Grand Rapids, MI: Baker Academic, 1994), 410.
2. '나라'와 '복음'의 언어는 정치 영역에서 차용한 것들이다. 복음은 중요한 공적 선포를 가리키는 말이다. 존 하워드 요더, 『예수의 정치학』, 신원하·권연경 역 (서울: IVP, 2007), 64.
3. 누가는 황제가 다스리는 시대에 예수 그리스도의 탄생이 황제의 다스림이 미치는 영역 전체에 중요한 역할을 할 것을 보여준다. Bock, *Luke: 1:1-9:50*, 203.

의 공공성은 예수님의 사역과 그 사역을 계속 이어나가는 제자들의 사역을 통해서 새로운 시대의 역사 전면에 등장한다. 그 공공성은 정치적, 사회/경제적인 영향을 미치는 하나님 나라의 영향력을 먼저 고려해볼 수 있을 것이다. 이 글에서는 가난한 자에게 복음이 전해질 것이라는 예수님의 선언과 포로된 자에게 자유를 전파하는 예수님의 사역이 누가-행전에서 어떻게 전개되고 있는가를 살펴보려고 한다. 이어서 누가-행전을 공적 신학을 위한 기초적인 자료로 이해하는 데 '공공성'이라는 특징이 어떤 방식으로 예수님의 사역과 교회의 사역에 등장하는지 살펴보고자 한다.

2. 누가-행전에 나타난 복음의 보편성

복음은 모든 족속에게 전파될 것이다. 누가의 언어는 이 복음의 전파가 성령과 관련이 있는 것으로 제시한다. 성령은 단순히 개인적으로 소유해야 할 무엇이 아니라 보편적인 영으로 복음의 틀 안에서 공공적인 성격을 띠고 있다. 누가는 마태와 다르게 예수 그리스도의 이름으로 복음을 전하는 측면에서 이 부분을 중요하게 다루고 있다행2:38; 3:6, 16; 4:7, 10, 12, 17~18, 30; 5:28, 40; 8:12, 16; 9:14~16, 21, 27~28; 10:43, 48; 15:14, 26; 16:18; 19:5, 13, 17; 21:13; 22:16; 26:9.[4]

복음의 공공성과 관련해 성령께서는 예수 그리스도의 이름 안에서 복음이 모든 나라에게 전해져야 하는 공적인 선포를 이루어 가신다. 복음의 소망은 모든 나라에 전해져야 한다사42:6; 49:6; 눅2:32; 행13:47.[5] 고난 받는 종의 사역을 자신의 사

---

4. Darrell L. Bock, *Luke: 9:51–24:53*, vol. 2, BECNT (Grand Rapids: Baker Academic, 1996), 1939. Bietenhard, "Ὄνομα," in *TDNT*, 5:278.
5. Bock, *Luke: 9:51–24:53*, 1940.

역으로 받아들이는 바울은 그 사역의 핵심을 단순히 유대인들에게 복음을 전하는 것으로 이해하지 않고 온 세상에 예수 그리스도의 복음의 빛이 전달되는 부르심으로 이해했다. 즉 그는 한 나라만 상대하는 것이 아니라 온 세상을 상대하는 종이요 복음의 사역자로서 일하고 있는 것이다.[6]

복음의 공적인 선포와 관련하여 누가-행전이 말하는 내용은 하나님의 회복적인 정의다. 성령충만한 사람은 신비주의나 내면적인 신앙 또는 개인 윤리에 함몰되는 사람이 아니다. 왜냐하면 진리의 영인 성령께서 복음의 진리로 그를 통치하시며 그 결과 그에게서 하나님의 회복적인 정의가 드러나기 때문이다.[7] 기본적으로 복음과 관련된, 성령을 통한 새로운 다윗 왕의 통치는 정의와 평화를 포함한다참조. 사11:1-9.[8] 공의의 심판은 예수님의 특징이라는 것을 사도행전에서 읽을 수 있다.

> "이는 정하신 사람으로 하여금 천하οἰκουμένη를 공의로 심판할 날을 작정하시고 이에 그를 죽은 자 가운데서 다시 살리신 것으로 모든 사람에게 믿을 만한 증거를 주셨음이니라 하니"행17:31

이사야에서 다윗 메시아가 가지는 특징인 성령을 통한 다스림이 공의와 정의의 심판인 것처럼, 메시아 예수님의 심판도 공의의 심판이라고 사도행전은

---

6. "주께서 이같이 우리에게 명하시되 내가 너를 이방의 빛으로 삼아 너로 땅 끝까지 구원하게 하리라 하셨느니라 하니"(행13:47).
7. 송영목, 『하나님 나라의 복음과 교회의 공공성』 (서울: SFC, 2020), 84, 87.
8. "그의 위에 여호와의 영 곧 지혜와 총명의 영이요 모략과 재능의 영이요 지식과 여호와를 경외하는 영이 강림하시리니 그가 여호와를 경외함으로 즐거움을 삼을 것이며 그의 눈에 보이는 대로 심판하지 아니하며 그의 귀에 들리는 대로 판단하지 아니하며 공의로 가난한 자를 심판하며 정직으로 세상의 겸손한 자를 판단할 것이며 그의 입의 막대기로 세상을 치며 그의 입술의 기운으로 악인을 죽일 것이며 공의로 그의 허리띠를 삼으며 성실로 그의 몸의 띠를 삼으리라"(사11:2~5).

제시한다. 그분의 심판은 단순히 이스라엘에만 제한되는 것이 아니라 온 세상에 미치는 심판이다행17:31. 따라서 그 심판의 선언은 아테네 사람들에게도 선언되며, 그 내용 또한 그들이 이해할 수 있는 것이다.[9] 그분의 심판의 내용은 온 세상οἰκουμένη에 미치는 것이다.[10]

또한 누가-행전에 나타나는 복음의 공적인 성격은 누가복음 4장 43절의 새로운 희년의 선포에서 읽을 수 있다. 이것은 하나님의 공적인 회복의 이야기다. 하나님의 백성의 회복이 희년의 형태를 취할 것이라는 확신은 이사야의 선지자적 이상의 핵심을 구성한다. 누가복음 4장의 구약적인 배경은 매우 중요하다. 그것은 이사야 61장의 해석으로서 종의 노래42:1~4; 49:1~11 언어가 사용되어 하나님의 구원의 내용을 전달한다.[11] 즉 여호와 하나님의 구원은 희년과 병행된다레 25:8~17.[12] 이 그림이 예수님의 선포 내용의 중심이다.

예수님의 선포는 청중들로 하여금 하나님의 새로운 구원의 시대가 올 것을 기대하게 만든다.[13] 이 구원은 단순히 유대인들만을 위한 것이 아니라 온 인류에게서 시작되고 있는 것이라고 본문은 강조한다. 이 구원의 내용은 온 세상에 선포되는 공적인 복음의 내용이며, 영적일 뿐만 아니라 사회적인 변화를 포함한다.[14] 누가에서 예수님의 치유와 구원사역은 하나님의 통치가 임하는 것이며, 새로운 창조의 의미를 지닌다. 이 새로운 창조는 화해의 공동체와 '평화'의 공동체를 만들어간다.[15] 이것은 하나님과 화해를 이루는 새로운 공동체가 용서와 사

9. John B. Polhill, *Acts*, NAC 26 (Nashville: Broadman & Holman Publishers, 1992), 377~378.
10. Joseph A. Fitzmyer, *The Acts of the Apostles: A New Translation with Introduction and Commentary*, vol. 31, Anchor Yale Bible (New Haven; London: Yale University Press, 2008), 612.
11. Bock, *Luke: 1:1-9:50*, 405~406.
12. Bock, *Luke: 1:1-9:50*, 405~406.
13. Bock, *Luke: 1:1-9:50*, 407.
14. Bock, *Luke: 1:1-9:50*, 407.
15. 막스 터너, 『성령과 권능』, 조영모 역 (서울: 새물결플러스, 2020), 476.

랑을 이웃은 물론 더 나아가서 원수에게까지 확대하는 삶으로 나타난다.

하나님의 화해를 이루는 새로운 공동체는 아브라함의 언약이 온 세상에 성취되도록, 새로운 하나님의 백성으로서 언약에 따라 세상에서 의와 정의를 실천한다. 그리고 성령께서 이 실천을 도우신다눅24:47~49.[16]

3. 누가-행전에 나타난 환대

복음의 공공성은 누가-행전에 나타나는 환대를 통해서 그 성격이 잘 드러난다. 교회는 복음의 공공성을 드러내는데, 특히 "하나님의 모든 백성과 삶을 공유하여 낙인찍힌 자들을 포용함으로써 죄인들과 소외된 자들에 대한 예수의 환대에 참여하도록 요구된다."[17] 이 환대는 예수님을 원형으로 삼는다. 예수님께서는 아무런 차별이나 구별 없이 '타자'에게 하나님의 환대를 베푸신다.[18] 예수님께서는 죄인이든지 종교 지도자든지, 남자든지 여자든지, 유대인이든지 이방인이든지 구별하지 않고 환대를 베푸신다. 그분께서는 사회에서 무시되고 환영받지 못하는 자들과 어울리신다. 당시의 사회적인 상황과 다른 예수님의 환대는 복음이 가지는 공공성을 보여준다고 말할 수 있다. 민족이나 종교의 한계를 넘어서고 성별과 지위를 넘어서는 복음의 보편성이 환대에서 두드러진다.

예수님의 환대에서 나타난 것처럼, 하나님의 환대를 받는 사람은 사회에서 가장 소외되고 배제되는 사람들인 죄인, 세리, 가난한 자, 죄 많은 여인, 사마리

---

16. 송영목, 『하나님 나라의 복음과 교회의 공공성』, 84.
17. 죠수아 W. 지프, 『환대와 구원』, 송일 역 (서울: 새물결플러스, 2019), 47.
18. 죠수아 W. 지프, 『환대와 구원』, 46.

아인, 장애를 가진 사람, 이방인, 내시 등이다.[19] 예수님께서는 말씀을 들으러 온 세리와 죄인들을 환대하시는 분이라는 표현이 누가복음 15장 1~2절에 등장한다. 바리새인들과 서기관들의 예수님에 대한 평가는 다음과 같다. "이 사람이 죄인을 영접하고 음식을 같이 먹는다 하더라." 예수님의 환대는 말씀 사역과 함께, 혹은 말씀 사역을 넘어서는 영역으로 누가복음에서 제시된다.

누가복음 19장 5~6절에서 예수님께서는 다음과 같이 말씀하신다. "예수께서 그 곳에 이르사 쳐다 보시고 이르시되 삭개오야 속히 내려오라 내가 오늘 네 집에 유하여야 하겠다." 이에 삭개오는 "급히 내려와 즐거워하며 영접"한다. 예수님께서는 삭개오에게 환대받기를 원하시고 삭개오는 기꺼이 예수님을 환대한다. 삭개오는 예수님을 자신의 집으로 환대하고 ὑποδέχομαι 예수님께서는 그의 집에 기꺼이 들어가시며 교제와 용서를 의미하는 환대의 의미를 보여주신다.[20]

사도행전에서는 이 환대의 장면이 더 극적으로 묘사되어 이방인에 대한 환대로까지 확장된다. 즉 사도행전에서 복음의 확장은 이방인들을 포함하는 영역으로까지 나아간다. 사도행전 8장은 에디오피아 내시에게 복음이 전해지는 이야기를 기록하고 있다. 이방인이면서 내시인 사람이 이제 복음의 포용성 안으로 들어오는 장면이다. 이는 직접적인 환대의 표현은 아니지만, 복음이 앞으로 이방인들에게 전달되어 그 환대가 확장될 것을 예견하는 사건으로 이해할 수 있다.

이방인의 환대는 고넬료 사건에서 더 극적으로 표현된다. 이 사건을 사도행전 11장 1절은 "이방인들도 하나님의 말씀을 받았다 함을 들었더니"라고 표현한다. 할례자들은 베드로가 무할례자의 집에 들어가 함께 먹었다고 비난하고 있다. 하지만 무할례자와 함께 먹은 것은 하나님의 환대를 보여주는 장면이다.

---

19. 송영목, 『하나님 나라의 복음과 교회의 공공성』, 80.
20. Bock, *Luke: 9:51-24:53*, 1518.

10장 34~35절에서 베드로는 다음과 같이 선언한다. "베드로가 입을 열어 말하되 내가 참으로 하나님은 사람의 외모를 보지 아니하시고 각 나라 중 하나님을 경외하며 의를 행하는 사람은 다 받으시는 줄 깨달았도다." 이방인들에 대한 하나님의 환대를 경험한 유대인들과 이방인들이 고넬료의 집에서 함께 환대를 경험한다10:23~33.

이제 예수 그리스도의 복음의 사건은 유대인을 넘어 이방인에 대한 환대로 확장된다. 환대는 유대인이라는 제한을 넘어서서 전체 이방인을 포함하는 사역으로까지 나아간다.

사도행전 27장 3절에서 백부장 율리오는 바울을 친절히φιλανθρώπως 대한다. 그 친절은 바울이 환대받을 것을 허락하는 것으로, 이방인들이 가지는 긍정적인 환대에 대한 허락과 그 긍정적인 특징을 잘 보여준다. 그의 친절함은 바울이 친구들에게 대접받기를 허락한다. 이 친구들은 아마도 시돈에 있던 그리스도인들이었을 것이며, 거기에는 베니게 지역이 포함되는 것으로 보인다행11:19.[21] 고대 세계에서 우정은 매우 중요한 가치이며, 그리스도께서 모든 사람들에게 보여주신 하나님의 코이노니아다.[22] 백부장 율리오는 이것을 허락하는 바울에 대한 높은 수준의 신뢰를 보여주며 그의 관대함을 베풀고 있다. 율리오의 신뢰는 이후에 바울의 생명을 구원하는 데까지 이른다.[23]

복음은 공유와 포용이라는 특징을 보이는 환대에서 교회 밖의 삶을 포용하는 공적인 내용을 보여준다. 이것은 바울의 친구들에 대한 우정에서도 나타나고 백부장 율리오의 친절에서도 나타나는데, 사도행전은 이것을 상호적으로 그리고 있으며, 이 내용이 바울이 로마에 복음을 전하는 일을 수행하는 데 큰 도

---

21. Fitzmyer, *The Acts of the Apostles*, 770.
22. Darrell L. Bock, *Acts*, BECNT (Grand Rapids, MI: Baker Academic, 2007), 732.
23. Polhill, *Acts*, 516.

움이 된다. 사회 질서와 같은 사회적인 측면을 포괄하는 복음의 공적인 측면이 환대에서 잘 드러난다.

4. 누가-행전의 복음의 공공성과 코이노니아

복음의 보편적인 공공성과 그것이 어떻게 사회적, 정치적으로 나타나는지와 관련된 교회의 보편성은 세상을 대하는 복음의 특징을 읽을 수 있게 한다. 또한 이 성격은 특별히 누가와 행전의 코이노니아에서 읽을 수 있다. 온 세상에 선포된 보편적인 복음의 성격과 예수님의 주되심의 선언이 어떻게 교회에서 실행되고 있는가 하는 점은 환대라는 측면에서도 살펴볼 수 있지만, 좀 더 직접적으로 교회가 보여주는 코이노니아를 통해서 살펴볼 수도 있다. 코이노니아는 공적인 참여를 의미한다.

(1) 새로운 교회의 교제

누가복음의 '하나님 나라' 잔치눅14:15-21는 메시아의 잔치에 참여하는 사람들이 누리는 축복에 대해서 말한다. 이 '하나님 나라'의 잔치는 이제 성령을 통해서 현실이 되었고, 유대인들만이 아닌 '외부인들'도 이 잔치를 즐기게 되었다. 앞에서 살펴본 것처럼, 이 잔치의 회복은 '칭의'의 선포와 소외된 '죄인들'의 관련성을 고려할 수 있다. 즉 하나님의 은혜와 용서를 받을 가치가 있는 사람들이 아닌 그 경계 밖에 있는 사람들에게 임한 하나님의 은혜와 용서다.[24] 누가의 개념에서 하나님의 용서는 하나님 나라의 식탁 교제를 미리 앞당겨 즐기는 것이

---

24. 터너, 『성령과 권능』, 468.

었다.[25] 이 용서의 교제가 사도행전에서는 새로운 하나님 나라의 시작에서 오는 것으로 이해할 수 있다. 그리고 그 교제는 함께 참여함이다.

(2) 오순절과 율법수여

'시내산' 언약과 성령 강림의 유사성은 이스라엘과 초기 기독교의 유사성과 관련해서 성령의 선물이 앞으로 하나님 백성의 삶에서 매우 중요한 부분이 될 것임을 예상할 수 있게 한다. 즉 성령의 선물로 나타나는 결과가 성령께서 오신 이후의 백성들의 삶이라고 할 수 있다.

성령께서 오순절에 임하신 사건은 시내산의 의미를 가지고 있다.[26] 일부 유대교 그룹은 칠칠절을 율법 수여를 위한 축제로 생각한다희년서 1:1~2; 6:19; 1QS 1:8~2:18; 4Q226 17~18. 오순절 사건과 시내산 언약 장면의 연결성은 신현神顯에서 고려할 수 있다Philo, Dec. 33; Spec. Leg 2:189. 두 사건은 중요한 '선물'을 포함하고 있으며, 예언의 영, 기사와 표적, 오순절의 병행이라는 점도 연결성으로 고려된다. 터너는 다음과 같이 말한다.

> 베드로는 (타르굼처럼) 시편 68편과 모세/시내산 이야기를 연결하여 18절이 (예를 들어) "주께서 높은 곳으로 오르시며 …… 하나님의 선물을 받아서 사람들에게 선물로 주셨다"즉 각각 '토라'와 '십계명'을 가리킴를 의미하는 것으로 가정한다. 베드로는 이 시내산 사건 전체가 예수의 승천과 오순절 사건 안에서 새로운 방식으로 성취되었다고 보고, 직감적으로 지시 대상을 적절하게 수정했다. 이제 올라간 곳은 하늘이며, 예수가 받은 선물은 요엘이 약속한 성령이며, 그가

---

25. 터너, 『성령과 권능』, 468.
26. 터너, 『성령과 권능』, 407.

주는 선물은 성령의 은사들이다.[27]

위의 내용으로 보건대, 오순절은 새로운 하나님의 백성의 언약 관계의 시작으로 이해할 수 있다. 그 백성의 왕은 예수님이시다행2:29-36. 즉 새로운 언약 백성을 하나님께서 구원하셨으며, 이스라엘의 회복이 시작되었으며, 그 구원이 열방에까지 퍼져 나갈 것을 기대케 한다. 그 회복은 메시아가 이루실 나라와 연관되며, 예수님의 첫 선포눅4:18-19의 회복을 고려한 것이다. 하나님 나라의 복음은 외부인들이 이 잔치를 즐기는 누가복음의 그림에서도 읽을 수 있다눅14:15~24. 그 구원과 잔치에의 참여는 첫 교회가 보여준 공공적인 성격에서 잘 드러난다.

코이노니아의 관계에서도 성령은 그리스도인 개인의 영으로만 이해할 수 없다. 성령 강림 이후 바로 이어지는 단락은 성도들이 사도들의 가르침을 받고, 하나님을 예배하며, 서로 물건을 통용하고, 음식을 나누어 먹는 모습을 다룬다. 그들은 "온 백성에게 칭송을 받았다"2:47. 사도행전 2장 42절에서 새로운 교회를 설명하는 코이노니아는 이어지는 내용들에서 그것이 어떤 특징들을 갖는지 보여준다. 먼저 떡을 떼는 장면이다. 그리고 가진 모든 것을 통용κοινός한다. 즉 다른 사람들과 함께 나눈다롬15:26; 고후8:4; 9:13; 히13:16.[28] 동사 형태도 같은 의미를 가진다롬12:13; 15:27; 갈6:6; 빌4:15.[29] 이 나눔은 영적인 나눔일 뿐만 아니라 물질적인 나눔을 포함한다.[30]

처음 형성된 공동체의 교제는 가진 것을 함께 나눔으로 성취된다. 신자들의

---

27. 터너, 『성령과 권능』, 408.

28. Craig S. Keener, *Acts: An Exegetical Commentary: Introduction and 1:1-2:47* (Grand Rapids: Baker Academic, 2012), 1003.

29. Keener, *Acts*, 1003.

30. Untergassmair, "κοινόω," in *EDNT*, 2:302.

나눔은 공동적κοινός이다. 사도행전은 이 공동성을 다시 언급한다행4:32.[31] 이 단어를 통한 누가의 강조점은 공동체 안의 사랑과 서로 돌봄을 강조하며, 궁핍이 공통적인 관심사로 이해되고 있음을 보여준다. 즉 물질을 공동으로 나누는 것은 공동체성을 보여주며, 계속되는 물질의 나눔은 공동체 안의 구성원들의 필요를 채워주는 중요한 방식임을 보여준다.

교제로서 떡을 때는 장면은 일반적으로 당시 사회에서 음식을 나누는 것과는 다른 방향이다. 즉 사회의 위계질서를 깨버리는 장면이다. 후견자-피후견자 제도에서 식사를 나누는 장면은 그 사회적인 위치에 따라서 식사의 위치가 달라진다. 그러나 초대 교회의 코이노니아는, 앞에서 보았던, 예수님께서 사회의 계층적 질서를 깨버리면서 환대를 보여주셨던 장면을 여기에서 다시 시현하고 있는 것이다. 이는 보편적이고 함께 나눈다는 의미를 가지는 코이노니아가 더욱 공적으로 실현되고 있음을 보여준다. 새로운 교회의 나눔은 적극적으로 성령을 통해서 시작되었으며, 그 결과 이 공동체가 경제적인 나눔을 당시 사회 계층의 다양한 구성원들, 특별히 가난한 계층에게 물질을 나누는 방식으로 실현하고 있었음을 알 수 있다.[32]

특별히 초대 교회의 나눔의 장면은 이스라엘에 알려진 교회의 모습이 무엇인가를 보여준다. 교회는 고립된 공간이 아니다. 교회의 사역은 고립된 사역이 아니다. 그들은 공동체적인 삶을 나누면서 이스라엘에 회복의 영향을 주는 공적인 새로운 공동체로서 자리매김하고 있다. 이 새로운 공동체의 모습은 예수님과 제자들의 공적이면서 나누는 삶의 연장선 위에 있다눅8:1~3; 요12:4ff.; 13:29.[33]

31. Bock, *Acts*, 204.
32. Keener, *Acts*, 1003.
33. Hauck, "Κοινός," in *TDNT*, 3:796.

5. 정치 권력자들과 복음의 공공성

누가-행전은 복음이 삶의 다양한 측면과 질서에 대해 책임이 있음을 보여준다.[34] 즉 복음의 보편적인 중요성을 강조한다. 이 복음의 보편적인 중요성은 사회 질서의 측면과 연관되어 있는 환대에 관한 누가-행전의 기록만이 아니라, 정치 질서에 관한 누가-행전의 기록에서도 읽을 수 있다. 누가복음 3장 1~2절의 왕들과 제사장, 황제에 대한 언급, 데오빌로라는 각하로 불리는 사람에 대한 편지눅1:3, 그리고 누가복음 2장 1~2절의 구체적인 역사의 제도와 지배자들이 보여주는 측면의 일들의 강조주석들 참조는 공적인 기관이 연결되어 있는 복음서의 특징을 보여준다.

누가의 관점에서는 세상의 질서 및 구조와 복음이 관련되어 있다. 즉 예수 그리스도의 탄생과 관련해서 그분의 왕되심은 영적인 의미만을 가지는 것이 아니라, 사회 질서와 구조 속에서 역할을 하는 것으로 이해한다. 특별히 팔레스타인의 힘의 구조에서 그 위치가 무엇인가를 말해준다.[35]

(1) 분봉왕 헤롯

누가-행전에서 중요하게 이해되는 인물은 헤롯 안티바스다. 누가복음을 제외하고는 이 인물은 복음서에 잘 등장하지 않는다. 그는 세례 요한을 소개하는 누가복음 3장에서 분봉왕 헤롯으로 처음 등장한다눅3:1. 그는 세례 요한을 옥에 가두고3:19-20, 죽인 인물이다9:7-9. 헤롯은 예수님께 위협이 되는 인물로 소개된다13:31. 헤롯 안티바스는 공적인 권력을 가진 인물로 설명된다23:7, ἐκ τῆς ἐξουσίας

---

34. James R. Edwards, "'Public theology' in Luke-Acts: the witness of the gospel to powers and authorities," in *NTS* 62, no 2 (Apr 2016): 227-252.

35. John Nolland, *Luke 1:1-9:20*, WBC 35A (Dallas: Word, Incorporated, 1989), 139.

Ἡρῴδου. 그는 또한 빌라도와 함께 예수님을 죽인 권력으로 묘사된다행4:27. 세례 요한과 예수님의 사역 및 죽음은 헤롯 안티바스의 권력에 의해서 진행되지만, 복음은 오히려 그 권력을 넘어서고 있다. 교회 공동체는 권력을 올바르게 사용하지 않는 정치권력을 넘어선다눅8:3, 헤롯의 청지기; 행13:1, 분봉왕 헤롯의 젖동생.

(2) 헤롯 아그립바와 버니게

사도행전 25장에 등장하는 헤롯 아그립바와 버니게는 헤롯 대왕의 아들 아그립바 1세의 자녀들이다. 이들은 바울의 말을 듣는 것으로 기록된다행25:22. 그들은 천부장들과 시중의 높은 사람들과 함께 바울의 말을 듣기 위해서 온다행25:23. 바울은 그들에게 믿음의 공적인 측면에 대해서 변호한다.[36] 바울은 예수 그리스도의 나타나심과 자신의 사명, 유대 온 땅과 이방인에게 회개의 복음, 즉 예수 그리스도의 죽으심과 부활하심을 전하는 일에 대한 소명을 말한다. 그들에게 "말이 적으나 많으나 당신뿐만 아니라 오늘 내 말을 듣는 모든 사람도 다 이렇게 결박된 것 외에는 나와 같이 되기를 하나님께 원하나이다"라고 말하면서 복음과 하나님의 나라가 제한되지 않고 정치권력을 가진 사람들에게도 선포되어야 함을 보여준다. 바울의 증언은 "이 모든 일 전에 내 이름으로 말미암아 너희에게 손을 대어 박해하며 회당과 옥에 넘겨 주며 임금들과 집권자들 앞에 끌어 가려니와"눅21:12라는 예수님의 말씀을 증명한다.[37] 박해는 익명이지만, 유대인과 이방인 그룹 모두가 실행한다. 그것은 "회당"과 "임금"이라는 단어로 표현되고 있다.[38]

---

36. Edwards, "'Public theology' in Luke-Acts," 238.
37. Edwards, "'Public theology' in Luke-Acts," 238.
38. John Nolland, *Luke 18:35-24:53*, WBC 35C (Dallas: Word, Incorporated, 1993), 996.

(3) 가이사

가이사는 신약성경에 34번 언급된다. 그중에 20번이 누가-행전에서 언급된다. 그리스도인이 가이사의 명을 어기는 적들이 아님을 사도행전은 주장한다행17:7; 25:8. 바울은 가이사 앞에서 재판을 받으려고 한다행25:10, 11, 12, 21, 25; 26:32; 27:24; 28:19.[39] 정치적인 주권을 가진 가이사에 대한 언급은 누가복음에서부터 등장한다눅2:1, 가이사 아구스도; 3:1, 디베료 가이사; 행11:28; 18:2, 글라우디오. 사도행전에서 하나님의 뜻은 가장 강한 정치권력을 가지고 있는 가이사 앞에 바울이 서는 것이다.

(4) 총독

누가는 총독을 자주 언급한다. 복음이 확장되는 상황에서 가장 직접적으로 맞닥뜨리는 정치권력으로 총독이 등장한다. 곧 구브로의 총독 서기오 바울행13:7, 8, 12, 고린도의 갈리오18:2, 아시아의 총독들19:38이다. 총독ἀνθύπατος이라는 단어 외에도 총독을 나타내는 단어가 등장한다눅2:2; 3:1; 20:20; 21:12; 행 23:24, 26, 33; 24:1,10; 26:30 등. 특별히 벨릭스와 베스도는 바울의 복음 사역과 관련된 재판과 직접적으로 관계되는 인물이다.

(5) 정치권력에 대한 이해

예수님께서는 제자들이 정치 지도자들 앞에서 핍박을 받을 것이라고 말씀하셨는데, 그 말씀이 사도행전의 내용에서 실현된다행23:17. 예수 그리스도의 중심적인 역할과 하나님의 계획 가운데서 이루어지는 일들은 특별히 사도행전에서 '예수 그리스도의 이름을 위하여'라는 표현들로 등장한다. 바울의 부르심은 예수 그리스도의 이름을 이방인들과 왕들 그리고 이스라엘 자손 앞에서 증거하는

---

39. Edwards, "'Public theology' in Luke-Acts," 240.

일이다. 그의 사역은 땅끝까지 미친다. 예수님을 증거하는 일은 권세 있는 자들 앞에서의 증언이다녹21:12. 바울은 벨릭스와 베스도 그리고 아그립바 왕 앞에 선다. 그리고 유대 회당과 산헤드린에서도 증거한다.[40]

베스도와 아그립바, 베니게 앞에서 바울은 복음이 "한쪽 구석에서 행한 일이 아니니이다"행26:26라고 선언한다.[41] 예수님 당시의 정치 상황과 정치권력들을 언급하면서 시작하는 누가복음녹3:1-2은 복음이 단순히 정치권력 앞에 등장한 것이 아니라 그들에게 증거되어야 한다고 서술한다녹21:12, 15; 행9:15; 19:21; 23:11; 27:24. 정치권력과 관련된 누가-행전의 내용은 특별히 그 권력을 지지하는 긍정적인 이해는 물론 전복해야 할 부정적인 이해도 보이지 않는다. 오히려 교회는 정치권력 사이에서 긴장감 가운데 존재한다. 즉 복음은 정치권력을 새롭게 다시 재정의한다.[42] 고넬료의 이야기에서 예수 그리스도께서는 "만유의 주"행10:36로 선언되신다.[43] 다른 모든 권력은 상대적이다. 여기서 권력의 위치에서 가장 높은 권력을 가진 예수 그리스도의 주되심이 공적인 사회 질서와 체계에서도 선언되어야 함을 추론할 수 있다.

복음은 역사에서 실행되며, 모든 세상 가운데서 실행되는 사실이다녹3:6. 그것은 세상에 확장되는 성격을 가지고 있다. 팔레스타인의 어느 한 구석에서만 일어나고 다른 세상과는 관련이 없는 내용이 결코 아니다행26:26. 즉 예수 그리스도의 복음은 유대인들 및 이방인들과 관계되며, 그들에게 복음을 전하는 동시에 그들의 핍박을 받을 것이다. 이것은 예수님의 가르침에 의존하는 내용이다.[44]

---

40. Polhill, *Acts*, 237.
41. Edwards, "'Public theology' in Luke-Acts," 248.
42. Edwards, "'Public theology' in Luke-Acts," 251.
43. Edwards, "'Public theology' in Luke-Acts," 251.
44. I. Howard Marshall, *The Gospel of Luke: A Commentary on the Greek Text*, NIGTC (Exeter: Paternoster Press, 1978), 767.

다시 말해, 일반적인 정치권력의 성격과 관련해서 복음의 공적인 측면을 이해할 때, 가장 보편적이며 높은 주권이 공공성을 가지는 것으로 이해할 수 있다. 복음은 더 보편적이며 공적인 것으로 일반적인 모든 사회 구조에 선포되어야 하는 내용이다. 세상 질서를 다스리는 정치권력의 성격에 따라 복음의 성격이 정의되는 것이 아니라, 복음이 모든 정치권력에게도 선포되어야 하고, 만유의 주이신 예수 그리스도의 다스림이 모든 정치 질서 가운데서도 적용되어야 한다는 측면에서 정치권력과 관련된 복음의 공공성을 이해할 수 있다.

6. 나오면서

예수님의 새로운 희년의 선포는 누가-행전의 시작 지점에서 그분의 사역이 어떤 방향으로 진행될지를 보여주는 중요한 시금석이 된다. 성령께서 임하시는 메시아의 사역은 가난한 자에게 복음을 전하는 일이다눅4:18. 그 복음은 포로된 자를 자유케 하고, 눈 먼 자를 다시 보게 한다. 사회 계층적으로 모든 사람들을 품는 것이 누가-행전에 나타나는 복음의 특징이다. 그 복음의 사역은 성령으로 충만케 된 새로운 이스라엘인 교회에서 그 특징을 읽을 수 있다. 새로운 공동체는 공공적인 나눔을 시작한 공동체였다. 당시 사회의 다양한 구성원을 고려한 교회의 나눔은 이 복음의 나눔이 공적이며 모든 계층을 포함한다는 것을 알게 한다. 이어서 아브라함의 복을 모든 이방에게 선포하고 전해야 하는 새로운 언약의 중심인 교회는 모든 이방인들을 복음의 범위 안에 넣는다. 이렇듯 누가-행전에 나타나는 복음의 공공성은 모든 계층을 포함하는 것이며, 모든 인종을 넘어서는 특징을 가진다는 것을 알 수 있다. 특별히 누가-행전은 권력을 가진 다양한 권력자들과의 관계성 또한 보여준다. 복음은 세상의 권력자들에게까지 전해지는 것이며 정치 세력을 넘어서는 확장성을 가진다. 예수 그리스도를 통한 하나님의 복음의 권위는 그 자체로 공공성의 기초가 되는 것이다.

참고문헌

Bock, Darrell L. *Luke: 1:1-9:50*. vol. 1. Baker Exegetical Commentary on the New Testament. Grand Rapids: Baker Academic, 1994.

_____. *Luke: 9:51-24:53*, vol. 2. Baker Exegetical Commentary on the New Testament. Grand Rapids: Baker Academic, 1996.

_____. *Acts*. Baker Exegetical Commentary on the New Testament. Grand Rapids: Baker Academic, 2007.

Edwards, James R. "'Public theology' in Luke-Acts: the witness of the gospel to powers and authorities." in *New Testament Studies* 62, no 2 (Apr 2016): 227~252.

Fitzmyer, Joseph A. *The Acts of the Apostles: A New Translation with Introduction and Commentary*. vol. 31. Anchor Yale Bible. New Haven; London: Yale University Press, 2008.

Keener, Craig S. *Acts: An Exegetical Commentary: Introduction and 1:1-2:47*. Grand Rapids: Baker Academic, 2012.

Nolland, John. *Luke 1:1-9:20*. vol. 35A. Word Biblical Commentary. Dallas: Word, Incorporated, 1989.

_____. *Luke 18:35-24:53*. vol. 35C. Word Biblical Commentary. Dallas: Word, Incorporated, 1993.

Marshall, Howard. *The Gospel of Luke: A Commentary on the Greek Text*. New International Greek Testament Commentary. Exeter: Paternoster Press, 1978.

Polhill, John B. *Acts*. vol. 26. The New American Commentary. Nashville: Broadman & Holman Publishers, 1992.

송영목. 『하나님 나라의 복음과 교회의 공공성』. 서울: SFC, 2020.

요더, 존 하워드. 『예수의 정치학』. 신원하·권연경 역. 서울: IVP, 2007.

지프, 죠수아 W. 『환대와 구원』. 송일 역. 서울: 새물결플러스, 2019.

터너, 막스. 『성령과 권능』. 조영모 역. 서울: 새물결플러스, 2020.

7장
바울서신에 나타난 교회의 공공성

송재영

1. 들어가면서

염광鹽光! 이는 주께서 정체하신 세상 속에 있는 교회다. 교회는 하나님과만 아니라 세상과의 관계 속에서 정체되어야만 한다. 바꾸어 말해 **세상에서** 빛과 소금이 아닌 교회는 교회가 아니다. 이를 기억하며 스스로에게 질문한다. 우리는 충분히 짠가? 뉴스가 전하는 우리의 모습은 세상에서 단순히 맛을 잃어버린 것에 그치지 않고 상한 맛을 내고 있는 듯하다. 세상의 빛이 아니라 어둠의 세력으로 손가락질 받고 있음을 부인하기도 어렵다. 도덕적 타락만이 아니라 사회적 물의를 일으키고 정치적 이슈를 만들어내곤 한다. 복음주의 보수 진영은 사회적·정치적 문제에 교회가 개입하는 것을 여전히 주저한다.[1] 교회는 신령하고 영적인 개인의 구원과 도덕적 문제를 다루는 일종의 정신과 의사지, 삶의 다양한 문제를 맞닥뜨려 대처하는 응급실 의사는 아니라는 인상을 준다.

---

1. 반성으로 교리문답에서 교회의 공적 책임을 읽으려는 시도가 생겨나고 있다. 웨스트민스터 대교리문답을 공공신학의 교본으로 읽으려는 것이다. 우병훈, "공공신학 교육을 위한 교본으로서 웨스트민스터 대교리문답," 『개혁논총』 39 (2016), 73-111은 어른들을 위한 대교리문답의 1/3을 차지하는 십계명 해설은 좋은 교훈이라 말하며, 문답의 공공신학적 목적은 하나님의 영광을 위한 이웃 사랑의 실천이라 말한다.

그러나 교회의 관심은 출발부터 개인적이지 않다. 주께서 가르치신 우리의 소원인 예수기도문은 공동체의 기도다. 내 아버지가 아닌 우리 아버지로 시작되며, 모든 기원 역시 우리의 이름으로 간구된다. 또한 기원의 중심도 하나님의 나라왕국다. 나라는 본질적으로 정치적이다.[2] 교회는 예수님을 주, 곧 황제로 섬기는 정치집단이다. 교회는 하나님의 왕국이 교인들의 가정에만이 아니라 이 땅에 오기를 소망하는 집단이다. 따라서 정치, 땅, 그리고 공동체와 떨어져 존재하는 교회는 참교회가 아니다. 교회는 공동체로서 하늘 아래 온 땅에 하늘 아버지의 뜻이 시행되길 공적으로 간구하는 공동의 몸이다.

이런 맥락에서 교회의 직분으로서 목사의 사역 역시 공공적public인 측면이 있다. 케빈 밴후저Kevin Vanhoozer는 말하길, 목회자는 독특한 공적 인물로서 신학자, 즉 공공신학자며, 기독교 신학은 모든 피조계로서 세상과 하나님의 화해를 말하는 것이기에고후5:19 기독교 신학자가 되는 것은 하나님께서 그리스도 안에서 세상을 위해 행하신 일에 대한 이해를 추구하고 말하는 것이다.[3] 교회의 목사는 개인 구원의 문제만을 다루지 않는다. 공공신학은 신앙의 사사화에 대한 대응이다. 그리스도께서는 삶의 모든 영역을 다루시는 주시기 때문이다.[4]

한편 우리는 이미 기독교적 세계관을 말해왔다. 또한 일반적으로 복음주의 밖의 기독교는 민주주의 투쟁의 일환인 해방신학이나 이데올로기 투쟁 같은 정치신학을 외쳐 왔다. 그러면 공공신학은 무엇이 다른가? 반 오르호트Frederike van Oorschot는 공공신학의 발생조건으로서 사회의 다원화와 세속화에 대한 경험 그

---

2. ἐκκλησία는 정치 용어다. 일반적으로 이 단어가 하나님에 의해 불러내진 존재를 말하는 것으로 읽히지만, 당시에는 정치적 집단에 이미 사용된 용어였고 교회가 이를 가져와 사용한 것이다. 더불어 예수님을 주라 부르는 것 역시 정치적임은 주지의 사실이다.

3. K. Vanhoozer and O. Strachan, 박세혁 역, 『목회자란 무엇인가?』 (서울: 포이에마, 2016), 38~40, cf. 56.

4. K. Vanhoozer and O. Strachan, 『목회자란 무엇인가?』, 42.

리고 민주주의 정치조건을 말한다.[5] 또한 공공신학이란 기본적으로 민주주의 국가에서 세속화 가운데 교회가 어떻게 공적 삶을 형성해야 하는지에 관한 구체적이고 실제적인 담론이다.[6] 따라서 공공신학은 첫째, 모든 사람의 동의로서 보편성을 가지며, 둘째, 신앙의 사사화와 신자의 삶의 교회 내적 윤리로 환원됨을 반대하고, 셋째, 사회참여의 당위와 정당한 방법을 추구한다.[7] 따라서 공공신학은 기독교 교의학을 공공장소에서 선포함으로 수행되지 않는다. 그보다 교회 밖의 사람들 또한 이해될 수 있는 문법과 논지를 가지고 그들도 수혜자로 함께 할 수 있는 사회문제들을 성경적, 평화적, 그리고 합법적 방식으로 해결하는 데 관심을 갖는다. 즉 그들의 문제를 그들의 언어로 말할 줄 알아야 한다.

절에 가면 법어라는 물고기 모양의 일종의 타악기인 나무 드럼이 있다. 이는 일견 장식용으로 보이나 실은 통신장비다. 잘 알다시피 불교는 윤회를 말한다. 동물들은 전생에 사람이었을 수 있으며, 앞으로 사람이 될 수도 있다. 그들이 윤회를 벗어나는 길은 불법佛法을 듣고 깨닫는 것이다. 그러나 그들은 인간의 말을 이해할 수 없다. 그래서 알아듣지 못하는 동물들이라도 심지어 물고기라도 법을 듣고 깨달으라는 취지로 물고기 모양의 법어를 두드린다. 불심으로 두드린 그 소리를 들으면 소통이 될 수 있다는 소망이다. 필자는 불교의 어떤 면도 찬양하거나 지지하고 싶지 않다. 그러나 법어 이야기는 세상속의 그 어떤 이야기보다

---

5. Frederike van Oorschot, "Public Theology Facing Globalization," *Contextuality and intercontextuality in public Theology*, eds., H. Bedford-Strohm, F. Höhne and T. Reitmeier (Münster: Lit Verlag, 2013), 227; 최경환, 『공공신학으로 가는길, 공공신학과 현대 정치철학의 대화』 (고양시: 도서출판 100, 2019), 32에서 재인용.
6. 이런 맥락에서 비교적 최근에 아파르트헤이트(Apartheid)를 극복하고 민주화를 이룬 남아공은 공공신학을 보다 적극적으로 실천할 사회·정치적 환경을 얻었다고 할 수 있다. Centre for Public Theology in Pretoria Univ.와 The Beyers Naudé Centre for Public Theology in Stellenbosch Univ.는 남아공의 대표적인 공공신학 연구소다. 남아공은 한국보다 더 많은 기독교 인구 비율을 가지고 있으며, 동시에 다양하고 심화된 사회문제를 가지고 있다. 인종차별의 후유증과 역차별의 부작용 그리고 신흥 흑인 부유층과 여전히 절대 다수인 흑인 극빈층 간의 부의 불균형 문제는 매우 심각한 공적 숙제를 남아공 교회에 안겨준다.
7. 최경환, 『공공신학』, 32~34.

상대방의 입장에서 메시지의 전달을 고민했다는 측면에서 놀랍다.

필자가 말하려는 바는 이것이다. 즉 기독교가 거짓이라고 말하는 불교가 공공성의 측면에서는 두 가지가 앞서있다는 것이다. 불교는 비록 그 가르침에는 결코 동의할 수 없음에도 불구하고 첫째, 인간만이 아니라 모든 생물에 적극적인 관심을 가지며, 둘째, 대화에 있어서 자기들의 언어가 아닌 상대의 언어로 말하려고 한다. 이점에서 우리는 반성해야 한다. 공공신학적 관점에서 우리는 교회 밖의 세상을 대화의 상대로 바라보고 우리가 아닌 그들의 언어로 말할 수 있는 신앙적 지혜와 신학적 아량이 있어야 한다. 이점에서 공공신학은 상식의 신학으로 불릴 수 있다.

이 신학적 상식을 말함에 있어 필자는 여기서 그리스도를 말하고, 그의 몸인 교회를 이어 말하며, 교회의 사명에 대해 지구에서 생명체로, 그리고 인류에서 국가에 대해 말할 것이다. 다음에 국가의 정치에서 경제로 나아가며 공적 사명을 논할 것이다.

2. 만물을 성취하시는 그리스도

"내리셨던 그가 곧 모든 하늘 위에 오르신 자니 이는 만물을 충만하게 하려 하심이라"엡4:10

태초에 하나님께서는 천지를 창조하셨다창1:1. 즉 하나님께서는 인간만을 창조하지 않으셨다. 인간은 창조의 중심과 그 절정에 있지만, 창조의 전부는 아니다. 인간의 창조는 그 자체를 목적하지 않고, 하나님께서 지으신 세상의 다스림을 목적으로 한다. 하나님께서 지으신 세상과 그 속에 다스림 받는 생명 있는 존재들의 운명은 하나님을 대신하는 인간의 손에 달려있다. 우리가 잊지 말아야 할 것은 인간의 타락은 인간의 죽음으로 끝나지 않았다는 것이다. 인간의 죄로 피조물들이 함께 죽게 되었고, 땅은 저주를 받아창3:17 엉겅퀴와 가시를 내게 되었다. 인간의 죄는 하나님께서 지으신 온 세상을 저주와 죽음으로 몰아갔다. 하나님께서는 천지를 지으셨고, 죄는 천지를 파괴했다. 구속은 죄의 해결이며, 죽음을 생명으로, 저주를 복으로 바꾸는 새 창조다. 따라서 첫 창조에서 죄의 결과는 새 창조에서 새 결과로 이어져야 한다. 그리스도께서는 십자가를, 아니 죄를 지셨다. 저주받은 땅이 낸 가시에 찔리심으로 생명의 피를 쏟고 땅을 다시 살리셨다. 땅과 생물들과 죄인들이 함께 생명으로 다시 창조되었다.

하나님의 예정과 작정의 측면에서 첫 창조는 구속을 겨냥한다. 구속은 단순한 재창조, 즉 첫 창조의 반복이 아니라 새로운 창조다. 따라서 새 창조로서 그리스도의 구속은 만물을 포함한다. 만물을 지으신 그리스도께서는고전8:6, 골1:16~17 구속을 통해 만물을 새롭게 하신다계21:5. 그리스도께서 죽으실 때 그분 혼자만 죽으신 것이 아니라 그분과 함께 모든 신자가 죄인으로 함께 죽었으며, 그분께서 부활하실 때 그분 안에 있는 자들이 함께 부활한다. 그러나 그것이 다가 아니다. 첫 창조에서 아담을 생기로 살리심은 그만을 위한 사건이 아니었듯이, 그리스도의 죽음과 부활도 신자들만을 위한 것이 아니다. 그리스도의 죽음과 부활 그리고 승천은 만물을 완성하고 성취하여 새롭게 이루시기πληρώσῃ τὰ πάντα 위함이다엡4:10, 골1:18. 그리스도께서 죽으셨을 때 온 세상이 무너졌으며, 그리스도께서 다시 사셨을 때 만물이 새롭게 다시 세워진다. 새 창조로서 그리스도의 십자가는 인간만을 위한 것이 아니다. 그리스도께서는 십자가의 피로 화평을 이루셨다. 아버지와의 화평은 죄인만이 아니라 만물, 곧 땅에 있는 것들이나 하늘에 있는 것들을 모두 포함한다골1:20. 인간의 죄로 하나님과 원수 되었던 만물이 그리스도의 십자가로 하나님과 화평을 누린다. 평강의 왕으로 오신 그리스도 안에서 만물은 샬롬을 얻는다. 하나님의 왕국은 평화의 왕국이다.

따라서 새 창조를 선포하는 복음은 만물의 새로움을 말해야 한다. 복음의 메시지는 죄의 회개로 시작되지만 거기에 머무르지 않는다. 왕의 통치를 받는 하나님의 왕국은 다스림을 받는 만물을 포함한다. 천지에 하나님의 다스림을 피할 수 있는 것은 없다. 하나님 왕국의 도래를 말하는 복음은 만물을 향해야 한다. 하나님의 왕국은 만물에 확장되어야 한다. 복음은 만물을 향한 왕의 다스림이다. 이런 점에서 소위 복음주의 진영에서 이해되는 인간중심적anthropocentric이고 개인화된 복음은 매우 축소된 복음의 이해라고 말할 수밖에 없다. 만병통치약을 감기에만 사용하는 것은 약을 모르는 것과 다르지 않다. 복음은 만물에 퍼진 죄의 독을 제거하는 만물치료약이어야 한다.

3. 만물을 성취하는 교회

(1) 천지지구를 통치하는 교회

> "또 만물을 그의 발아래에 복종하게 하시고 그를 만물 위에 교회의 머리로 삼
> 으셨느니라 교회는 그의 몸이니 만물 안에서 만물을 충만하게 하시는 이의 충
> 만함이니라"엡1:22~23

첫 창조에서 하나님의 창조는 아담의 사역을 통해 완성되며, 아담의 사역은 아내의 도움으로 수행된다. 새 아담이신 그리스도께서 일하심으로 하나님의 새 창조는 성취되고, 그리스도의 일은 교회를 통해 계속된다요14:12. 그리스도의 몸인 교회는 또한 아내로서 그리스도의 일을 함으로 그리스도를 돕는 배필의 사

명을 성취한다. 이런 맥락에서 궁극적으로 교회는 하나님을 돕는 자God-helper다. 이는 하나님의 모자람이 아니라 하나님의 교회를 향한 신적 작정을 드러내는 것이다. 교회는 하나님의 거룩한 뜻 안에서 감히 하나님을 도와 새 창조의 일을 수행한다. 교회는 만물을 복종하게 하시는 그리스도의 몸으로서 만물을 충만하게 하시는성취하시는, πληρουμένου 자의 충만성취, πλήρωμα이다엡1:22-23.

에베소서 1장 23절에서 사도는 'paronomasia'를 사용하여 중요한 의미를 전달하기 위해 강조한다. πλήρωμα의 의미는 하나로 설명되기 어렵다. 수동적 의미에서 설명하면, 그리스도께서는 교회를 그분의 임재와 능력, 생명과 은사 등으로 채우신다. 교회는 그리스도께서 능력으로 일하시는 영역이며 만물을 다스리시는 능력의 수단이다. 즉 교회는 만물의 소우주microcosm인 셈이다. 한편 능동의 의미로 읽으면, 교회는 그리스도를 완성하는 의미에서 그리스도를 성취한다. 물론 그리스도의 신적 측면에서 교회가 무엇을 한다는 말은 아니다. 다만 메시아로서 그분의 사역의 측면은 그분의 왕국을 이루는 몸인 교회 없이는 완전할 수 없다는 것이다.[8] 교회는 그리스도로 성취되고, 그리스도의 통치는 교회를 통해 성취된다.

우리는 그리스도 안에서 세상을 다스리기 때문에 만물은 우리의 것이다고전3:21. 즉 우리는 만물을 소유하고 그리스도 안에서 만물을 다스린다. 따라서 만물의 대리 통치자로서 교회는 하나님의 것인 피조물들을 주의 뜻으로 존재하며 살아가도록 통치해야 한다. 그러나 21세기, 피조세계로서 지구는 심각히 파괴되어 가고 있다. 탐욕적인 자원소비로 인한 온난화로 대표되는 이상기후 그리고 탐욕적인 착취로 초래된 생태계 파괴는 더 이상 몇몇 과학자들의 미래예측에 불과한 SF적 목소리가 아니라 이미 우리가 겪고 있는 현실이 되었다. 온 세

---

8. Glenn Graham, *An Exegetical Summary of Ephesians*, 2nd ed. (Dallas, TX: SIL International, 2008), 99~100.

상의 나라들과 민족들이 지구적 재난의 어려움을 겪고 있다. 특히 가난한 국가의 사람들이 훨씬 더 증폭된 괴로움을 온 몸으로 받아내고 있다. 그러나 안타깝게도 복음주의적 전통신학은 오랫동안 이런 아픔에 큰 관심을 갖지 못했다. 하지만 공공신학적 복음 읽기는 이를 외면할 수 없다.

생태신학과 창조신학은 공공신학적으로 앞선 목소리라 부를 수 있다. 이들 신학은 전통신학의 무관심에 대한 대안으로 등장하였다. 생태신학은 성경적 인간과 자연의 관계에 관심을 보인다. 이는 기존 신학이 자연에 대한 인간의 사명을 지배의 관점에서 강조한 것에 대한 일종의 반성이다. 또한 인간은 세상을 정복해야 하며 심지어 같은 인간으로서 여성도 다스려야 한다는 남성 중심적 androcentric 읽기에 대한 고발이다. 창조신학도 이와 같은 맥락에 있다. 하나님의 피조물들로서 세상은 상호적이며 연결되어 있다. 정복자와 지배자로서 인간의 독점적 지위가 가져오는 피해에 대해 한 목소리로 반성을 촉구한다.[9] 인류 역사에서 노아 홍수 이래 하나님의 피조세계가 가장 심각하게 파괴된 지금이 그 어느 때보다 환경에 대한 공공신학적 성경 읽기를 필요로 하는 때다.[10]

얼마 전 파키스탄은 국토의 1/3이 잠기는 대홍수를 겪었다. 반면 지구 반대편에서는 극심한 가뭄으로 고통을 받고 있다. 해수면 상승은 카리브 해와 남태평양의 섬들의 수몰 초시계를 작동시켰다. 이상기후는 불쾌지수의 문제가 아니라 사활의 문제다. 2015년, 파리에서 열린 21차 유엔기후변화협약 당사국COP27 총회는 지구 온도 상승 폭을 1.5도로 제한하는 목표를 세웠다. 상승폭이 2도가 되

---

9. 참고. 김창환, 『공공신학과 교회』 (서울: 대한기독교서회, 2021), 306~307, 315~316.
10. 공공신학적 관점만이 아니라 소위 전통적 입장에서 교회의 보편성이라는 관점으로도 피조세계에 대한 회복을 말할 수 있다. 양진영, 『교회보편성의 현대적 재정립-교회, 그리스도로부터 그리스로까지』 (서울: CLC, 2022), 182~207. 교회의 보편성을 중요한 교회의 속성으로 강조하며, 그 보편성의 완성을 새 땅과 연결시킨다. 비록 그가 새 땅 교리를 교회론에 밀접히 관련시키지만, 보편성이 새 땅의 실재 속에서 완성된다는 그의 강조는 교회의 속성으로서 보편성이 공공신학적 함의를 가질 수 있음을 잘 보여준다.

면 불가역적 상황이 발생한다는 판단에서다. 이에 한국은 온실가스 저감장치가 미비한 석탄 화력발전unabated coal power의 단계적 축소에 힘써야 하며, 35년까지 화석연료 발전소의 가동을 중단해야 그 기준을 따를 수 있게 되었다. 현재 한국은 지난해 잠정 온실가스 배출량이 약 7억 톤으로 세계 8위다. 화석연료는 우리에게 편의와 경제적 유익을 가져다준다. 이것을 포기하기 위해선 그만큼 국가적 또는 개인적 이익을 포기해야 한다. 그럼에도 교회 밖의 세상은 이를 감수하고 손해를 결의했다. 사실 이런 노력과 희생은 교회의 몫이어야 한다.[11] 교회가 여기에 무관심한다면 세상의 빛이 아니라 조롱거리가 될 것이다. 기억하자. 만물은 우리의 것이며 우리는 만물을 복종케 하시는 그리스도의 몸이다.

(2) 생물들을 다스리는 교회

"피조물이 고대하는 바는 하나님의 아들들이 나타나는 것이니 피조물이 허무한 데 굴복하는 것은 자기 뜻이 아니요 오직 굴복하게 하시는 이로 말미암음이라 그 바라는 것은 피조물도 썩어짐의 종노릇 한 데서 해방되어 하나님의 자녀들의 영광의 자유에 이르는 것이니라 피조물이 다 이제까지 함께 탄식하며 함께 고통을 겪고 있는 것을 우리가 아느니라"롬8:19-22

생물들의 창조의 절정은 인간에 있다. 인간의 일은 온 생물들을 다스리는 것이다. 인간은 스스로를 포함하여 온 생물들이 생육하고 번성하도록 하나님을 대

---

11. 복음주의 진영이 파리협약 이전에 발표한 성명은 고무적이다. 2006년, 약 300명의 복음주의자들은 "기후변화: 행동으로의 복음주의적 요청"이라는 성명을 발표한다. 그 내용은 ① 인간이 유발한 기후변화의 현실, ② 기후변화가 가난한 자들에게 미치는 피해, ③ 도덕적 신념에 기초한 그리스도인들의 책임, ④ 즉각적 행동의 시급성이다. 같은 책, 302~303.

리하여 다스리라는 명령을 받았다. 아담은 하와를 통해 생육하고 번성해야 했으며, 또한 모든 생물들이 생육하고 번성하도록 통치해야 했다. 동물들을 향한 아담의 사역은 이름을 짓는 것을 통해 특징적으로 드러난다. 성경에서 이름은 그의 됨존재, being을 의미한다. 아브람이 하나님으로 말미암아 아브라함이 되었을 때, 그는 새로운 사람이 되었고 새로운 정체성과 사명을 가진 존재가 되었다. 야곱이 이스라엘이 되었을 때, 그 역시 새로운 사람이 된다. 마찬가지로 하나님께서 만드신 동물들을 이름 짓는 것은 단순히 그들을 부를 수단으로서 각각 다른 구별된 음가를 부여함이 아니라, 하나님께서 만드신 피조물들로서 존재함, 즉 창조의 목적을 따라 각 동물이 어떻게 살아야 하는지를 구체적으로 말하는 작명으로서 **다스림의 시작이다.** 따라서 아담이 사자를 사자로 이름부름은 아담이 사자를 향한 하나님의 창조의 목적을 파악했으며 이를 이름으로 전해 그렇게 살도록 다스리기를 시작했다는 말이다. 아담이 사자를 사자로 불렀을 때, 사자는 다른 존재가 아니라 사자로 살아야 하는 것이다.

아담과 하와가 타락하지 않았다면, 다시 말해 피조물들이 하나님을 대신한 아담과 하와의 의로운 다스림을 받았다면 동물들은 복된 삶, 생명의 삶을 누렸을 것이다. 왜냐하면 모든 피조물들 특히 생물들의 고통과 죽음은 왕으로서 인간 잘못의 결과이기 때문이다. 선악과는 선과 악에 대한 판단의 주권이 하나님께 있다고 선언한다. 인간은 판단자요 재판자이신 하나님의 대리자다. 인간의 죄는 그 통치를 받는 생물들의 파괴를 초래했다. 이스라엘의 역사도 마찬가지다. 재판관들사사들, judges의 이야기인 사사기의 결론은 모든 사사들의 잘못으로 이스라엘이 고통당하는 것이다. 사실 이는 에덴의 비극의 복제다. 그 해결로서 사사기는 바른 판단을 하는 왕이 필요하다고 결론내린다. 왕은 선과 악의 지식으로 판단하는 재판관으로서 하나님의 나라인 이스라엘을 하나님의 뜻에 따라 선으로 통치하는 대리자다. 솔로몬이 왕으로 등극하자마자 하나님의 지혜를 받아 선악을 분별하는 재판관으로 등장하는 이유가 바로 여기에 있다. 이스라엘은 솔로몬의 통치를 통해 하나님의 복을 누려야만 했다.

한편 솔로몬은 재판을 위한 지혜뿐 아니라 나무와 풀, 짐승과 새, 그리고 기는 것과 물고기에 이르기까지 동식물에 대한 해박한 지식을 갖고 있었다왕상4:29~34. 솔로몬의 지혜는 사람만을 향하지 않고 모든 생명체를 포함한다. 솔로몬의 통치 또한 이스라엘의 모든 피조물들에게 복을 내린다. 이는 솔로몬이 첫 왕아담의 모습을 회복한 새 아담으로서 동식물을 포함하는 이스라엘이라는 하나님의 나라를 하나님의 지혜로, 즉 하나님을 대신하여 통치함을 보여준다. 그러나 솔로몬 역시 궁극의 왕은 아니었다. 그의 지혜는 완벽한 것이 아니었다. 참 지혜가 충만했던눅2:40 참 왕이신 예수님만이 하나님의 말씀을 따라 하나님의 왕국을 통치하는 온전한 왕으로서 마지막 아담이시다. 여기서 기억할 것은 이런 맥락에서 예수님의 다스림의 은혜는 신자만이 아니라 동식물을 포함한다는 것이다. 하나님께서는 그분의 피조물을 포기하지 않으신다. 첫 하늘과 땅은 버려지지 않고 새롭게 되며, 동식물 또한 폐기되지 않고 새롭게 된다.

하나님의 대리자로서 교회는 왕적 제사장 직분을 통해 세상을 다스린다벧전2:9. 왕으로서 교회는 동식물을 포기해선 안 된다. 우리의 죄로 인해 피조물들이 함께 겪고 있는 탄식에 귀를 닫아서는 안 된다. 사도 바울은 말한다. 피조물들이 함께 탄식하며 함께 고통을 겪는다고 말이다. 그들이 죽음에 사로잡혀 썩어지는 것은 스스로 그렇게 하고 싶어서 그러는 것이 아니다. 그들이 바라는 것은 해방이다. 그 해방은 하나님의 자녀들의 영광의 자유에 이르는 것이다롬8:19~22.[12]

---

12. J. Chrysostom은 로마서 8장 20절을 주석하면서 창세기 3장 18절을 연결한다. 하나님의 창조가 부패할 수밖에 없게 된 것은 바로 인간 때문이다. 인간이 고통받고 죽을 몸을 갖게 되었기에 지구 역시 저주를 받고 가시와 엉겅퀴를 내었다고 말한다. P. Schaff, ed., *Nicene and Post-Nicene Fathers: First Series, XI St. Chrysostom: Homilies of the Acts of the Apostles and the Epistle to the Romans* (New York: Cosimo Classics, 2007), 444; R. N. Longenecker, *The Epistle to the Romans: A Commentary on the Greek Text*, I. H. Marshall

사도에 따르면, 신자들의 해방과 자유의 복된 소리는 함께 고통받는 피조물들에게도 복된 소식이어야 한다.

인간은 원래 동물을 먹도록 창조되지 않았다. 물론 동물들 또한 서로를 먹도록 의도되지 않았다. 생존을 위해 다른 동물을 죽이는, 다시 말해 다른 동물의 생명을 빼앗아 생명을 유지하는 방식은 인간의 범죄로 말미암아 초래된 비극적 방식이다. 비록 노아 홍수 후 인간에게 동물이 식용으로 허락되었지만, 이는 동물을 마구 대하거나 생명을 임의로 처분해도 된다는 의미가 결코 아니다. 우리는 동물들을 궁극적으로 함께 자유롭게 될 하나님의 피조물로서 대해야 한다. 비록 그들을 식용으로 도살할지라도 가능한 한 고통을 줄일 수 있도록 노력해야 하며, 그 사육의 과정에서도 괴로움을 피할 수 있는 방식을 찾아야 한다. 인간은 그들 또한 하나님의 피조물로서 하나님께 영광을 돌리며 타락 이후 그리고 홍수 이후에도 철회되지 않는 창조의 원뜻대로 생육하고 번성할 수 있도록 기회를 제공해야 한다.[13] 노아의 무지개 언약은 노아뿐 아니라 모든 생물 사이에 세운 언약이다창9:17.

이점에서 동물복지는 정부나 일부 동물보호 단체의 사회적 책임이 아니라 교회의 공적 책임으로 이해되어야 한다. 세상은 동물학대를 처벌한다. 그러나 이는 애완용 동물에 집중되어 있다. 하지만 우리는 하나님의 작품들로서 모든 동

---

and D. A. Hagner, eds., NIGTC (Grand Rapids, MI: William B. Eerdmans Publishing Company, 2016), 723 재인용.

　피조물들은 인간의 죄로 허무함과 썩어짐의 가시에 찔리고 있다. 그러나 죄보다 놀라운 것은 인간의 죄로 인한 하나님의 저주에 하나님의 아들이 찔리셨다는 것이다. 주의 가시 면류관은 말한다. 하늘의 왕께서 땅의 저주를 덮어 쓰셨음을! 이렇게 복음은 인간과 더불어 모든 피조물을 해방한다.

13. 이점에서 애완동물의 중성화(neutering, de-sexing) 수술은 재고해야 한다. 이는 상당한 상징성을 가진다. 인간은 동물을 포함하여 하나님의 피조물이 생육하고 번성하도록 다스려야 할 존재다. 물론 이는 신약에서 영적으로 성취된다. 하지만 영적성취가 동물들을 향한 원래적 사역을 취소하지 않는다. 인간의 편의를 위해 생육을 근원적으로 막는 행위는 반창조적(반창세기적) 행위다. 신자들은 집에서 기르는 동물 하나라도 성경적 관점에서 보아야 하며, 식탁에 오르는 생선 한 마리라도 성경적 관점에서 취해야 한다.

물들의 고통에 함께 아파해야 한다. 그들이 우리의 고통에 동참하고 있기 때문이다. 구약은 어미의 젖에 새끼를 삼지 말라고 말하고 있다. 신약은 그보다 진전된 회복을 말해야 한다. 우리가 햄버거용 돼지를 필요 이상으로 도살하고 낭비하며 또한 고통스럽게 죽이지 않는 것은 돼지의 행복의 문제가 아니라 우리가 누구인지의 문제이기 때문이다.

4. 국가와 민족의 장벽을 극복하는 교회

(1) 분열에서 통일로

"하나님도 한 분이시니 곧 만유의 아버지시라 만유 위에 계시고 만유를 통일하시고 만유 가운데 계시도다"[14]엡4:6.

"하늘에 있는 것이나 땅에 있는 것이 다 그리스도 안에서 통일되게 하려 하심이라"엡1:10.

필자가 초등학교를 다닐 때 힘차게 부르던 노래가사가 기억나곤 한다. "우리의 소원은 통일! 꿈에도 소원은 통일!" 거의 반세기가 지난 지금 이 노래를 기억하는 이들이 또는 그 가사에 공감하는 이들이 얼마나 될지 의구심이 든다. 그러나 통일이 반드시 정치적이거나 민족적인 용어만은 아니다. 복음의 관점에서도 통일을 말할 수 있다. 개혁주의 통일신학의 일환으로 예장합동은 평화적이

---

14. 하반절 ὁ ἐπὶ πάντων καὶ διὰ πάντων καὶ ἐν πᾶσιν 번역에 아쉬움이 있다. 만유를 통일하시는 동작의 의미로 번역되었으나, 그보다 '만유를 통해'로 번역되어야 한다. 한편 다수사본은 마지막에 인칭대명사를 넣었다(ἐν πᾶσιν ἡμῖν). 이 경우에 하나님께서는 만물 위에 만물을 통해 교인들 가운데 계신다.

고 복음적인 통일을 바라며 브란덴부르크Brandenburger 문에서 베를린 통일선언 2018년을 선포했다.[15] 물론 이 통일선언에서 통일 자체가 목적은 아니다. 통일을 통해 복음의 증거와 사랑의 실천으로 나아가고자 함이다. 이런 외침은 분명 북 치고 춤출만한 것이다. 그러나 통일을 사랑과 복음전도를 통한 구령의 수단으로서만 이해하는 복음주의 진영의 일부 신자들의 시각에는 다소 아쉬움이 남는다. 사실 통일 자체만으로도 충분히 의미가 있지 않은가? 인간 구원의 하나님 이전에 삼위가 하나이신 하나님의 '하나 되심'이 이미 의미가 있음을 생각한다면, 영혼구원의 측면 이전에 모든 분열과 통일의 의미를 신학적으로 말할 수 있을 것이다. (조금은 상투적인 수식어로 형용되긴 하지만) 세계유일의 분단국인 대한민국에서 하나님의 교회로 부름 받은 우리는 질문해야 한다. 우리는 통일되어야 하는가? 그렇다면 왜 하나가 되어야 하고, 이는 성경적으로 어떻게 평가되어야 하는가?

민족과 국가가 어떻게 나뉘어졌는가? 매우 단순하게 답을 해보자면, 인류의 본격적인 분열은 바벨탑 사건의 심판의 결과로 언어가 나뉘면서 발생했다고 할 수 있다. 즉 나뉨과 분열은 하나님의 바라심이 아니었다. 뿐만 아니라 하나님의 존재 양식 자체도 분열이 하나님의 속성에 부합되지 않음을 보여준다. 삼위이신 하나님께서는 세분 하나님이 아니시고 한분 하나님이시다. 한분 하나님께서는 다양한 생물들을 각기 종류대로 만드셨지만, 그들 모두가 조화와 상호도움의 관계로 하나의 세상이 되도록 만드셨다. 이점에서 창조적 다양성과 죄로 인한 나뉨은 분명 구분되어야 한다. 언어의 나뉨을 시작으로 분열된 인류는 지리적, 인종적, 정치적 이유로 세포분열을 계속했고 지금도 계속하고 있다. 아시아 대륙의 동쪽에 한국어와 한민족을 중심으로 크고 작은 국가들이 있었고, 격동의 오랜 역사를 지나 조선과 대한제국을 거쳐 대한민국을 이루었다. 그러나 다

---

15. 선언문은 시작 부분에서 에베소서 1장 10절을 인용한다. 개혁주의 통일신학과 통일 목회와 선교를 준비하고 민족적 차원에서 사랑운동을 통한 지원을 촉구했다. 김창환, 『공공신학』, 168~169.

시 남북으로 나뉘어 반세기를 훌쩍 넘겨 버렸다. 남도 북도 아무도 원하지 않았던 분열이었기에 둘은 통일을 원한다. 그런데 그 목적과 이유는 같지 않다. 이에 교회는 무엇을 말할 수 있는가?

기독교 핵심 신조의 첫 위치에 삼위일체가 있다. 너무나 친숙하고 중요한 이 진리를 통해 우리는 무엇을 이해하게 되는가? 단순히 하나님의 존재방식을 신학적으로 정의하는 것만인가? 삼위일체는 하나님의 경륜적인 하나됨에 관해서도 말한다. 하나님께서는 그 존재와 일하심에서 온전히 하나이시다. '하나이심'은 하나님의 본질이시고, 속성이시고, 일하시는 방식이다. 그래서 우리는 성경의 Θεός를 하나님으로 번역했다. 우리가 선하신 삼위일체 하나님을 안다는 것은 하나됨이 얼마나 선하고 중요한지를 또한 아는 것이어야 한다. 하나님께서는 한 분이시고 만유를 통해 계신다엡4:6 그분께서 그리스도 안에서 천지를 하나로 다시 만드신다엡1:10.[16] 이런 맥락에서 한분 하나님께서 온 세상을 하나로 만드심이 구속의 역사라고 말할 수 있다.

하나님께서는 이스라엘을 제사장 나라로 세우셔서 열방이 아브라함에게 주신 하나님의 복에 동참하도록 부르길 기뻐하셨다. 열방은 이스라엘과 교제의 대상은 아니었지만, 아브라함의 복으로 초대되어 하나님의 왕국나라으로 하나되어야 할 대상이었다. 제사장 나라로서 이스라엘은 스스로를 위해서만 존재하지 않았다. 십자가 이후로 교회는 하나님 나라의 왕적 제사장[17]이 되어 열방을 하나님

---

16. ἀνακεφαλαιόω의 의미를 하나로 규정하는 것은 어려운 일이다. T. K. Abbott, *A Critical and Exegetical Commentary on the Epistles to the Ephesians and to the Colossians*, ICC (New York: C. Scribner's sons, 1909), 18은 κεφαλή(head)가 아니라 κεφάλαιον(chief point)에서 파생된 것으로 보며, 접두전치사가 again의 의미를 가지지 않는 것으로 본다. 결과적으로 요약하다(sum up)의 의미로 읽는다. 그러나 그가 같은 용례로 예를 드는 로마서 13장 9절도 단순 요약의 의미가 아니라 모세율법과 비교하여 새 계명인 사랑의 본질적 새로움으로서 하나됨을 말한다. 에베소서 1장 10절에서도 천지의 만물이 그리스도를 머리로 새롭게 하나됨을 말하는 것으로 읽어야 한다. 즉 흩어진 것을 단순히 모으는 집합으로서 통일이 아니라 용광로에 녹여 새롭게 하나로 만들어 내는 것 같은 하나됨이다.

17. 베드로전서 2장 9절의 "왕 같은 제사장"이라는 번역은 매우 아쉽다. 마치 왕이 아닌 제사장처럼 오해되기 쉽다.

나라로 통일시킨다. 사도 바울이 말하는 교회의 화목하게 하는 사신使臣으로서의 사명은 하나님과 세상의 화목을 말하지만고후5:19~20, 이는 하나님 안에서 세상이 서로 화목하는 것도 배제하지 않는다.[18] 세상은 하나님 안에서 하나로 통일되어야 한다. 복음 안에서 세상은 하나의 영적 국가로서 이스라엘이라는 이름을 공유한다갈6:16; 롬11:26.

대한민국은 남북으로 막혀 있을 뿐 아니라 남쪽마저 영호남의 깊은 지역감정을 안고 있고, 지방과 서울 역시 경제-문화적 불균형으로 갈라져 있다. 이점에서 한민족은 남북-동서는 물론 그야말로 갈라진 피자처럼 분열되어 있다고 하겠다. 이는 정치적, 경제적으로 나뉜 것이지만, 그 뿌리는 죄에 깊이 박혀 있는 것이다. 교회의 통일 사역이 근본적으로 바벨탑의 죄를 치료하는 것이라면, 이는 정치적 통일을 배제하는 것이 아니라 포함하는 방향으로 나아가야 한다. 저주로 땅에 가시가 생겼고창3:18, 형제들은 서로 미워하기 시작했다. 미움의 열매는 살인이었으며창4:8, 바벨의 범죄로 언어가 나뉜 인류는 온 지면으로 나뉘어 흩어졌다창11:9. 복음은 미움과 소통불가에서 시작된 분열을 극복하는 서로 사랑을 말한다. 십자가의 복은 땅이 낸 저주의 가시를 제거한 하나님의 승리다. 가시에 찔리신 그리스도께서 가시를 꺾으신다. 복음은 저주와 가시 없는 복의 땅, 하나님의 복지국가, 이스라엘을 세운다.

서로 두려워하고 미워하여 DMZ 철가시로 갈라져 있는 대한민국의 비참이 하나님의 회복과 무관하다고 말할 수 있을까? 한민족 모두가 공유한 분단의 아픔을 외면하는 복음은 필자의 눈에는 신령하지 못하다. 사실 교회보다 온 몸으

왕적 제사장(royal priesthood)으로 번역하는 것이 나아 보인다.

18. Gerhard Sauter는 한국 그리스도인들이 통일을 위한 공동의 정체성을 지니기 위해서는 정치적, 경제적 연합을 통해서가 아니라 하나님의 속죄에 참여하는 속죄로 인한 화해를 통해서라고 말하며, 이를 위해 서로를 자비롭게 대함으로써 고린도후서 5장 19~20절을 실천해야 한다고 제안한다. 김창환, 『공공신학』, 173~174, 각주 44에서 재인용.

로 분단과 나눔, 분열과 갈라짐의 비극 자체를 정확히 느끼며 하나를 추구해야 할 모임이 세상에 없어야 하지 않는가? 우리는 만유를 통하여 계시는 하나이신 하나님, 그리스도 안에서 하늘과 땅의 모든 것을 하나로 모으시는gather together in one 하나님을 믿기에 말이다!

(2) 차별에서 하나로

"내가 복음을 부끄러워하지 아니하노니 이 복음은 모든 믿는 자에게 구원을 주시는 하나님의 능력이 됨이라 먼저는 유대인에게요 또한 헬라인에게로다"
롬1:16

"너희는 유대인이나 헬라인이나 종이나 자유인이나 남자나 여자나 다 그리스도 예수 안에서 하나이니라"갈3:28

대한민국은 선진국으로 인정되며 수많은 외국인이 더불어 살고 있다. 다문화 사회라고 말하지만, 이는 인종적 구별을 주저하는 표현이다. 우리는 여러 외국인과 다양한 인종으로 구성된 한국 국적의 구성원과 함께 살고 있다. 과거 대한민국은 다면적으로 서로의 국경을 맞대고 살았던 유럽의 국가들이나 인종의 도가니melting pot로 불리는 미국과 달리 정치적으로 섬과 같았던 반도국으로서 다민족 국가들이 겪는 여러 어려움을 바다건너 먼 나라의 일로만 여겼었다. 하지만 이제 급성장과 더불어 대한민국은 다민족 국가로 급속히 변화했으며, 이런 갑작스런 변화로 말미암아 다른 다민족 국가가 오랫동안 고민해온 복잡한 문제들이 우리에게 빠르게 던져지고 있다.

외국 노동자들에 대한 불평등한 처우는 어제 오늘의 문제가 아니며, 외국 노동자들의 집단 거주 지역에 대한 근거 없는 공포Xenophobia와 혐오는 부동산 문제와 겹쳐 더욱 심각해져 가고 있다. 국제결혼을 해서 다른 인종으로 구성된 이웃과 그 자녀들을 친구와 동료로 어렵잖게 만나고 있으며, 동시에 다양한 사회문제를 겪고 있다. 교회는 이들을 어떻게 대해야 하는가? 물론 복음주의적 성경읽기 역시 차별 없는 그리스도의 사랑으로 이들을 포용해야 한다고 가르쳐왔다. 그러나 이는 사적인 측면이 강했다. 신자가 개인적으로 만난 이방인을 신앙적 선행으로 대하는 측면이 강했다는 말이다. 그러나 기독교 복음이란 개개인이 십자가의 복음을 만난 뒤 흩어져 사랑을 개인적으로 실천하는 것보다 훨씬 공적이다.

하나님께서는 언약의 하나님이시다. 언약言約을 말로 하는 약속verbal promise 쯤으로 이해하는 경향이 한국교회에 크지만, 사실 이는 하나님과 법적 관계의 의미가 강하다. 하나님과의 언약적 관계는 아브라함을 통해 구체화되고 분명히 드러나며, 십자가는 이러한 아브라함 언약의 성취로서 설명된다. 십자가는 진공 속에서 느닷없이 등장한 하나님의 임기응변이 아니다. 그보다 십자가는 창세 전에 계획되어 아브라함을 통해 약속되었던 언약을 신실하신 하나님께서 아들을 통해 말세에 이루신 사건이다. 이런 맥락에서 십자가의 의미를 이해해야 한다. 십자가를 통해 아브라함 언약이 비로소 **최종적으로** 성취된다. 아브라함 자손은 복을 받아 큰 민족이 된다. 아브라함의 언약은 아브라함에서 시작된 복에 아브라함의 자손만이 아니라 천하 만민이 함께 동참함으로써 최종적으로 성취된다. 바꾸어 말하면 아브라함 언약은 이방인이 그 복에 동참하지 못하면 성취되지 못한 채로 남는 것이다. 이런 맥락에서 아브라함 언약은 오히려 유대인들만을 위한 것이 아니라 도리어 유대인을 통한 열방의 구원에 있다고 할 수 있다.

구원사의 경륜에서 아브라함 언약의 성취는 이처럼 두 단계를 가진다. 이것이 사도들을 유대인과 이방인의 사도로 구분하여 부르신 이유며, 이방인의 사도를 유대인의 사도들 뒤에 부르신 이유다. 하나님께서는 유대인의 사도들을 통하여 이방인을 위해 사역하도록 하실 수 있었다. 유대인의 사도들의 수로는 부족하여 이방인의 사도를 뒤늦게 세우신 것이 아니다. 열둘이라는 유대인을 위한 사도들의 온전한 수를 기억하자. 유다가 사도직을 버리고 타락의 길로 갔을 때 하나님께서는 사도를 추가하여 열둘을 채우셨다. 그것으로 사도들의 충만을 보였다. 유대인을 위한 사도는 그것으로 족했다. 뽑는 김에 몇을 더 세워 이방인을 위한 사역도 함께 수행하도록 하실 수 있었으나 하나님께서는 그렇게 하지 않으셨다. 열두 사도는 온전한 하나님의 사도의 수를 상징적으로 보여준다. 유대인의 사도는 열둘로 충분하다. 그런데 이 충만한 수가 채워진 후 하나님께서는 추가로 사도를 다시 부르셨다. 이는 사도의 보충역이 아니다. 충만한 사도들이 채워진 후 이방인의 사도를 뒤에 부르심으로 이제 하나님의 경륜이 또 다른 차원으로 전개됨을 보여준다. 사도들을 세우심이 아브라함 언약의 최종 성취를 위해 유대인에서 이방인에게로 확장된다. 이렇게 사도들을 세우심 자체가 복음을 설명한다.

십자가는 아브라함 언약의 측면에서 이방을 향한다. 아브라함 언약은 처음부터 유대인만을 위한 것이 아니라 이방인을 위한 것이었다. 복음 역시 처음부터 유대인만을 위한 것이 아니었다. 유대인만을 위한 복음은 거짓 복음이다갈 1:7; 3:8-9. 이런 측면에서 바울의 **사도직은 그 자체가 복음이다.** 하나님께서 이방인의 사도를 부르셨다는 사실 자체가 이방인이 유대인됨 없이 아브라함의 복에 참여할 수 있다는 것을 천명한다. 이것을 이해할 때만 사도가 왜 그토록 자신의 사도직을 변호하는 것을 중요하게 생각했는지를 깨닫게 된다고전9장; 고후11~12장. 이방인의 사도직을 위한 자신의 변호는 복음의 변호와 다르지 않다.

이방인의 사도 바울이 말하는 복음은 할례색맹circumcision-blind이다. 예수님 안에서 유대인과 헬라인의 차별이 있을 수 없다갈3:28. 복음의 본질은 그런 것이다. 바벨탑 이후 갈라선 인간의 역사만큼 오래된 분열과 나눔의 장벽이 아무리

높아도 하나님의 차별 없는 은혜와 사랑은 그 벽을 뛰어 넘는다엡2:14. 복음은 하나님의 맹목적인 차별 없는 사랑을 드러낸다. 그러기에 복음의 은혜를 온몸으로 체험한 자가 차별을 말한다는 것은 상상할 수 없다. 그리스도의 붉은 피 안에는 흑백황의 색깔이 있을 수 없다. 교회가 세상에 복음을 전한다면 순수한 복음을 전해야 한다. 다른 복음을 전할 수는 없다. 교회가 세상에 전하는 복음은 인종을 못 보는race-blind 복음이다. 이는 복음의 한 측면이 아니라 복음의 본질에 해당한다. 한국의 복음주의는 예수님을 믿어 구원 얻는 것을 복음으로 이해한다. 이는 틀리지 않지만 좁다. 중요 바울 서신으로 여겨지는 갈라디아서와 로마서에서 말하는 복음은 예수님을 이미 믿는 신자들에게 전해지는 것이다. 바울은 복음을 부끄러워하지 않았는데, 그 이유는 차별 없는 하나님의 능력에 있었다롬1:16. 바울이 부끄러워하지 않았던 동일한 복음의 사명을 가진 교회가 세상을 향해 인종적 차별을 없애는 사명을 동시에 갖는 것이 마땅하다. 그렇지 않으면 교회가 전하는, 바울이 부끄러워하지 않았던 복음이 세상으로부터는 부끄러움을 당하게 될 것이다.

기독교 국가로서 우리보다 앞서서 갈등을 겪었던 미국이 좋은 교과서일 수 있다. 마틴 루터 킹의 인권 운동은 법적 측면에서 두 가지 결과를 낳았다. 1964년에 민권법the Civil Right Act이 통과되어 인종, 민족, 출신국가, 종교, 성별에 따른 차별이 불법으로 선언되었고, 남부의 인종분리도 공식적으로 사라졌다. 1965년에는 선거권법Voting Right Act을 낳았는데, 이 법은 인종에 따른 투표권의 차별을 철폐하게 만들었다.[19] 이는 1955년 12월 1일, 흑인 로자 파크스가 버스에서 백인에게 자리를 양보하지 않음으로 기소되어 벌금형을 받은 것에 대해 흑인들이 저항함으로써 시작된 흑인 인권운동을 킹이 비폭력 저항으로 이끈 지 10년만

---

19. 이재근, 『20세기, 세계, 기독교』 (서울: 복있는사람, 2022), 365.

에 이룬 성과였다. 그의 비폭력 저항의 기원은 일반적으로 알려진 바와 달리 간디가 아니라 데이비드 소로였다. 하지만 그는 이후 인도를 방문하면서 영향을 받았고 더욱 확고해졌다. 이는 몽고메리에서 했던 설교에서 대중에게 전달되었다.[20] 필자는 개인적으로 킹이 예수님과 간디를 같은 문맥에서 함께 비교하고 있는 것에 기쁘지 않다. 더군다나 설교라는 정황을 감안하면 간디의 언급은 좋은 예는 아니었다고 말해야겠다. 그러나 공공신학적 관점에서 본다면 그의 외침은 의미심장하다. 왜냐하면 그의 설교는 기독교인들이 아니라 해도 들을 수 있으며, 이해할 수 있고, 또 동의할 수 있는 것이었기 때문이다. 그는 기독교 메시지를 설교의 형식으로 전했지만, 세상이 알아들을 수 있는 방식으로 세상에 전했고, 결국 세상을 바꾸었다. 한국의 일부 복음주의 신자들은 킹을 목사가 아니라 인권운동가로 분류하며 탐탁지 않게 보기도 한다.[21] 그러나 복음적인 교회가 이 땅에 고통 받는 영적 헬라인과 무할례자들의 온갖 차별을 외면한다면, 우리가 과연 킹보다 더 복음적이라고 말할 수 있을까? 복음은 구원으로 들어난 **하나님의 무차별**이기에……

여기서 바울의 편지는 아니지만 바울의 사역을 함께 살펴보는 것이 유익하다. 사도의 행적을 기록한 사도행전 11장 19~26절은 바울의 안디옥 사역에 관해 들려준다. 바울의 사역의 결과로 신자들은 안디옥에서 최초로 그리스도인들

---

20. 이재근, 『20세기, 세계, 기독교』, 363~364.

21. 킹 목사는 당시 여전히 시행되고 있던 현실적 노예제도를 반대했다. 이와 더불어 초기 기독교회가 자유자뿐 아니라 종들인 노예에도 관심을 가졌다는 것을 기억하는 것이 유익하다. 당시 노예들에게는 일반적인 생각과 달리 종교적 자유가 있었다. 그들은 자신들의 고향 신을 가져와 제사 지낼 수 있었고, 특히 제정 시대 이후 종교적 자유가 두드러졌다. 한편 그들은 조합에도 가입할 수 있었는데, 교회는 이를 선교의 발판으로 활용했다. 교회는 스스로를 동직조합으로서 인정받길 원했고, 조합내의 노예들을 전도했다. 물론 그 힘은 모든 사회적 한계들을 뛰어 넘는 형제 사상이었다. F. Laub, 박영옥 역, 『고대 노예제도와 초기 그리스도교』 (서울: 한국신학연구소, 1988), 80~88. 요약하면, 교회는 죄에 사로잡힌 영적 노예만이 아니라 사회적 노예에게도 관심을 가졌고, 그들을 해방하는 데 사회적 제도를 지혜롭게 이용하는 뱀 같은 비둘기였다. 이점에서 현대 교회는 2000년 전 초대 교회보다 더욱 지혜로워야 한다.

이라고 불리게 된다. 이는 오늘날 우리가 일반적으로 스스로를 부르는 칭호의 기원을 알려준다. 우리는 이 단순하지만 중요한 사실에 주목해야 한다. 그 의미를 질문으로 말해보자. 그리스도인이라는 일반적이고 중요한 호칭이 왜 안디옥에서 시작되었는가? 예루살렘에서 시작되어야 하지 않았을까? 또한 왜 바울의 사역의 결과이어야 했는가? 베드로나 요한의 사역의 결과로 이미 나타나야 하지 않았을까? 다른 말로, 오순절 그리스도의 영이 교회에 부어져 신약의 교회가 탄생되었을 때, 신자들은 왜 그리스도인들로 불려지지 않았는가 말이다. 많은 경우에 신학적 답은 질문하지 않기 때문에 구해지지 않는다. 그리스도인이라는 부름이 그리스도를 믿는 그리스도의 사람이라는 의미라면, 왜 이 호칭이한 참 뒤에서야 등장했을까?

답을 찾기 위해 주목할 것은 그리스도인이라는 호칭이 처음부터 공동체적이었다는 것이다. 즉 신자 개인이 그리스도인이라 불린 것이 아니라 안디옥의 제자 공동체가 그리스도인들로[22] 불렸다. 또한 그 상황 역시 유대인만이 아니라 헬라인들도 복음에 참여하는 문맥에서 그리스도인들이라는 공적 칭호를 가지게되었다.[23] 일세기 로마제국에서 인종과 국적은 권리 및 차별과 직결되었다. 로마인은 제국의 최고 시민이었고, 유대인은 스스로를 특별한 선민으로 여기며 이방인을 무시했다. 누군가의 정체는 민족과 시민권으로 분류되었고, 헬라인, 유대인 혹은 로마인이라는 그 자체가 사회적으로 그의 모든 것을 결정하였다. 그

---

22. 본문은 복수(Χριστιανούς)이다. 한글 성경은 이를 살리지 못함으로써 이를 개인적인 호칭으로 오해되게 만든 아쉬움이 있다.

23. "일컬음을 받게"로 번역된 원문은 χρηματίζω의 능동 부정사다. 이는 καλέω와 구분할 필요가 있다. 참고. J. H. Thayer, "χρηματίζω," *A Greek-English Lexicon of the New Testament* (American Book: New York, 1889), 671. 이는 신적 명령 같은 공사(public affairs, public business)와 관계된 용어다. 그리스도인들이란 호칭은 단순히 부를 용어가 아니라 제자들의 공적 역할과 관계된 타이틀임을 보여준다. 문법상 능동 부정사의 주어는 제자들이지만('타이틀을 가지다' 동사의 의미와 용례를 고려하면 수동('불려지다')으로 이해됨이 옳다 (KJV, ASV: were called). 제자들은 그들의 공적 역할과 관련하여 그리스도인들이라고 불린 것이다.

러나 복음이 예루살렘을 넘어 안디옥으로 나아갔을 때, 그리고 복음이 헬라인에게도 전해졌을 때, 비로소 $\pi\rho\acute{\omega}\tau\omega\varsigma$ 복음은 그리스도의 제자들을 그리스도인들이라고 불리게 했던 것이다. 엄밀히 말해, 안디옥 이전에 그리스도인들은 그리스도인들로 불릴 필요가 없었고, 진정한 의미에서 그렇게 불릴 수도 없었다. 그리스도 안에서 유대인과 헬라인이 함께 제자들이 되었을 때, 그들의 제자됨은 시민권처럼 공적 부름을 갖게 된 것이다. 한국의 교회가 그리스도의 참 제자라면 그리스도인들이라는 말을 교회당 안에서 스스로에게서가 아니라 세상에게서 공적으로 들어야 한다. 우리가 인종과 국적을 무차별하는 복음을 가진 자들임이 세상에 들어나야 한다.

5. 경제적 불평등을 치료하는 교회

"이는 다른 사람들은 평안하게 하고 너희는 곤고하게 하려는 것이 아니요 균등하게 하려 함이니 이제 너희의 넉넉한 것으로 그들의 부족한 것을 보충함은 후에 그들의 넉넉한 것으로 너희의 부족한 것을 보충하여 균등하게 하려 함이라 기록된 것 같이 많이 거둔 자도 남지 아니하였고 적게 거둔 자도 모자라지 아니하였느니라"고후8:13-15

인간의 첫 범죄는 궁극적으로 우상숭배다. 아담과 하와는 하나님보다 사단의 말을 더 신뢰했고 자신의 욕망을 더 섬겼다. 시작은 탐욕이었으며 그 끝은 우상숭배다. 여기서 주목할 것은 우상숭배가 인간의 탐욕을 통해 들어왔다는 것이다. 선악지식의 열매를 본 하와는 보기에 좋고 먹기에 탐스러움을 온몸을 통해 유혹받았다. 안목의 정욕을 통해 결국 하와는 배를 신으로 섬겼다빌3:19. 바로 이점에서 바울은 탐욕을 우상숭배라고 정의한다골3:5. 바울신학에서 탐욕 혹은 탐심은 죄의 좌소다. 아담과 하와에게서 시작된 물질에 대한 탐욕은 이후 모든 후손들을 우상숭배하게 하는 동인이 되었다. 이스라엘 역시 예외가 아니었다.

이스라엘 백성은 출애굽 직후부터 광야에서 지내는 동안 계속해서 먹는 것 등의 육적 욕심을 통해 하나님을 대적했다. 요단강을 건너 가나안에 들어가 전투를 행하는 동안에도 사단은 아간을 통해 구약의 교회를 무너뜨리려 했다. 아간의 죄는 탐욕의 죄다. 사단은 동일한 전략으로 아나니아와 삽비라를 통한 물질의 욕심으로 신약의 교회를 공격했다. 사도 바울은 구속사에서 변하지 않고 끊어지지 않았던 인간 죄의 본질을 간파하며 말한다. 돈을 사랑함이 모든 악의 뿌리ρίζα라고 말이다딤전6:10. 사도가 여기서 나무를 연상시키는 용어를 사용하는 것은 의도적이다. 돈은 선악지식의 나무와 같은 뿌리를 가지고 있다. 따라서 돈을 사랑하는 것은 선악을 알게 하는 나무의 열매를 먹는 것과 같은 죄악이다. 이점에서 바울과 디모데가 목회했던 당시 교회들은 에덴의 금단의 열매 앞에 여전히 서 있었고, 오늘의 우리도 같은 나무 앞에 서 있다.

하나님의 구속은 이러한 탐욕을 극복한다. 성령을 받은 교회는 자신의 소유를 모두 팔았다. 그리고 필요를 따라 나누었다. 예루살렘에서 시작된 이 나눔은 이방인에게도 옮겨 붙었다. 고린도후서 8장에서 사도는 예루살렘을 향한 부조를 독려한다. 물론 이는 구속사적으로 이사야 60장 1~9절을 성취하는 의미가 있다. 그러나 보다 근본적인 의미도 있다. 복음은 이방인과 유대인이 물질의 나눔으로 탐욕에 승리하여 함께 우상이 아니라 하나님을 섬기는 회복을 이루었다고 선언한다. 복음의 본질은 유대인과 이방인의 하나됨이며, **그 삶의 방식에 있어서** 물질의 나눔을 말한다. 구속사적 관점에서 보면 고린도 교인들은 헌금을 통해 탐심을 버리고 나눔으로써 이제 선악 나무가 아닌 다른 나무 열매를 먹고 있음을 드러내야 한다. 사도는 이를 독려한다. 이를 설명하면서 사도는 고린도 교인들과 예루살렘의 신자들을 평균케 하는 것이라고 말하며 그 원리를 광야의 만나에서 찾는다. 광야의 만나는 하늘에서 내려왔다. 공급자는 하나님이시다. 인간은 단지 거두었을 뿐이다. 그리고 만나의 거둠은 양의 차이에도 불구하고 균등_{평균}하게 되었다. 이는 복음 공동체의 삶의 방식을 예표하는 것이다. 복음은 균등한 구원과 균등한 삶에 대한 복된 소식이다. 이는 일견 공산주의처럼 들릴 수 있을 것이다.

그러나 이는 공산주의적 정치신학을 말하려는 것이 아니다. 정확히 말하면, 성경은 필요주의, 균등주의, 나눔주의다. 공산주의와 세부적 차이는 차치하고 본질적 차이를 지적해야겠다. 그것은 성령론이다. 뜬금없이 성령론을 말하는 것 같지만 실상 성령론이 그 핵심에 있다. 역사를 통해 공산주의의 허상과 부작용을 우리는 피흘리며 경험했다. 그러나 원리상 공산주의의 기본 취지는 악하지 않으며 성경의 원리에 반하지도 않는다. 마르크스Karl Marx는 비록 유대인이었지만 기독교로 개종한 아버지 아래서 유아세례를 받고 루터교회에 다녔다. 그는 사도행전 2장에 나오는 재산의 통용을 알았을 것이고, 그것이 너무나 이상적임을 발견했을 것이다. 그의 공산주의 이론의 뿌리가 이와 무관하다고 결코 말할 수 없다. 공산주의자들은 이 이상적 이론을 정치적으로 실현하여 국가에서 시행하려고 했다. 그러나 성경은 이미 이 시도의 치명적인 잘못을 말했다. 신약은 예루살렘 교회의 필요에 따른 나눔이 오순절의 결과라고 말한다. 즉 나눔은 성령의 결과였다. 나눔은 성령 없이는 가능하지 않다. 이는 정치체계나 사회구조 같이 인간의 힘으로 성취된 것이 아니었다. 죄의 뿌리인 탐욕의 포기는 성령의 역사 없이는 불가능하다. 필요주의 혹은 균등주의는 무성령의 국가는 할 수 없고 오직 성령 충만한 교회만이 실현할 수 있다. 공산주의 나라가 아니라 하나님 나라에서만 가능하다. 고린도교회는 대부분 생면부지인 예루살렘의 유대인들에게 자신의 만나를 나누고 있다. 푼돈이 아니라 일 년을 넘게 모아 둔 목돈을 나누었다고후8:10; 9:2. 이렇게 하여 서로는 선악지식의 열매 대신 하늘의 열매를 함께 나누어 먹었다.

16세기 종교개혁은 사회복지의 개혁을 촉발했다. 16세기 최초로 사회복지 개혁을 시도한 주인공은 루터파였다.[24] 그러나 개혁파 역시 사회복지에 매우 열심을 냈다. 제네바에는 시립 구빈원오스삐딸, hospital과 사립 프랑스기금이라는 두 종류의 복지기관이 있었다. 칼뱅은 이를 모두 종교적 사역으로 보았고 사역자를 집사로 보았다. 사회복지제도인 프랑스기금 관리자들이 1554년 7월에 칼뱅의 집에서 선출되었을 때, 공식적으로 그들을 집사로 부르기 시작했다.[25] 칼뱅은 로마교에서 신부의 성례 보조자 정도였던 집사를 되살렸다. 그는 재정을 모금하고 관리하는 집사와 직접 보살피는 집사로 구분하였다. 또한 칼뱅은 로마서 12장 8절의 구제하는 자와 긍휼을 베푸는 자를 이중 집사직의 근거로 보았다.[26] 이처럼 칼행은 구제의 주도적 역할을 정부가 아니라 교회가 해야 한다고 생각했다.[27] 집사는 교회의 직이며 시구제기관의 직으로서, 칼뱅에게 있어서 이웃의 범위는 교회만이 아니라 불신자를 포함하는 온 인류였다. 하나님의 형상으로 창조되었기에 칼뱅은 온 인류를 한 몸이라고 생각했고, 불신자도 잘려나간 지체로 여겼다.[28]

복음이 가져온 물질의 나눔은 단순히 헌금의 문제가 아니다. 복음은 모든 인류의 죄악의 뿌리에 놓인 탐욕을 제거한다. 그러기에 복음은 본질적으로 죄의 결과인 모든 불평등, 특히 만나의 불균형을 고발한다. 따라서 교회는 예배에서 헌금함으로만 평균케 함의 사명에 대한 면책부를 발부할 수 없다. 세상은 죄에

---

24. 황대우, "칼빈 신학과 제네바 사회복지," 『부흥과 갱신』 15 (2015), 106.

25. J. E. Olson, *Calvin and Social Welfare: Deacons and the Bourse Francaise* (London & Toronto: Associated University Presses, 1989), 32, 황대우, "칼빈신학," 115에서 재인용.

26. 또한 사도행전 6장의 일곱 집사를 남성 관리집사로, 디모데전서 3장의 긍휼을 베푸는 자를 직접 돌보는 여성 보호자로 이해했다. 황대우, "칼빈 신학," 119~121.

27. 황대우, "칼빈 신학," 122.

28. 황대우, "칼빈 신학," 126.

신음하며 복음을 필요로 한다. 교회는 세상의 죄와 그 아픔을 외면할 수 없다. 교회가 세상에 복음을 전해야 한다면, 복음이 가져올 평균케 된 삶을 복음과 함께 세상에 전하는 것 역시 우리의 사명이어야 한다. 교회가 교회 내에서만 서로에게 나눔을 고집한다면, 업타운의 부자동네가 마을 진입구에 금줄을 치고 자신들만의 기부 명품으로 나눔의 축제를 하는 것으로 비춰지지 않겠는가? 교회가 세상에 물질을 나누면서 세상의 불평등을 고발하지 않는다면, 세상이 교회가 전하는 복음의 진정성을 고발해도 묵비권 말고 내놓을 것이 있을까?

6. 나가면서

바울서신에서 신자는 거룩한 자들聖徒로서 복수형태로 불린다.[29] 신자들은 거룩한 무리다. 이는 신자들의 거룩함이 집단적임을 함의한다. 이런 맥락에서 성화란 공동체적이다. 신자의 거룩함은 개인의 내밀한 경험에 그치지 않고 공공신학적 의미를 가진다.[30] 이 거룩한 무리를 일컬었던 그리스도인들이라는 공적 호칭을 우리는 세상으로부터 들어야 한다. 스스로가 아무리 거룩한 그리스도인이라고 개인적으로 말해도 세상이 인정하지 않는다면, 우리는 우리의 정체성을 지키지 못한 것이다.

기억하자. 이스라엘은 제사장 나라의 사명을 다하지 못했다. 그런 이스라엘은 결국 로마에 밟혔다. 우리는 세상에 공적 사명을 가진 공동체로서 세상의 소

---

29. 거룩한 자들(οἱ ἅγιοι)이라는 표현은 신약에서 바울서신에 집중적으로 등장한다. 빌립보서 4장 21절은 πάντα ἅγιον(every saint)에 문안하라고 말하지만 이는 의미상 공동체적이며, 그 외 대부분의 경우에도 복수 형태로서 성인이 아니라 성도로 불린다.

30. Scott Peck, "나태와 핵심감정", 노승수, 『핵심감정 성화』 (서울: 세움북스, 2019), 241.

금이다. 다시 말한다. 우리는 **세상의** 소금이다. 교회의 소금이 아니다. 우리는 짜다고 하지만 세상이 우리의 맛을 느끼지 못한다면, 우리는 이미 맛을 잃어버린 것이다. 우리의 맛은 세상이 느낄 수 있는 보편적이고 상식적인, 즉 '공적인 짬'이어야 한다. 우리가 세상 속에서 맛을 잃으면, 불로 소금치는 세상을 향한 하나님의 심판을 도리어 우리가 맛볼 것이다!

참고문헌

김창환. 『공공신학과 교회』. 서울: 대한기독교서회, 2021.

양진영. 『교회보편성의 현대적 재정립- 교회, 그리스도로부터 그리스로까지』. 서울: CLC, 2022.

우병훈. "공공신학 교육을 위한 교본으로서 웨스트민스터 대교리문답." 『개혁논총』 39 (2016), 57~96.

이재근. 『20세기, 세계, 기독교』. 서울: 복 있는 사람, 2022.

최경환. 『공공신학으로 가는길, 공공신학과 현대 정치철학의 대화』. 고양시: 도서출판 100, 2019.

황대우. "칼빈 신학과 제네바 사회복지." 『부흥과 갱신』 15 (2015), 98~131.

Abbott, T. K. *A Critical and Exegetical Commentary on the Epistles to the Ephesians and to the Colossians.* ICC. New York: C. Scribner's sons, 1909.

Graham, Glenn. *An Exegetical Summary of Ephesians.* 2nd ed. Dallas, TX: SIL International, 2008.

Laub, F. 『고대 노예제도와 초기 그리스도교』. 박영옥 역. 서울: 한국신학연구소, 1988.

Longenecker, R. N. *The Epistle to the Romans: A Commentary on the Greek Text.* I. H. Marshall and D. A. Hagner, eds. NIGTC. Grand Rapids, MI: William B. Eerdmans Publishing Company, 2016.

Olson, J. E. *Calvin and Social Welfare: Deacons and the Bourse Francaise.* London & Toronto: Associated University Presses, 1989.

Peck, Scott. "나태와 핵심감정", 노승수, 『핵심감정 성화』. 서울: 세움북스, 2019, 233~252.

Schaff, P. ed., *Nicene and Post-Nicene Fathers: First Series, XI St. Chrysostom: Homilies of the Acts of the Apostles and the Epistle to the Romans.* New York: Cosimo Classics, 2007.

Thayer, J. H. "χρηματίζω," *A Greek-English Lexicon of the New Testament.* American Book: New York, 1889, 671.

Vanhoozer, K. and Strachan O. 『목회자란 무엇인가?』. 박세혁 역. 서울: 포이에마, 2016

van Oorschot, Frederike. "Public Theology Facing Gloalization." *Contextuality and intercontextuality in public Theology.* H. Bedford-Strohm, F. Höhne and T. Reitmeier, eds. Münster: Lit Verlag, 2013, 225~231.

8장

일반서신에 나타난 교회의 공공성

송영목

1. 들어가면서

그리스도인이 공적인 광장에서 어떻게 책임을 감당할 것인가라는 주제를 두고 오래전부터 복음주의권 교회가 논의해 왔다.[1] 최근에는 개혁주의 진영에서 선교적 교회missional church와 공공신학public theology을 통해 교회의 공공성公共性, publicity이 뜨거운 감자가 되고 있다.[2] 도덕적 상대주의에 빠진 사람들은 더 큰 사회적 맥락을 고려하지 않은 채 '나, 나 자신, 나를'이라는 '나르시시즘의 삼위일체'를 신봉하지만, 교회는 열방을 전도하여 그들이 하나님 나라의 가치와 관점을 따라 세상의 소금과 빛으로 살도록 도와야 한다마5:13~14; 28:19~20.[3] 하지만 현대 교인들은 안락함과 돈과 출세를 우상으로 숭배하기에, 역동적인 선교가 점

---

1. 롬13장과 어거스틴의 『하나님의 도성』에 나타난 그리스도인의 공적 실천의 중요성은 D. A. Carson, "The *SBJT* Forum: Christian Responsibility in the Public Square," *SBJT* 11/4 (2007), 107을 보라.
2. 공공신학의 경향에 대한 평가와 교회의 공공성을 신약 본문 주해로써 풀이한 예는 송영목, 『하나님 나라 복음과 교회의 공공성』 (서울: SFC출판부. 2020)을 보라.
3. R. Land and B. Duke, "Being Salt and Light in an Unsavory and Dark Age: The Christian and Politics," *SBJT* 11/4 (2007), 83, 91~94.

차 어려워지고 있는 실정이다.[4]

코로나19는 교회의 공공성, 즉 개별 그리스도인을 넘어 여럿이 함께 공적 광장에서도 통하는 역할 수행을 중요한 화두로 만들었다. 공공성이라는 지붕 아래 '공존, 공생, 공개, 공론, 공정, 공평, 공익, 공유, 공적 책임, 사랑과 섬김, 참여'라는 식구들이 오순도순 모여 살고 있다.[5] 국민일보와 코디연구소가 지앤컴리서치에 의뢰해 1,000명을 대상으로 진행한 '기독교에 대한 대국민 이미지 조사'에서 '종교 호감도'를 묻자 응답자 중 25.3%만이 기독교에 호감이 있다고 답했다설문 기간: 2022.3.31.~4.4.. 천주교와 불교에 대해서는 각각 65.4%와 66.3%의 응답자가 호감이 있다고 응답했다종교별 단수 응답. 게다가 기독교의 신뢰도는 18%에 불과했는데, 이것은 비기독교인 가운데 기독교를 신뢰하는 사람이 거의 없다는 의미다. 기독교를 대표하는 핵심 단어는 '배타적'이었고, 주변 단어로는 '물질적', '위선적', '이기적', '세속적' 등이었다. 한국교회가 대통령 선거에서 특정 보수 후보를 집단적으로 지지하고 정치권에 밀착하려는 모습을 보이자, 특히 20~40대 젊은 세대를 중심으로 교회를 신뢰하지도 호감을 보이지도 않았다.[6] 이런 차제에 교회와 목회자는 무속적 기복주의와 개교회 성장지상주의를 극복하면서 신뢰도를 회복해야 할 과제를 떠안게 되었다.[7]

---

4. 미국의 라이프웨이리서치는 2021년 9월 개신교 목회자 1천 명을 대상으로 개신교 신자에게 있는 우상이 무엇인지 물었다. 67%가 '안락함'을 꼽았고, 통제·안정감(56%), 돈(55%), 인정(51%), 성공(49%)이 각각 2~5위를 차지했다. "美, 개신교인 우상 1위 '안락함': 해외통신/ 1천명 설문, 67%가 안락함 응답," (http://www.amennews.com/news/articleView.html?idxno=19072; 2022년 8월 15일 접속).

5. 장헌일, "신앙공동체로서 교회와 공공성: 교회 공공정책 일유형으로서 아동돌봄 정책 중심으로," 『종교문화학보』 18/2 (2021), 96, 99.

6. 참고. "[한국교회 세상속으로…] 코로나·대선, 한국교회 호감도 끌어내려" (https://news.kmib.co.kr/article/view.asp?arcid0924242489&code=23111113&sid1=chrhttps://news.kmib.co.kr/article/view.asp?arcid=0924242489&code=23111113&sid1=chr; 2022년 4월 27일 접속). "[한국교회 세상속으로…] '기독교 배타적'… 호감도 25% 그쳐" (https://news.kmib.co.kr/article/view.asp?arcid0924242493; 2022년 4월 27일 접속); http://www.logosian.com/news/articleView.html?idxno=4117(2022년 4월 28일 접속).

7. 장헌일, "신앙공동체로서 교회와 공공성," 90, 93, 104.

교회의 공공성을 중요하게 다루는 일반서신공동서신은 히브리서의 익명의 저자와 베드로, 예수님의 두 동생인 야고보와 유다가 기록했다. "성경이 성경을 해석한다."라는 원칙에 따라, 일반서신을 파편화시키는 대신에 간본문적이며 종합적으로 연구할 필요가 있다.

이 글의 목적은 교회가 세상 속에서 어떻게 존재하며 사역해야 하는가를 일반서신의 교훈을 통해 살피는 것이다. 이를 위해 먼저 일반서신 가운데 히브리서, 야고보서, 베드로후서, 유다서의 교회론을 1차 독자들이 마주했던 세상에 비추어 연구한다. 그다음 일반서신이 제시하는 세상 속의 교회의 역할을 탐구한다.[8] 마지막으로 개발신학development theology에 비추어 교회의 공공성을 설교하는 지침을 제시한다.

2. 일반서신의 교회론

바울서신은 특정 지역의 교회나 개인을 수신자로 삼는다. 그러나 일반서신

---

8. 이 글에서 다루지 않는 베드로전서와 요한계시록의 교회의 공공성은 다음과 같다. "베드로와 요한이 밝히는 긍정적인 소통이란 삼위 하나님과 교회, 지역 교회와 지역 교회, 교회 안의 성도, 두 저자/수신자와 구약 간의 소통이며, (계시록이 보여주는) 부정적인 소통은 네로 황제의 강압적이며 니골라당의 기만적인 소통이다. 참 소통의 근원은 삼위 하나님이시다. 삼위 하나님 사이의 소통은 교회 및 세상 속으로 확장된다. 무엇보다 성도는 선한 양심과 선한 행실로 불의한 세상 안에 공존하면서 소통해야 한다. 하지만 네로 황제나 니골라당과 같은 악의 세력은 강압적이거나 속임수로 소통을 시도했다. 두 사도가 말하는 화해란 근본적으로 어린양 예수님을 통한 화목인데, 결국 세상 속에서 성도의 재창조 사역으로 발전한다. 소통의 결과인 화해의 주도권은 하나님이 쥐시기에, 화해는 우리 밖에서 온 것, 즉 우리가 만들어내지 않고 경험하는 객관적인 실재다. 화해의 범위는 하나님과 그의 백성들 사이는 물론이거니와, 보이는 온 세상과 그것을 넘어서는 만유이다. 따라서 깨어지고, 뒤틀리고, 단절된 상태를 전제로 하는 화해는 회복을 위한 새 창조 사건이다. 예수님을 통한 화해를 은혜로 하나님과 화해된 성도가 추구할 환대는 불신자로부터 보상을 바라지 않는 무조건적인 것이다. 베드로와 요한이 말하는 공존의 완벽한 모델은 협동으로 사역하시는 삼위 하나님에게서 찾을 수 있는데, 성도는 폭력과 박해가 만연한 세상 속에 살면서도 거류민과 나그네라는 성도의 정체성의 경계선을 강화하면서 세상 변혁을 추구해야 한다." 송영목, "소통, 화해, 공존: 베드로전서와 요한계시록을 중심으로," 『교회와 문화』 35 (2015), 161.

의 수신자들이 광범위한 지역에 흩어져 있었기에 공교회성을 찾을 수 있다. 거룩하고 사도적 신앙은 공교회성catholicity, 즉 교회의 보편성을 가르친다. 실제로 지상의 모든 유형교회는 예수님의 통치를 받는 하나의 교회이므로, 지교회들의 일치와 연합이 매우 중요하다. 하지만 이런 공교회성이 자동적으로 '교회의 공공성'을 보장하지는 않는다. 왜냐하면 지교회들의 연합이 세상 속으로 침투하여 공동선을 촉진하면서 복음을 증거하는 공공적 사역과는 무관할 수 있기 때문이다. 이런 문제의식을 염두에 두면서 일반서신의 교회론은 공공성을 어느 정도 가르치는가를 살펴보자.

(1) 히브리서

히브리서는 종교의 자유가 없던 시대에 가정교회가 예배로 모였을 때 낭독할 "권면의 말ὁ λόγος τῆς παρακλήσεως"이다히13:22. 그런데 히브리서는 명사 "교회 ἐκκλησία"를 2회만 언급한다히2:12; 12:23.

히브리서의 독자는 유대교에서 기독교로 개종했든지, 아니면 케제만1939년 등이 주장하듯이 이교도에서 개종한 그리스도인이든지, 뒤로 물러가 멸망과 배교에 빠질 위기에 처해 있었다히6:4~6; 10:39.[9] 그들은 신앙의 순례 여정에서 살아계신 하나님으로부터 멀어져 "영적 빈혈"E. S. Fiorenza의 용어을 겪을 정도로 피곤했던 것으로 보인다히3:12; 12:3, 12. 이것은 주일 공 예배에 참석하기를 꺼릴 정도로 '정체성의 위기'를 가져왔고, 심지어 공동체의 결속까지 와해할 정도였다히10:25.[10] 하지만 히브리서 기자는 공동체의 정체성과 믿음을 재확립하기 위해, 독자들이 복음과 새 언약의 유익을 지속적으로 확신하면서 믿음으로 인내하도

9. J. L. de Villiers and A. B. du Toit, "The Theology of Hebrews," in *Guide to the New Testament VI*, ed. A. B. du Toit (Doornfontein: Halfway House, 1993), 97~98.
10. J. W. Thompson, "The Ecclesiology of Hebrews," *Restoration Quarterly* 56/3 (2014), 137.

록 격려한다히3:14; 10:23.¹¹ 히브리서 기자는 독자들의 공동체성 함양을 위해 1인칭 복수 대명사 '우리'를 자주 사용한다히1:2; 2:1; 3:1; 10:39 등. 성도가 믿음을 주시고 완성하시는 구주 예수님을 바라보고 순종하며, 하나님께 공 예배를 통하여 담대하게 나아가는 회복이 없이는 영적 피곤을 해소할 길이 없다히4:16; 9:26; 10:2, 35; 11:8; 12:2. 그런 공 예배는 서로를 돌보고 선행을 격려하는 생활로 이어진다히10:24, 33; 13:3.

이상의 논의를 요약하면, 히브리서는 선교적 교회로서 사회 속에서 공공선을 추구하며 살 것을 권면하거나 강조하지 않는 듯하다. 다시 말해, 히브리서 수신자 공동체 안의 신앙의 문제를 해결하는 것이 급선무로 보인다. 하지만 히브리서 기자는 수신자들이 아브라함의 복을 세상에 현시하여 새 시대의 안식을 주는 하늘의 예루살렘 교회로서 역할을 하라고 격려하는 듯하다히6:14; 11:16.

(2) 야고보서

야고보서의 수신자들은 유대인 그리스도인으로 보인다약1:1; 참고. 마19:28; 행26:7.¹² 그런데 그들은 진리의 복음으로써 중생되었기에 믿음의 시험을 당하고 있었다약1:2, 18. 독자들 가운데 빈자와 병자가 있었기에 그들을 구제할 집사가 필요했다약2:2, 5, 15; 5:14. 그런데 "선생"약3:1과 그와 유사한 직분을 담당한 것으로 보이는 "장로"약5:14는 언급되지만, 의아하게도 "집사"는 등장하지 않는다.

예수님의 동생인 야고보는 사랑의 실천으로써 산 믿음을 증명하는 공동체로서의 교회를 부각한다약2:1, 8, 24. 산 믿음은 먼저 교회당 안에서 증명되어야 하지만, 결국 그것을 증명할 현장은 세상이다.

---

11. De Villiers and Du Toit, "The Theology of Hebrews," 99.
12. J. L. de Villiers, "James," in *Guide to the New Testament VI*, ed. A. B. du Toit (Doornfontein: Halfway House, 1993), 132.

야고보서의 기록 목적은 이방인이 주류인 세상 속에 흩어져 살며 믿음 때문에 시련과 고난을 겪던 기독교인 가운데 미혹에 빠진 사람들을 진리로 돌아오게 하라는 권면을 주는 데 있다약1:1; 5:10, 19~20.[13] 야고보에게 믿음과 행함 간의 모순이나 충돌은 없다. 이신칭의는 지적이며 추상적 교리로 머물지 말아야 하고, 성화, 곧 사랑의 실천으로써 활성화되어야 한다.[14] 사랑의 공동체는 서로가 선물 같은 존재로 자리매김할 때 완성된다. "커뮤니티community라는 용어는 지역사회·공동체 등으로 널리 사용되고 있는바, 이는 라틴어 어원인 *communis*에서 유래하는 것으로서 *communis*는 '*com*(함께)'과 '*munis*(봉사하는 일)'의 합성어다."[15]

(3) 베드로후서

베드로후서의 수신자는 베드로전서 수신자와 동일한 소아시아의 성도인데, 로마제국의 박해보다는 무법한 거짓 선생들의 미혹을 심각히 받고 있었다벧후2:1, 10; 3:1, 17.[16] 베드로후서가 제시하는 참 교회는 신적 성품을 구현하면서 도덕폐기적 이단에 맞서며, 세상 갱신과 재림을 대망하는 공동체다벧후1:4~7; 3:10.[17] 여기서 세상 갱신과 관련해 교회의 사회적 책무가 감지된다참고. 계21:5.

13. 주기철, 『돌아섬: 야고보서 해설』 (부산: Proc, 2021), 32, 45.
14. De Villiers, "James," 141.
15. 장헌일, "신앙공동체로서 교회와 공공성," 94.
16. H. J. B. Combrink, "2 Peter and Jude," in *Guide to the New Testament VI*, ed. A. B. du Toit (Doornfontein: Halfway House, 1993), 184; S. Storms et als, 『베드로전서-유다서』, *1 Peter-Jude*, 김명희 역 (서울: 국제제자훈련원, 2021), 167.
17. R. A. Reese, "Holiness and Ecclesiology in Jude and 2 Peter," in *Holiness and Ecclesiology in the New Testament*, ed. K. Brower (Grand Rapids: Eerdmans, 2007), 326~342.

(4) 유다서

유다서는 수신자가 거주한 장소에 관해 정확한 정보를 제시하지 않는다. 유다서 11절의 "발람"은 계시록 2장 14절과 유사하기에 수신자들은 계시록처럼 소아시아에 거주한 것으로 추정된다.[18] 하지만 수신자의 지리적 배경의 후보지로 지중해 연안의 어떤 지역도 배제할 수 없다.[19]

> 유다는 성령께서 단번에 성도에게 주신 믿음을 가진 이가 오류나 정욕을 따라 살지 않도록 돕기 위해 편지를 쓴다. ······ 하나님 아버지께서 예수 그리스도를 통하여 믿음과 구원을 베푸신 사랑하는 성도를 긍휼히 여기시고 지켜주신다. 하지만 육체의 이익을 추구하는 불경건한 자들은 심판을 받는다.[20]

예수님의 동생 유다는 도덕폐기적 이단과 맞서며, 믿음과 사랑과 소망이 가득한 교회를 부각한다유 3, 21.[21]

(5) 요약

히브리서는 배교의 위험과 영적 피곤함을 극복하여 활기찬 교회를 강조한다. 야고보서는 이신칭의를 피상적으로 붙잡기보다 사랑의 실천으로 믿음을 증명할 것을 가르친다. 베드로후서와 유다서는 도덕폐기적 이단이 받을 확실한 심판을 구약을 통해 상기하면서, 주님의 재림까지 믿음을 지키기 위해 신적 성품에 참여할 것을 제안한다.

---

18. Combrink, "2 Peter and Jude," 184~185.
19. Storms et als, 『베드로전서-유다서』, 431.
20. 송영목, "유다서의 구문과 구조 분석," 『신약논단』 25/1 (2018), 191~192.
21. Combrink, "2 Peter and Jude," 187.

3. 일반서신의 1차 독자 교회들이 마주했던 세상

서신서의 1차 독자들의 종교-사회적 상황을 파악하면, 그들이 세상 속에서 어떻게 윤리적으로 실천해야 했는가도 파악할 수 있다.

(1) 히브리서

무엇이 종말의 새 시대를 개시하신 예수 그리스도를 믿음으로 칭의를 받은 히브리서 수신자로 하여금 뒤로 물러가 멸망하도록 만들려고 했는가히10:38~39? 다수의 학자가 동의하듯이, 히브리서의 수신자 중 유대교에서 개종한 사람들은 박해를 피하기 위해, 예수 그리스도께서 영원한 희생제물이 되심으로써 성취하신 옛 세상과 유대교로 회귀하려는 유혹을 받았다히8:13; 9:10.[22] 히브리서의 독자들이 마주한 상황은 이런 의미에서 옛 세상과 종말의 새 세상 간의 대결이었다. 이런 대결 상황 속에서 믿음의 순례길에 들어선 신앙의 동료들이 예배하며 상호 격려하는 것이 무엇보다 중요했다히4:14~16; 10:19; 12:18~24.[23]

히브리서 수신자들이 네로의 박해 중에 로마에 살았다면, 박해를 피하기 위해 합법적 종교인 유대교로 회귀하려고 했을 것이다.[24] 수신자들이 믿음보다 지식을 종교의 출발점으로 간주하여 더 우위에 둔 초기 영지주의의 영향을 받았다면, 대제사장이신 예수님의 속죄를 믿음으로만 의롭게 된다는 사실을 더욱 분명히 하면서 소망 중에 믿음의 경주를 수행해야 했다히10:1~18.[25] "히브리서에서 믿

---

22. D. E. Johnson and R. L. Plummer, 『히브리서·야고보서』, *Hebrews · James*, 이철민·김명희 역 (서울: 국제제자훈련원, 2022), 26.

23. Johnson and Plummer, 『히브리서·야고보서』, 31.

24. S. van der Walt, "Die Mensbeskoulike en Samelewingsteoretiese Vertrekpunte van 'n Onbekende Skrywer, Toegepits op Hebreërs 10:38-39," *In die Skriflig* 50/3 (2016), 3~5.

25. Van der Walt, "Die Mensbeskoulike en Samelewingsteoretiese Vertrekpunte van 'n Onbekende Skrywer, Toegepits op Hebreërs 10:38-39," 6.

음은 지식을 배제하지 않지만, 그런 지식은 수신자들의 바깥에서 주어진 구원을 지향하도록 만든다."[26] 그런 지식은 영지주의가 가르치는 영육 또는 성속 이원론적 앎이 아니라, 자유와 구원에 이르는 참 지식이다. 창조주 성부께서 독생자 예수 그리스도를 통하여 종말에 계시하신 믿음을 통해서만 불가시적 미래와 도달해야 할 안식이 가시화된다.[27] 따라서 히브리서 수신자들이 로마의 박해와 이교 철학 사조의 도전에 맞서는 방법은 지식을 강화하는 믿음에 달렸다.

한편 유대적 배경을 가지고 있던 수신자들은 옛 세상/옛 언약과의 갈등을 겪었다참고. 행6:7.[28] 기근을 겪던 예루살렘교회가 형편상 실행하기 어려웠던 독자들의 관대한 섬김히6:10, 글라우디오 황제가 유대인을 로마에서 추방한 것과 연관될 수 있는 경제적 손실을 동반한 고난의 큰 싸움히10:32-34, 그리고 이탈리아에서 온 성도히13:24 등은 히브리서의 수신자들이 로마에 거주한 증거가 될 수 있다.[29] 그렇다면 히브리서는 네로 황제 당시에 기록된 것으로 보인다.[30]

히브리서는 신앙 약화의 문제에 큰 관심을 보인다. 수신자들은 예수님을 "하나님의 아들"과 "주"로 신앙을 고백하는데히1:2; 2:3, 과거에 개종 후에 믿음 때문에 공적으로 심한 어려움을 통과한 저력을 회고하면서히10:32-34, 현재적으로 인내하며 하나님께 담대히 나아가고, 단단한 음식을 먹을 정도로 영적으로 성숙해 가야 한다히5:12-14.[31]

---

26. Van der Walt, "Die Mensbeskoulike en Samelewingsteoretiese Vertrekpunte van 'n Onbekende Skrywer, Toegespits op Hebreërs 10:38-39," 6.

27. Van der Walt, "Die Mensbeskoulike en Samelewingsteoretiese Vertrekpunte van 'n Onbekende Skrywer, Toegespits op Hebreërs 10:38-39," 6.

28. D. A. Hagner, 『히브리서 총론』, Encountering the Book of Hebrews, 이창국 역 (서울: 크리스챤출판사, 2005), 11.

29. Hagner, 『히브리서 총론』, 13.

30. Hagner, 『히브리서 총론』, 14.

31. A. J. Coetsee, "A More Comprehensive Comprehension and Appropriate Application: An Answer to Dwindling Faith Commitment from the Book of Hebrews," In die Skriflig 55/2 (2021), 3-9.

(2) 야고보서

예수님의 동생 야고보가 AD 62년에 불신 유대인들에 의해 순교했다면, 야고보서에서 반유대교적 상황을 간과하기 어렵다.[32] 그런데 혹자는 야고보서가 유대적 배경을 갖고 있기에, 즉 아브라함을 "우리 아버지"라 부르고약2:1, 그들의 회집 장소가 "회당"이며약2:2, 독자들의 신앙도 쉐마에 근거하는 것으로 보이기에, 야고보서를 유대인 그리스도인은 물론 회당에 모였던 불신 유대인을 염두에 둔 변증 서신으로 보기도 한다약2:19; 참고. 신6:4.[33] 그러나 야고보는 독자들에게 이미 임한 이신칭의와 예수님을 믿는 믿음을 강조하고 있는 것을 볼 때, 불신자에게 복음을 변증하거나 전도하기 위한 목적으로 보기는 어렵다참고. 요20:31.[34]

그리스도인은 하나님의 뜻, 타인을 구제함, 그리고 물질의 청지기 정신 등을 종합적으로 고려하여 경제 활동을 계획해야만, 탐욕이나 범죄 그리고 복을 상실하지 않는다약4:13~17.[35] 야고보서 5장 1~6절은 로마제국의 경제 체제를 직접적으로 비난하지는 않는다. 오히려 야고보는 토지를 소유한 부유한 자들이 농부들을 착취하는 로마의 불평등한 체계의 근본적인 특징을 비판함으로써 억압이라는 죄를 비판한다. 그런 수탈을 교정하기 위해 야고보는 교회가 그런 시스템에서 발을 빼라고 권면하는 대신, 제국주의적 착취를 닮지 말 것을 권면한다. 이 사실은 야고보서 5장 6절에서와 같이 억압의 죄에 대한 야고보의 마무리 담론에 분명히 나타난다. "너희는 의인을 정죄하고 죽였으나 그는 너희의 불의에게 대

---

32. Johnson and Plummer, 『히브리서·야고보서』, 408.

33. D. C. Allison, "The Jewish Setting of the Epistle of James," *In die Skriflig* 49/1 (2015), 4~8.

34. 참고. R. Julian, "A Perfect Work: Trials and Sanctification in the Book of James," *Southern Baptist Journal of Theology* 4/3 (2000), 43.

35. Š. Pružinský, B. Kuzyšin, M. Šip. A. Kubicová, & Š. Pružinský, "The Strategy for Planning the Future of a Christian Believer in the Exegetical Context of James 4:13-15," *HTS Teologiese Studies* 77/1 (2021), 5~6.

항하지 아니하였느니라."[36]

(3) 베드로후서

이 서신의 1차 수신자들은 터키의 넓은 지역에 살면서, 베드로처럼 동일하게 보배로운 믿음을 받은 2세대 그리스도인이다[벧후1:1; 참고. 벧전1:1, 7.][37] 예수님의 복음은 지역과 시대를 초월하여 모든 믿는 그리스도인을 하나의 교회로 묶는다. 그런데 수신자들은 거짓 선생들의 미혹에 직면했다[벧후2:1]. 이전에 수신자들은 정욕과 부패와 더러움의 종이었다[벧후2:18-20]. 하지만 하나님께서는 그들에게 회개의 기회를 주시고 구원하기 원하셨다[벧후3:9]. 그래서 구주 예수님께서 정욕과 부패와 더러움에 종노릇하던 이들을 값 주고 사셔서 그분의 종들로 삼으셨다[벧후1:1; 2:1]. 하지만 수신자들에게는 여전히 새로운 주인을 버리고 옛 주인에게 돌아갈 여지가 있었다[벧후2:20]. 따라서 그들이 계속해서 새 주인이신 예수님을 섬기기 위해서는 예수님을 알고 닮아가야 한다[벧후1:5-7; 3:18]. 결국 수신자들은 구주 예수님의 재림으로 신천신지가 완성됨으로써 구원의 완성을 맛보게 된다[벧후3:4, 13]. 구원이 완성되면, 옛 주인에게 돌아가고자 하는 욕구가 사라질 뿐 아니라, 수신자들은 새 주인의 성품을 완벽하게 닮게 된다. 수신자들은 구원, 곧 주인이 바뀐 것을 경험했기에, 그들의 윤리는 구원론적이며 동시에 종말론적이다.[38]

---

36. F. Kakwata, "An Inquiry into Socio-Historical Factors contributing to Poverty within the Early Church in Palestine," *In die Skriflig* 49/1 (2015), 8.

37. 참고. D. B. Wallace, "Second Peter: Introduction, Argument, and Outline," https://bible.or g/seriespage/second-peter-introduction-argument-and-outline (2019년 8월 3일 접속).

38. 이 단락은 T. Callan, "The Soteriology of the Second Letter of Peter," *Biblica* 82/4 (2001), 549~557에서 요약.

(4) 유다서

유다서는 일반서신이므로 수신자들의 정황을 구체적으로 알 수 없다. 수신자들은 부르심을 받은 이들, 곧 하나님 아버지 안에서 사랑을 받고 예수 그리스도를 위하여혹은 예수 그리스도에 의해; Ἰησοῦ Χριστῷ 지키심을 받아온 성도이다유1. 유다서의 수신자들은 그들 가운데 몰래 들어온 거짓 선생들의 미혹을 받았는데유4, 하나님께서 단번에 주신 믿음을 위해서 그들과 싸워야 했다3절.[39] 흥미로운 것은 유다서의 수신자들 가운데 '감독'이나 '장로'와 같은 지도자가 언급되지 않는다는 사실이다. 수신자 가운데 지도자들이 분명히 있었겠지만, 그들은 유다만큼 문제에 대한 해결책을 제시할만한 능력과 지혜를 갖추지 못한 것으로 보인다.[40] 유다가 11절에서 "고라의 반역"을 언급하고 있는 것을 볼 때, 수신자들의 지도자들은 거짓 선생들로부터 권위에 손상을 입고 도전받았음을 짐작할 수 있다.

유다서의 거짓 선생들은 베드로후서의 대적들과 달리, 미래 종말론 가운데서 특히 예수님의 재림을 명시적으로 부인하지 않는다참고. 벧후3:4. 그러나 그들은 베드로후서의 대적들처럼 반율법주의, 자유방임주의, 율법과 도덕폐기주의, 그리고 쾌락주의에 빠져있다. 베드로후서의 거짓 선생들은 성경을 억지로 해석했지만참고. 벧후1:20; 3:16, 유다서의 대적들은 주재, 곧 주 예수 그리스도를 부인하고참고. 유4, 성령이 없으며참고. 유19, 거짓 계시를 받아 전했기에 문제가 매우 심각한 자들이었다참고. 8절.[41] 그리고 "떠돌아다니는 별들"유13은 거짓 선생들이 유랑 설교자였음을 암시한다.[42] 또한 거짓 선생들이 수신자들의 "애찬들"유12에 참여

---

39. 한글개역개정은 유다서 3절에서 '믿음의 도'라고 번역하지만, 길 혹은 말씀을 가리키는 '도'는 그리스어 원문에 없다.

40. S. J. Joubert, "Die Judasbrief: 'N Simboliese Universum in die Gedrang," *HTS Teologiese Studies* 44/3 (1988), 627.

41. 최영삼, 『공동서신의 신학』 (서울: 이레서원, 2017), 758.

42. C. G. González, *1 & 2 Peter and Jude* (Louisville: WJK, 2010), 222.

한 것은 그들이 세례를 받아 정회원에 준하는 자들임을 암시한다.[43]

유다는 쿰란공동체가 잘 알고 있던 유대문헌인 1에녹서와 모세의 승천기를 인용하기에, 다수의 학자는 수신자들을 팔레스타인의 유대인 출신 그리스도인이라고 추정한다.[44] 하지만 이런 추론은 확실하지 않다. 왜냐하면 유다서와 내용이 유사한 베드로후서는 주로 터키의 이방인 출신 성도를 염두에 두었기 때문이다.[45] 유다서의 수신자 가운데 이방인 출신 그리스도인을 배제할 이유는 없다.[46]

(5) 요약

히브리서의 수신자들은 디아스포라 유대인들과 접촉하면서 로마제국의 박해와 영지주의의 도전에 직면했다. 야고보서의 수신자들은 유대인들과 접촉한 것으로 보이며, 제국의 경제적 착취를 답습한 교인들로 인해 공동체가 어려움을 겪은 것으로 보인다. 베드로후서와 유다서는 제국의 조직적이거나 간헐적 박해와 경제적 손실보다는 교회당 바깥에서 불어 닥친 교리적 문제가 두드러진다.

4. 세상 속의 교회의 역할

팍스 로마나에 순응하는 여부와 정도에 따라 차별을 일삼은 AD 1세기의 로마제국주의처럼, 코로나19 백신은 국가들 사이의 빈익빈 부익부와 국가주의를

---

43. González, *1 & 2 Peter and Jude*, 217.
44. 예를 들어, R. E. Brown, 『신약개론』, *An Introduction to the New Testament*, 김근수·이은순 역 (서울: CLC, 2003), 1066.
45. Contra González, *1 & 2 Peter and Jude*, 227. 참고로 수신자를 '발람'이 언급된 계시록 2장 14절에 근거하여 소아시아의 유대인 출신 그리스도인이라고 추정한 경우는 김경희, "유다서에 나타나는 적대자들의 성격과 입장," 『기독교사상』 42/1 (1998), 81을 보라.
46. T. R. Schreiner, *1, 2 Peter, Jude*, NAC (Nashville: Broadman & Holman, 2003), 410.

견고하게 하는 수단으로 오용되었다.[47] 지구촌 시대에 걸맞은 국가적인 공조와 공동 방역은 무색했다. 이처럼 동서고금을 막론하고 세상 나라의 탐욕은 끊이지 않는데, 그렇다면 교회는 어떤 역할을 감당해야 하는가를 살펴보자.

(1) 히브리서

영광과 명예를 받으신 예수님께서는 만물의 복종을 받으셔야 하지만, 아직도 그런 복종은 완전히 실행되지 못하고 있다히2:8. 교회는 만유가 그리스도께 복종하도록 만들 사명을 받았다. 히브리서의 중요한 주제들 중 하나인 안식을 성도가 얻는 조건은 복음에 순종하고 믿는 것이다히3:18-19; 4:2.[48] 그렇다면 그리스도인은 '피로 사회' 속에서 안식을 어떻게 소개하고 제공할 수 있는가? 먼저 하나님의 아들께서 많은 아들들을 거룩하게 하셔서 영광과 안식의 자리로 이끄시는 구원의 창시자이심을 믿어야 한다히2:10-11. 이런 가족 은유는 고난당하는 교회를 고high 교회론적으로 결속시킨다히3:1, 6.[49] 이런 하나님의 가족이 사랑과 환대와 투옥 중인 지체를 심방한다면, 세상에서는 아웃사이더지만 '대안 사회'로서 세상에 감동을 줄 수 있다히10:24; 11:8; 13:1-3, 12. 교회는 비록 세상에서는 아웃사이더지만 성례와 예배를 중시하고 형제자매 간의 화평과 거룩함을 이루어 하나님께로 더 가까이 나아가는 '하늘 공동체'다히3:1; 10:22, 25; 12:14, 22-23.[50]

47. O. A. Buffel, "The Bible of the Poor in the Context of Poverty, COVID-19 and Vaccine Nationalism: Hermeneutics of Liberation from the Perspective of the Poor," *HTS Teologiese Studies* 77/1 (2021), 7~8.
48. A. H. Snyman, "Kontinuïteit en Diskontinuïteit in God se Rus (Heb 3:7-4:13)," *Acta Theologica* 33/2 (2013), 138.
49. Thompson, "The Ecclesiology of Hebrews," 142.
50. Thompson, "The Ecclesiology of Hebrews," 144.

(2) 야고보서

야고보는 직설법보다 더 강한 의미를 전달하는 명령형 동사를 빈번히 활용한다. 무엇을 강조하기 위함인가? "야고보는 선교적 교회를 촉구하는 명령을 자주 제시한다. 왜냐하면 박해와 시련 상황에서는 성도가 말이 아니라 삶으로 믿음을 증명해야 하기 때문이다. 지혜이신 하나님께서는 자기의 모든 자녀가 지혜롭게 행하는 여부에 따라 옳거나 그르다는 판단을 받으신다참고. 눅7:35. 지혜의 자녀는 부자와 가난한 자와 같은 사회 계층의 경계선이 아니라, 하나님의 가치와 세상의 가치 사이의 경계value boundary를 분명히 해야 한다. 세상의 가치를 따르지 않는 지혜의 자녀는 한 사람의 가치를 소유나 외모나 일시적인 요소로 판단하지 않기 위해서, 편견을 버리고 남을 긍휼히 여겨야 한다."[51]

야고보서 1장 2절의 시험에 관한 진술을 이어받은 1장 9~11절은 경제적 곤경에 처한 성도를 무시하는 부자 교인들에게 시드는 풀의 꽃처럼 심판당할 것이라고 경고한다.[52] 부자는 자신의 재산 때문에 시험당하고 멸망할 수 있다. 그러나 한 공동체 안에서 낮은 형제와 부유한 성도가 조화를 이루어 영적 가치를 존중하며 선을 행하도록 훈련한다면약1:9~11, 사회생활 속에서도 구별된 모습을 보일 수 있을 것이다. 그리고 성령의 역사로 말미암아 위로부터 난 지혜를 가지고 말세를 살며 생명의 면류관을 사모하는 성도라면, 성결, 화평, 관용, 양순, 긍휼, 선하고 의로운 열매를 맺고, 편견과 거짓이 없도록 주의해야 한다약1:12; 3:17~18; 5:3; 참고. 갈5:22~23.[53] 이런 성령의 열매는 그리스도인이 세상 속에서도 맺어야 한다.

---

51. 송영목, "야고보서의 명령형과 선교적 교회," 『교회와 문화』 41 (2018), 41~42.

52. J. L. P. Wolmarans and F. J. van Rensburg, "Die Argumentatiewe Funksie van Jakobus 1:9-11," *In die Skriflig* 31/3 (1997), 289. 그런데 Wolmarans and Van Rensburg의 주장과 달리, 야고보서 1장 2~11절에서 가난한 신자와 '불신' 부자를 대조한다고 단정하기 어렵다.

53. 박형용, "야고보서, 베드로전서, 유다서를 통해 계시된 하나님의 나라와 그 나라 안에서의 삶," 『신학정론』 34/2 (2016), 132.

야고보는 진리의 복음으로 거듭난 교회가 세속화되지 않도록 경고한다. 곧 더러움과 악과 정욕을 버리고 마음에 심긴 말씀을 따라 선행과 구제에 힘써야 한다는 것이다약1:18, 21, 27; 3:13; 4:3.[54] 이에 반해 땅과 정욕과 악령이 주는 지혜는 시기와 다툼을 일으키고 믿음 없이 흔들리는 상태인 혼란과 악한 일을 맺게 한 다약1:8; 3:15~16.[55]

큰 성 음녀인 예루살렘의 파멸을 예고하는 계시록 18장 12~13절처럼, 야고보는 팔레스타인에 거주하면서 국제무역을 하던 악하고 사치스런 대 상인들을 염두에 두는 듯하다참고. 약1:8, 11; 3:4; 4:13; 5:4~5. 팔레스타인은 아프리카, 아라비아, 그리고 아시아를 연결하는 무역의 요충지였다.[56] 그런 곳에서 그리스도인 고용주는 피고용인들에게 임금을 정당하게 지불하는 등 하나님 나라의 원칙을 따르는 경제정의를 앞장서서 실천해야 한다약5:4~6.

성도가 합심하여 믿음으로 기도할 때 치유가 일어난다면, 그것은 하나님 나라가 도래한 증표다약5:13~18.[57] 기도하여 치유를 경험하는 믿음의 공동체는 세상을 치유하는 데도 관심을 가져야 한다.

(3) 베드로후서

그리스도인은 이단에 맞서면서 신적 성품이 발현된 선한 양심과 선행을 세상 속에서 나타내야 한다. 베드로는 세상 속에서 제자로 사는 방법을 "의의 길을 걷는 것"으로 소개한다벧후2:21. 따라서 제자는 이신칭의와 같은 교리를 알거나 동의하는 데 그치지 말고벧후1:1, 10, 베드로전서가 이미 설명한 대로 의롭고 선

---

54. 이승호, "야고보서에 나타난 교회의 세속성 문제," 『신약논단』 21/1 (2014), 248~252.

55. 이승호, "야고보서에 나타난 교회의 세속성 문제," 259.

56. 임진수, "야고보서의 경제윤리," 『신학과 세계』 50 (2004), 103~104, 112.

57. M. A. Seifrid, "The Waiting Church and Its Duty: James 5:13-18," *Southern Baptist Journal of Theology* 4/3 (2000), 33~34.

한 행동에 진력해야 하는데, 그것은 다름 아니라 하나님의 성품을 반영하는 삶이다벧전2:14~15, 20, 24; 3:14. 또한 성도는 주님의 재림과 최후 심판을 믿기에 거룩함과 경건에 힘써야 한다벧후3:10~11.

(4) 유다서

성도는 믿음을 지키기 위해서 거짓 복음과 부도덕에 맞서 싸워야 한다. "유다는 예수님의 재림 전 시대가 바로 '마지막 때'임을 분명히 하면서 성도들은 이 '마지막 때'에 '정욕대로 행하는'유18 삶을 살지 않고 '믿음의 도를 위하여 힘써 싸우는'유3 삶을 유지해야 한다고 권면한다."[58] 일반서신에 공통적으로 나타나는 말세, 곧 '종말ἐν ἐσχάταις ἡμέραις'은 구주 예수 그리스도께서 개시하신 구원의 새 시대다참고. 히9:26; 약5:3; 벧전1:20; 벧후3:3. 하지만 이 새로움이 복음을 반대하는 세력에 의해 저항 받고 있기에 긴장이 있다.

(5) 요약

세상 속의 교회는 하나님의 가족으로 결속하여 대안사회로 정체성을 나타내야 한다히브리서. 그런 교회는 적어도 하나님의 눈에는 아웃사이더가 아니다. 성도는 시험 속에서라도 위로부터 내려오는 지혜를 받아 성령의 열매를 맺어야 하는데, 특히 맘몬 신이 지배하는 세상의 가치를 거부하고 차별도 멈춰야 한다야고보서. 그리스도인이 하나님을 닮아 도덕적이고 의롭고 선한 길을 걷는다면 믿음을 지킬 수 있다베드로후서, 유다서.

---

58. 박형용, "야고보서, 베드로전후서, 유다서를 통해 계시된 하나님의 나라와 그 나라 안에서의 삶," 150.

5. 교회의 공공성을 설교하는 지침:
성경적 개발신학과 교회의 공공성을 참고하여

위에서 연구한 일반서신은 교회가 직면한 내부적인 연약함과 문제는 물론, 박해와 이단 그리고 경제적 차별과 불평등을 중요하게 다룬다. 한국이 개발에 주력하던 시기에 전개된 새마을 운동을 연상시키는 '개발신학'은 아프리카와 같은 이른바 제3세계에서 여전히 중요하다.[59] 신자유주의 시대에 빈익빈 부익부는 심화될 수밖에 없기에 선진국에서도 경제문제는 항존한다. 따라서 한국에서도 공동선을 강화하기 위하여 성경적 개발신학이 요긴하다. 부산시 영도구와 같은 인구소멸 지자체는 비상이 걸렸는데, 노령화와 젊은이의 유출 그리고 활력의 감소에 맞닥뜨렸기 때문이다. 이런 차제에 교회는 지역사회의 개발을 위해 지자체와 머리를 맞대어 해결 방안을 찾아 추진할 수 있어야 한다.

이런 교회의 공공성은 공공선교적 관점으로 설교하기에 안성맞춤이다. 그러면 일반서신에서 그런 설교를 위하여 숙지해야 할 지침은 무엇인가? 아래와 같이 세 가지만 제안해 본다.

---

59. E. Nihinlola, "Poverty and a Theology of Human Development in Africa," *Ogbomoso Journal of Theology* 14 (2009), 162~173; E. Bornstein, "Developing Faith: Theologies of Economic Development in Zimbabwe," *Journal of Religion in Africa* 32/1 (2002), 4~31; C. Corwin, "That There may be Equality and Self-Sufficiency: Toward an Evangelical Theology of Development," Missiology 12/3 (1984), 339~353; S. de Gruchy, "An Olive Agenda: First Thoughts on a Metaphorical Theology of Development," *Ecumenical Review* 59/2-3 (2007), 333~345; "Of Agency, Assets, and Appreciation: Seeking Some Communities between Theology and Development," *Journal of Theology for Southern Africa* 7 (2003), 20~39; S. A. Martinez, "Development, People's Participation and Theology," *Ecumenical Review* 30/3 (1978), 266~277; J. K. Murage, "Development and Reconstruction Theologies of Africa," *Swedish Missiological Themes* 95/2 (2007), 149~170; M. M. Pignone, "Development and Theology in Central Appalachia," *Saint Luke's Journal of Theology* 32/2 (1979), 87~102; I. Swart, "Meeting the Challenge of Poverty and Exclusion: The Emerging Field of Development Research in South African Practical Theology," *International Journal of Public Theology* 12 (2008), 104~149.

① 하나님의 가족은 세상 속에서 지혜로운 대안 공동체로서 구원에 이르는 믿음을 사랑의 실천으로 증명해야 한다히브리서, 야고보서. 하나님께서는 교회를 통하여 만유를 그리스도의 발아래 복종시키신다히브리서. 따라서 교회는 새 시대, 즉 종말에 살면서 주님의 재림과 심판을 기다리며 행실을 주의해야 한다. 그리고 그리스도인은 자신의 신앙이 단련 받아 성화가 진행되는 중에도 하나님을 사랑하며 영생의 가치를 물질적 부요와 안락함보다 더 중요하게 여겨야 한다 약1:12.[60]

② 도덕폐기적인 이단은 종종 반사회적 성향과 교주의 재정 비리로 물의를 일으키지만, 하나님의 성품에 참여하는 교회는 천국의 환전상으로서 선한 나눔과 헌신을 실천해야 한다베드로후서, 유다서. 교회가 이단들의 도전에 가장 효율적으로 대응하는 방법은 그들과 전혀 다른 모습을 보이는 것이다.

③ AD 1세기 교회들은 모두 선교적 맥락에서 설립되었고, 공교회로서 선교적 교회를 지향했다. 간접적이지만 야고보서의 치유공동체로부터 교회는 지역사회의 현안과 어려움을 지역사회와 협력하여 해결하려는 적극성을 갖추어야 한다는 사실을 교훈받는다. 예를 들어, 저출산 문제의 해결을 위해 교회는 생명 존중 캠페인을 펴고, 영유아 돌봄과 교육을 교회시설과 봉사자를 활용하여 지원할 수 있다.[61] 또한 지역 교회 주일학교의 부흥은 지역사회의 고령화를 극복하는 방안이 될 것이다. 설교자는 회중 및 이웃 교회 목회자들과 함께 지역사회의 필요와 문제를 정밀하게 분석하고 해결 방안을 찾을 수 있어야 한다.

60. Julian, "A Perfect Work," 48.
61. G. Lobo, "Towards a Theology of Development: The Church's Involvement in Development," *AFER* 13/1 (1971), 19~22.

참고문헌

김경희. "유다서에 나타나는 적대자들의 성격과 입장." 『기독교사상』 42/1 (1998), 79~99.

"美, 개신교인 우상 1위 '안락함': 해외통신/ 1천명 설문, 67%가 안락함 응답." http://www.
amennews.com/news/articleView.html?idxno=19072. 2022년 8월 15일 접속.

박형용. "야고보서, 베드로전후서, 유다서를 통해 계시된 하나님의 나라와 그 나라 안에서의 삶." 『신학정
론』 34/2 (2016), 123~152.

송영목. "소통, 화해, 공존: 베드로전서와 요한계시록을 중심으로." 『교회와 문화』 35 (2015), 139~167.

_____. "야고보서의 명령형과 선교적 교회." 『교회와 문화』 41 (2018), 11~46.

_____. "유다서의 구문과 구조 분석." 『신약논단』 25/1 (2018), 181~206.

_____. 『하나님 나라 복음과 교회의 공공성』. 서울: SFC출판부, 2020.

이승호. "야고보서에 나타난 교회의 세속성 문제." 『신약논단』 21/1 (2014), 233~265.

임진수. "야고보서의 경제윤리." 『신학과 세계』 50 (2004), 96~121.

장동수. "히브리서의 성령론의 특징." 『복음과 실천』 65/1 (2020), 61~83.

장헌일. "신앙공동체로서 교회와 공공성: 교회 공공정책 일유형으로서 아동돌봄 정책 중심으로." 『종교문
화학보』 18/2 (2021), 89~127.

주기철. 『돌아섬: 야고보서 해설』. 부산: Proc, 2021.

채영삼. "공동서신에 나타난 구원과 선한 행실." 『신약연구』 15/1 (2016), 154~205.

_____. 『공동서신의 신학』. 서울: 이레서원, 2017.

Allison, D. C. "The Jewish Setting of the Epistle of James." *In die Skriflig* 49/1 (2015), 1~9.

Bornstein, E. "Developing Faith: Theologies of Economic Development in Zimbabwe." *Journal of
Religion in Africa* 32/1 (2002), 4~31.

Brown, R. E. 『신약개론』. *An Introduction to the New Testament*. 김근수·이은순 역. 서울: CLC, 2003.

Buffel, O. A. "The Bible of the Poor in the Context of Poverty, COVID-19 and Vaccine Nationalism:
Hermeneutics of Liberation from the Perspective of the Poor." *HTS Teologiese Studies* 77/1
(2021), 1~8.

Callan, T. "The Soteriology of the Second Letter of Peter." *Biblica* 82/4 (2001), 549~559.

Carson, D. A. "The *SBJT* Forum: Christian Responsibility in the Public Square." *Southern Baptist
Journal of Theology* 11/4 (2007), 100~110.

Coetsee, A. J. "A More Comprehensive Comprehension and Appropriate Application: An Answer to
Dwindling Faith Commitment from the Book of Hebrews." *In die Skriflig* 55/2 (2021), 1~10.

Combrink, H. J. B. "2 Peter and Jude." In *Guide to the New Testament VI*. Edited by A. B. du Toit.
Doornfontein: Halfway House, 1993, 171~199.

Corwin, C. "That There may be Equality and Self-Sufficiency: Toward an Evangelical Theology of Development." *Missiology* 12/3 (1984), 339~353.

De Villiers, J. L. "James." In *Guide to the New Testament VI*. Edited by A. B. du Toit. Doornfontein: Halfway House, 1993, 118~142.

De Villiers, J. L. and Du Toit, A. B. "The Theology of Hebrews." In *Guide to the New Testament VI*. Edited by A. B. du Toit. Doornfontein: Halfway House, 1993, 94~117.

González, C. G. *1 & 2 Peter and Jude*. Louisville: WJK, 2010.

Hagner, D. A. 『히브리서 총론』. *Encountering the Book of Hebrews*. 이창국 역. 서울: 크리스챤출판사, 2005.

Johnson, D. E. and Plummer, R. L. 『히브리서·야고보서』. *Hebrews·James*. 이철민·김명희 역. 서울: 국제제자훈련원, 2022.

Julian, R. "A Perfect Work: Trials and Sanctification in the Book of James." *Southern Baptist Journal of Theology* 4/3 (2000), 40~50.

Kakwata, F. "An Inquiry into Socio-Historical Factors contributing to Poverty within the Early Church in Palestine." *In die Skriflig* 49/1 (2015), 1~10.

Land, R. and Duke, B. "Being Salt and Light in an Unsavory and Dark Age: The Christian and Politics." *Southern Baptist Journal of Theology* 11/4 (2007), 82~99.

Lobo, G. "Towards a Theology of Development: The Church's Involvement in Development." *AFER* 13/1 (1971), 18~24.

Nihinlola, E. "Poverty and a Theology of Human Development in Africa." *Ogbomoso Journal of Theology* 14 (2009): 161~175.

Pali. K. J. "Christ as Once for All Sacrifice: A Cultural Reading of Hebrews." *Acta Theologica* 34/1 (2014), 145~172.

Pružinský, Š., Kuzyšin, B., Šip, M., Kubicová, A. & Pružinský, Š. "The Strategy for Planning the Future of a Christian Believer in the Exegetical Context of James 4:13-15." *HTS Teologiese Studies* 77/1 (2021), 1~6.

Reese, R. A. "Holiness and Ecclesiology in Jude and 2 Peter." In *Holiness and Ecclesiology in the New Testament*. Edited by K. Brower. Grand Rapids: Eerdmans, 2007, 326~342.

Schreiner, T. R. *1, 2 Peter, Jude*. NAC. Nashville: Broadman & Holman, 2003. Seifrid, M. A. "The Waiting Church and Its Duty: James 5:13-18." *Southern Baptist Journal of Theology* 4/3 (2000), 32~39.

Snyman, A. H. "Kontinuïteit en Diskontinuïteit in God se Rus (Heb 3:7-4:13)." *Acta Theologica* 33/2 (2013), 133~147.

Storms, S. et als. 『베드로전서-유다서』. *1 Peter-Jude*. 김명희 역. 서울: 국제제자훈련원, 2021.

Thompson, J. W. "The Ecclesiology of Hebrews." *Restoration Quarterly* 56/3 (2014), 137~146.

Van der Walt, S. "Die Mensbeskoulike en Samelewingsteoretiese Vertrekpunte van 'n Onbekende Skrywer, Toegespits op Hebreërs 10:38-39." In die Skriflig 50/3 (2016), 1~7.

Wolmarans, J. L. P. and Van Rensburg, F. J. "Die Argumentatiewe Funksie van Jakobus 1:9-11." *In die Skriflig* 31/3 (1997), 283~290.